독학사 1단계 합격을 결정하는

필수 암기 키워드

● 심리학개론 ●

01 심리학의 본질

(1) 심리학(Psychology)
인간의 정신과정과 행동을 과학적으로 연구하는 학문

(2) 분트(Wundt. W)
1879년 심리학 실험실 개설 → 심리학의 탄생(실험심리학)

(3) 분트의 심리학
① **심리학의 대상**: 의식
② **내성법**: 실험이라는 통제된 조건 속에서 자신의 의식 경험을 분석 [21]
③ **심적 요소**: 여러 개의 요소로 분석한 의식의 최소 단위

(4) 행동주의
심리학의 목적은 인간 및 동물의 행동을 예측하고 제어하는 데 있다고 봄

(5) 형태주의
인간의 정신은 요소의 집합이 아닌 전체성을 가진 구조라고 주장

(6) 심리학의 분류
① **기초심리학**: 관찰·실험·조사로 일반법칙을 탐구
② **응용심리학**: 현실문제의 해결과 개선에 적용

(7) 심리학의 연구방법 [24]
실험법, 관찰법, 조사법, 임상법

(8) 실험의 3요소 [20] [22] [23] [24]
독립변인, 종속변인, 통제변인

02 행동의 생리적 기초

(1) 신경세포
신경계를 구성하는 기본단위로 정보전달과 정보처리 기능
① **신경세포의 구성**: 뉴런, 세포체, 수상돌기, 축색 [20]
② **시냅스**: 신경세포 상호 간의 접합부위
③ **신경전달물질**: 시냅스에서 신경세포 간의 정보전달을 중개하는 물질

(2) 중추 신경과 말초 신경 [22]

	중추 신경	뇌, 척수	
신경계	말초 신경	체성 신경	운동 신경, 감각 신경
		자율 신경	교감 신경, 부교감 신경

(3) 대뇌
① **좌반구**: 이성적인 사고를 담당하는 중추
② **우반구**: 창조적 활동, 예술적 능력에 관여 [20]
③ **신 피질**: 언어, 판단, 창조 등의 고도의 정신기능을 담당
④ **구 피질**: 분노·기쁨·불안 등의 정동행동, 식욕, 성욕, 기억 등을 담당
⑤ **대뇌 변연계**: 본능행동, 정동, 자율 신경을 담당 [24]
⑥ **편도체**: 외부 자극에 대하여 유쾌, 불쾌, 불안 등의 본능적인 반응을 일으킴 [22]
⑦ **해마**: 기억의 정리와 관리를 담당 [20] [23]
⑧ **뇌량**: 뇌의 좌반구와 우반구를 연결

(4) 대뇌피질의 각 부위와 기능 [20] [21] [24]
① **전두엽**: 사고, 판단, 계산 등을 담당
② **두정엽**: 신체의 입체감각 등을 담당
③ **측두엽**: 청각, 언어, 기억 등을 담당
④ **후두엽**: 시각 정보의 처리 등을 담당

(5) 소뇌 [23]
신체운동의 균형을 조절

⑤ 건강염려증
⑥ 해리성 장애

(11) 성격장애
① 사회적 고립(편집증 · 분열성 · 분열형 성격장애)
② 감정적이고 불안정(반사회적 · 경계성 · 연극성 · 자기애성 성격장애)
③ 자신감 결여, 불안함(회피성 · 의존성 · 강박성 성격장애)

11 사회적 행동

(1) 태도
특정 대상에 대한 감정적 경향으로, 학습과 경험을 통해 형성

(2) 태도의 구성요소
① 인지적 요소: 경험과 학습을 통해 얻은 지식 · 개념 · 신념
② 감정적 요소: 대상에 대한 정서적인 반응
③ 행동적 요소: 어느 대상에 대하여 특정 행동을 하려는 경향

(3) 인지부조화이론 23 24
개인이 가지는 인지요소(신념 · 태도 등)와 새로운 인지요소의 정보가 모순되는 상태로 사람들은 인지부조화에 불쾌함을 느끼고 모순 상태를 해소하고자 함

(4) 태도변화 22
① 설득의 효과에 영향을 주는 요인: 신빙성(슬리퍼 효과), 일면 메시지와 양면 메시지, 적당한 공포 유발, 설득 의도의 유무
② 승낙을 얻어내는 방법: 문간에 발 들여놓기 효과, 면전에서 문 닫기 효과, 낮은 공 기법

(5) 동조현상 20 23 24
판단 · 태도 등을 정하는 데 있어 타인 또는 집단이 제시하는 표준, 기대에 따라 행동

(6) 인상형성
타인에 관한 제한적인 정보를 단서로 인물의 전체적인 인격을 추론

(7) 인상형성의 편향
① 후광효과(할로효과): 타인이 가지는 긍정적(부정적) 특징이 그 사람의 전체적인 평가에 영향을 주는 것

② 피그말리온 효과: 누군가에 대한 기대가 실제 그 사람의 성취에 작용하는 것
③ 부정적 편향: 긍정적인 정보보다 부정적인 정보가 판단을 크게 좌우하는 것

(8) 귀인
어느 현상(결과)의 원인을 어디에 둘 것인가의 귀속문제를 이론화 20 24
① 내적 귀인: 행위자의 능력 · 성격에 귀속시킴
② 외적 귀인: 상황 · 환경에 귀속시킴

(9) 귀인의 편향 21
① 이기적 편향(Self-Serving Bias): 성공은 내부귀인으로, 실패는 외부귀인으로 돌리는 편향
② 행위자-관찰자 편향: 같은 행동에 대하여 타인에게는 내부귀인을, 자신에게는 외부귀인을 하는 편향

(10) 친교대상자의 선택요인(대인매력) 22
친숙성, 근접성, 유사성, 보상, 신체적 매력, 인격적 매력

(11) 친교관계의 형성과 유지
① 자기개방: 자신의 사적인 정보를 상대에게 알림으로써 친근감을 높이는 방법
② 사회적 침투이론: 개인과 개인이 주변부에서 만나 상대의 주변부로 침투해가는 친교형성과정
③ 사회교환이론: 대인관계는 비용과 보수의 상호교환으로 성립한다는 이론

(12) 집단
공동의 목표를 가지는 상호의존적인 두 사람 이상의 공동체

(13) 집단의사결정
다수의 사람들이 합의를 통해 공동의 결정을 내리는 것

(14) 역할
집단이나 사회에서 어느 지위에 요구되는 가치 · 행동양식 · 태도 등

(15) 군중심리
군중 속의 한 사람이 됨으로써 자기의식이 약화되는 현상

(5) 강화계획 [20] [21] [22] [23]

고정간격계획 (FI)	일정한 시간이 지난 후 처음 행동이 있을 때 강화물을 부여
가변간격계획 (VI)	일정하지 않은 시간이 지난 후 처음 행동에 강화물을 부여
고정비율계획 (FR)	정해진 횟수만큼 행동했을 때 강화물을 부여
가변비율계획 (VR)	일정하지 않은 몇 번의 행동이 있을 때 강화물을 부여

(6) 기억의 과정 [22]

부호화(Encoding) → 응고화(Storage) → 인출(Retrieval)

(7) 기억의 종류 [22] [24]

① 감각기억: 감각기관을 통해 들어온 정보를 매우 짧은 시간 동안 저장
② 단기기억: 장기기억에 앞서 정보를 일시적으로 보관
③ 장기기억: 정보를 무제한 · 영구적으로 저장

(8) 장기기억의 분류 [23] [24]

① 일화기억: 개인의 자전적 기억
② 의미기억: 일반적인 지식 · 정보
③ 절차기억: 몸으로 익힌 기억으로 언어로 표현할 수 없음

(9) 기억의 망각 [20] [22] [24]

① 쇠퇴: 시간의 흐름에 따라 사용되지 않는 정보의 망각
② 역행간섭: 이후에 학습한 것이 이전에 학습한 것을 간섭
③ 순행간섭: 먼저 학습한 것이 나중에 학습한 것을 간섭

07 언어와 사고

(1) 명제 표상

대상에 의미를 부여하여 언어기호로 기술하는 추상적인 표상

(2) 개념

개개의 대상에 공통된 속성을 추상화 · 범주화하는 심적 표상
① 개념형성: 어느 대상을 추상화하여 어떤 범주에 속하는 것으로 일반화하는 과정
② 범주화: 어느 기준에 따라 유사한 속성을 가진 대상들을 하나로 묶는 것

(3) 원형이론(Prototype Theory)

전형적인 예와 그것과의 유사성으로 범주화되는 이론

(4) 가족 유사성

하나의 범주 안에 속하는 구성원이 모든 특성을 공유하지는 않는다는 이론

(5) Chomsky의 생득이론

선천적으로 언어습득능력을 가진다는 설[언어자료(경험) → 언어습득장치(보편문법) → 개별언어의 문법]

(6) Skinner의 학습이론

언어습득은 강화 · 소거와 같은 조건형성의 원리에 따른다는 이론

(7) 언어발달과정

옹알이기 (1~8개월)	의미 없는 발성
한 단어 시기 (생후 1년 무렵)	• 한 단어로 다양한 내용을 전달 • 과잉확대, 과잉축소
두 단어 시기 (18개월 무렵)	전보식 문장(조사 등이 탈락)
어휘 수의 변화 (12개월 이후)	• 문장을 구성하는 단어 수와 종류 증가 • 과잉일반화

(8) 과잉일반화

앞서 익힌 문법적 지식을 새로이 출현하는 상황에도 일반화하는 현상

(9) 문제 해결

① 잘 정의된 문제: 초기 상태, 목표 상태, 제어 조건 등 문제 해결에 필요한 과정이 포함된 문제
② 문제 해결의 4단계: 문제의 이해 → 계획 세우기 → 계획 실행 → 결과의 평가
③ 추론: 기존의 정보를 바탕으로 새로운 결론을 도출하는 사고 과정
④ 유추: 과거에 경험한 유사한 사례로 새로운 문제를 추론하는 것
⑤ 통찰: 시행착오를 거치지 않고 여러 가지 정보의 통합으로써 비약적으로 문제 해결에 이르는 과정

(10) 기능적 고착 [24]

어느 사물의 습관적인 기능 이외의 잠재적인 기능을 활용하지 못하는 경향 → 창의성에 의한 문제 해결을 방해

(5) V1(선조 피질)의 기능

V1 <
- 복측 경로(What) ⟶ 형태(V2, V3), 색(V4)
- 배측 경로(Where) ⟶ 운동지각

(6) 음의 3요소

음의 크기, 음의 고저, 음색

(7) 주파수

진폭이 1초 동안 반복되는 횟수

(8) 지각의 정의

감각 수용기를 통해 외부의 사상(事象)·사물의 상태와 변화 등을 아는 것

(9) 체제화 원리 20 21 22

근접의 원리, 유사성의 원리, 폐합의 원리, 연속의 원리, 공동행선의 원리(크기·모양·밝기·색·위치의 항상성)

(10) 지각 항상성 21 23

근자극이 변화하더라도 대상의 성질을 같은 것으로 유지하려는 지각의 작용

(11) 항상성의 종류

① **크기의 항상성**: 물체가 가까이 있든 멀리 있든 같은 크기의 물체로 인식
② **모양의 항상성**: 사물을 보는 위치가 달라도 같은 모양의 사물로 인식
③ **밝기의 항상성**: 백지는 밝은 곳에서든 어두운 곳에서든 하얀 것으로 인식
④ **색의 항상성**: 주변의 조건이 달라져도 같은 색으로 인식
⑤ **위치의 항상성**: 관찰자의 움직임으로 대상의 망막상이 함께 움직여도 같은 위치에 있는 것으로 인식

(12) 3차원 지각

① **단안단서**: 한 눈으로 봤을 때 나타나는 깊이지각의 여러 측면
   예 중첩, 선형조망, 결의 밀도
② **양안시차(= 양안단서)**: 물체를 볼 때 두 눈이 서로 떨어진 거리만큼 다른 시야를 갖는 현상 20
   예 시선수렴, 폭주각

(13) 운동지각

① **실제운동**: 대상이 물리적으로 움직일 때 생기는 현상
② **가현운동**: 물리적 운동이 존재하지 않음에도 지각되는 운동
③ **유인운동**: 두 대상 간의 거리가 변화하면서 지각되는 운동

(14) 선택적 주의 20 23 24

여러 가지 정보들 속에서 특정 정보만을 의식하는 것으로 칵테일파티 효과가 대표적

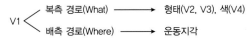

06 학습과 기억

(1) 학습의 심리학적 정의

경험에 의해 나타나는 비교적 영속적인 행동의 변화

(2) 고전적 조건형성 21 23

① **무조건 자극(US)**: UR을 일으키는 자극
② **무조건 반응(UR)**: US에 의한 생득적인 반응
③ **조건 자극(CS)**: 중성 자극(소리) 후 UR 제시
④ **조건 반응(CR)**: 중성 자극만으로 반응
⑤ **자발적 회복**: 소거 이후 재훈련 없이 학습된 행동 재연
⑥ **자극일반화**: 조건화 이후 조건 자극과 유사한 자극에도 조건 반응 24
⑦ **고차조건 형성**: 조건화 이후 두 번째 조건 자극을 첫 번째 조건 자극과 연합시켜 두 번째 조건 자극에도 조건 반응

(3) 조작적 조건 형성 21 22 23

① **강화**: 어떠한 자극 조건에서 특정 반응이 나타나는 빈도를 높이는 과정
② **강화물**: 반응의 빈도를 높이는 데 사용되는 자극물
③ **소거**: 바람직하지 않은 행동을 감소시키기 위해 자극조건의 제시를 중지하는 것
④ **벌**: 행동을 감소시키기 위해 불쾌한 자극을 가하는 것

(4) 강화와 처벌 21 22 24

구분		행동	
		증가	감소
자극	제시	정적 강화 (유쾌 자극을 제시함으로써 행동의 빈도를 증가시킴)	정적 처벌 (불쾌 자극을 제시함으로써 행동의 빈도를 감소시킴)
	소거	부적 강화 (불쾌 자극을 소거함으로써 행동의 빈도를 증가시킴)	부적 처벌 (유쾌 자극을 소거함으로써 행동의 빈도를 감소시킴)

성인기 (24~65세)	생산성 대 침체	배려
노년기 (65세 이후)	자아통합 대 절망	지혜

04 동기와 정서

(1) 동기의 정의
① 일정한 방향으로 행동을 일으키고 지속시키는 과정이나 기능
② 행동의 원동력이자 행동의 방향을 결정하는 심리적 요인

(2) 동기의 분류

동기	일차적 동기 (기본적 동기)	생리적 동기
		심리적 동기
	이차적 동기	사회적 동기

(3) 매슬로우의 욕구 5단계 모형 20 21 23 24

(4) 생리적 동기
유기체의 생존에 있어 충족되어야 하는 동기
① 항상성(Homeostasis): 생명체가 신체의 상태를 최적의 상태로 유지하려는 기능
② 추동: 유기체의 생존에 필요한 생리적 동기로 배고픔, 목마름 등 생리적 결핍 상태에 반응

(5) 심리적 동기 22
① 외재적 동기: 성과에 대한 평가·보수 또는 칭찬·벌과 같은 외부요인에 의한 동기부여
② 내재적 동기: 자기결정, 지적 호기심 등 자신의 내면으로부터 부여되는 동기

(6) 사회적 동기
① 친화동기: 타인과 우호적인 관계를 형성하고 유지하고자 하는 동기
② 달성동기: 바라는 목표를 세우고 높은 수준으로 완수하고자 하는 동기

(7) 정서
기쁨, 슬픔, 분노, 불안, 공포 등 일시적이고 급격한 감정의 움직임

(8) James-Lange 이론(말초기원설) 21 23 24
외부자극에 대한 신체적 변화가 정서체험의 원인이 된다는 이론 (인지 → 생리적 변화 → 감정)

(9) Cannon-Bard 이론(중추기원설) 20
자극이 자율신경계의 활동과 정서경험을 동시에 일으킨다는 이론

(10) Schachter의 정서 2요인설 22
정서란 신체의 반응과 그 원인에 대한 인지적 해석임

(11) Plutchick의 이론
8가지 인간의 기본적인 정서들이 있고, 이 정서들이 서로 섞여 새로운 정서를 만든다는 이론

05 감각과 지각

(1) 감각
감각기관에 대한 자극으로 일어나는 주관적 경험

(2) 감각의 측정
① 절대역: 외부의 자극을 감지할 수 있는 최소한의 물리량 23
② 차이역(최소가치 차이): 자극의 강도 차이를 감지할 수 있는 최소치 22
③ 베버의 법칙: 차이역은 처음 자극의 크기에 비례하여 변화함 20 21 24

$$\Delta R(차이역)/R(자극량) = K(베버상수)$$

④ 페히너의 법칙: 감각의 크기는 자극 강도의 대수에 비례함

$$S(감각의 강도) = K(상수) \log I(자극의 강도)$$

(3) 가시광선
눈으로 지각되는 전자파의 영역

(4) 색 지각설 24
① 영-헬름홀츠의 삼원색 이론: 색의 지각은 삼원색의 각 파장에 대한 반응의 조합이라는 이론
② 반대색설: 빨강-초록, 흰색-검은색, 파랑-노랑과 같이 대립 쌍의 합성과 분해를 통해 색을 인식한다는 이론

08 정신능력과 측정

(1) 신뢰도가 높은 검사
측정 결과의 안정성 · 일관성 [21] [23] [24]
① 검사−재검사 신뢰도
② 동형검사 신뢰도
③ 반분 신뢰도
④ 내적 합치도

(2) 타당도가 높은 검사
측정 도구가 측정하고자 의도한 바를 잘 반영하는가의 정도
① 내용타당도
② 기준타당도(동시타당도, 예언타당도) [22]
③ 구인타당도

(3) 스탠포드−비네 검사
① 처음으로 지능지수의 개념을 사용
② 스탠포드−비네 검사로 측정되는 지능지수를 비율 IQ라고 함

$$지능지수(IQ) = \frac{정신연령(MA)}{생활연령(CA)} \times 100$$

(4) Wechsler 지능검사
① 편차 IQ: 동일연령 집단의 평균치에 대한 상대적인 위치로 지능을 측정
② 언어성 검사 6개와 동작성 검사 5개로 이루어진 11개의 소검사로 구성
③ WPPSI(유아용), WISC−Ⅲ(아동용), WAIS−R(성인용)

$$지능지수(IQ) = 15 \times \frac{개인점수 - 해당 연령규준의 평균}{해당 연령규준의 표준편차} + 100$$

(5) 지능
새로운 환경에 대한 적응능력, 과제에 대한 대처능력, 학습능력 등

(6) 지능의 구조
① Spearman의 2요인설: 지능은 일반요인(G)과 특수요인(S)으로 구성된다는 개념 [20] [23]
② 서스톤의 다요인설: 언어능력, 언어의 유창성, 수리능력, 기억, 공간관계인식, 지각속도, 논리능력의 요인으로 구성 [22]

(7) 길포드의 입체모형설

내용의 차원	시각, 청각, 상징, 의미, 행동
조작의 차원	평가, 수렴적 조작, 확산적 조작, 기억, 인지
결과의 차원	단위, 분류, 관계, 체계, 전환, 함축

(8) 카텔과 혼의 위계적 요인설 [22]
유동성 지능, 결정성 지능

(9) 가드너의 다중지능이론
인간의 지능은 다수의 능력으로 구성

(10) 스턴버그의 삼원지능이론 [21] [23]
성분적 지능, 경험적 지능, 상황적 지능

(11) 유전계수
개인 간의 지능 차이에서 유전적인 요소가 차지하는 비율

09 성격과 측정

(1) 성격 특성이론 [24]
성격은 일관성을 가진 여러 가지 특성으로 구성되어 있다는 이론
① 올포트(Allport): 주특성, 중심특성, 이차적 특성 [20]
② 카텔(Cattell): 표면특성, 원천특성
③ 아이젱크(Eysenck): 외향−내향, 신경증적 경향 [21]

(2) 프로이트의 정신역동이론
무의식은 어린 시절에 억압된 의식 · 욕구 · 감정 등이 자리한 마음의 심층으로 개인의 성격 형성과 신경증의 발생에 중요한 의미를 가짐을 강조함
① 의식: 감각과 경험으로 인식할 수 있음
② 전의식: 필요할 때 의식화할 수 있는 영역
③ 무의식: 스스로 의식할 수 없는 사고와 감정을 지배하는 심층 영역

(3) 프로이트의 성격구조 [24]
① 원초아: 쾌락의 원리에 지배되는 영역으로 현실의 규제를 받지 않음
② 자아: 현실의 요구에 따라 원초아를 통제하는 분별력의 영역
③ 초자아: 인간을 이상적 · 도덕적으로 움직이게 하는 양심의 영역 [23]

(4) 사회학습이론
① 관찰학습(모델링): 타인의 행동과 그 결과를 관찰함으로써 학습자의 행동에 변화가 일어남 [23]
② 대리강화: 타인(모델)의 행동이 강화되는 것을 관찰하여 학습자의 행동이 간접적으로 강화

(5) 현상학적 이론(자기이론)

① **자기개념**: 자기 자신에 대해 가지는 지식이나 이미지

② **자기일치**

    ㉠ 자기개념과 실제의 경험이 일치된 상태

    ㉡ 반대의 경우는 '자기불일치'이며, 심리적 고통이 따름

③ **자기실현**: 자아를 초월하여 보다 큰 자율성을 향해 심리적으로 성숙해가는 것

(6) 성격의 5요인 모델(Big Five) − 특질이론 `22`

① **신경증**: 불안, 적개심, 우울증, 자의식, 취약성

② **개방성**: 상상력, 심미안, 호기심, 창의성, 진보성향

③ **성실성**: 성실, 질서, 근면, 성취지향, 신중, 끈기

④ **순응성**: 온화함, 얌전함, 순종, 관대, 솔직, 신뢰

⑤ **외향성**: 온정, 활동성, 사교성, 유쾌, 자극 추구, 단호함

(7) 자기보고법(질문지법)

질문항목을 설정하고 피험자가 이에 회답하는 자기보고식 성격 측정 방법

예 다면성 인성검사(MMPI)

(8) 투사법

구조화되지 않은 다의적인 자극을 지각할 때 투사되는 개인 고유의 욕구, 정서 등을 측정하는 성격 측정 방법 `22` `23` `24`

예 주제통각검사(TAT), 로사검사(Rorschach)

`10` 적응과 이상행동

(1) 욕구좌절(Frustration)

욕구충족이 지연되거나 저지됨으로써 나타나는 불쾌한 긴장상태

(2) 갈등(Conflict)

동시에 만족시킬 수 없는 욕구나 충동 사이에서 어느 한쪽만을 선택하고 다른 한쪽을 단념해야 하는 상황

(3) 갈등의 세 가지 유형

① **접근−접근형**: 둘 다 매력적인 선택

② **회피−회피형**: 둘 다 바람직하지 않은 선택

③ **접근−회피형**: 매력적이거나 바람직하지 않은 요소를 동시에 가짐

(4) 방어기제

갈등, 혐오감, 수치 등 불쾌한 감정을 대처할 수 있는 수준으로 변용하는 심리적 작용

(5) 방어기제의 종류

① **억압**: 용납할 수 없는 것들을 의식 밖으로 몰아냄

② **부정**: 의식하고 싶지 않은 것들을 부정함

③ **합리화**: 핑계를 대거나 다른 것에 책임을 전가함

④ **지성화**: 불안을 일으키는 요소에 이성적으로 접근함

⑤ **격리**: 과거의 불쾌한 기억에 연관된 감정을 의식에서 격리시킴

⑥ **퇴행**: 곤란한 상황에서 과거의 미숙했던 행동으로 돌아감

⑦ **동일시**: 타인이 가진 뛰어난 능력이나 실적을 자신의 것으로 함

⑧ **투사**: 자신의 생각이나 감정을 타인에게 돌리는 것

⑨ **반동형성**: 억압하고 있는 생각이나 감정을 정반대의 것으로 대치함

⑩ **도피**: 갈등을 일으킬 만한 상황을 회피함

⑪ **치환**: 한 대상에 대한 느낌이나 반응을 덜 위협적인 다른 대상에게로 전이

⑫ **보상**: 자신이 부족하다고 느끼는 감정을 다른 분야에서 성취하여 보상받으려 함

⑬ **승화**: 사회적으로 용납되지 않는 욕구를 사회적으로 허용되는 형태로 표출

(6) 심리적 장애의 전통적 분류

① **외인성**: 뇌 손상에 따른 장애 등 신체적 장애에서 기인

② **내인성**: 유전적인 요인에 따른 스트레스로 추정

③ **심인성**: 급격한 환경변화, 대인관계의 갈등과 같은 사회적 스트레스

(7) 심리적 장애의 진단 기준

① **DSM−5**: 미국정신의학회(APA)의 정신질환 진단 및 통계 편람, 다축평가 → 심리적 질환의 진단에 가장 널리 사용

② **ICD**: WHO의 국제질병분류

(8) 정신병의 원인

① **내인성 정신병**: 뇌의 기능 이상

② **외인성 정신병**: 신체질환이 원인(기질성, 증상성, 중독성)

③ **심인성 정신병**: 심리적 스트레스가 원인

(9) 정신병의 종류

① **정신분열증**: 피해망상, 대인기피 `20` `24`

② **조울증(양극성 장애)**: 큰 감정 기복

③ **우울증**: 만성적 우울, 의욕 저하

(10) 신경증 장애

① **불안장애**: 범불안장애, 공황장애, 공포증, 강박장애

② 사회불안장애(SAD)

③ 전환장애

④ 외상 후 스트레스 장애

(6) 뇌간

간뇌, 중뇌, 뇌교, 연수로 구성

① **시상**: 중뇌, 뇌교, 연수로부터 온 정보를 대뇌로 전달
② **시상하부**: 섭식·음수 행동, 성 행동, 체온 조절 등 생명 유지에 가장 중요한 역할

(7) 척수의 역할

① 말초 신경과 뇌 사이의 정보전달을 중계
② **척수반사**: 말초 신경의 정보를 척수만의 판단으로 신속히 처리

    예 뜨거운 것을 만지면 재빨리 손을 뗌

(8) 자율 신경 `21` `23` `24`

① **교감 신경**: 활동할 때, 긴장과 스트레스를 느낄 때 기능
② **부교감 신경**: 휴식할 때, 수면을 취할 때 기능

(9) 분리 뇌

좌뇌와 우뇌를 연결하는 뇌량이 절단되어 두뇌가 서로 정보를 주고받지 못하는 상태

(10) 실어증

① **브로카 실어증**: 타인의 말은 이해 가능하지만 매끄럽지 않은 발화 → 표현적 실어증
② **베르니케 실어증**: 매끄러운 발화를 하지만 말을 이해하는 능력의 손상 → 수용적 실어증

03 심리적 발달

(1) 발달

출생에서 사망에 이르는 전 생애에 걸친 신체적·정신적 변화 과정

(2) 발달연구방법 `23`

① **종단적 방법**: 둘 이상의 시점에서 동일한 분석 단위를 장기간에 걸쳐 추적
② **횡단적 방법**: 어느 한 시점에서 다수의 분석 단위에 대한 자료를 수집

(3) 발달의 원리

① 발달에는 순서와 방향이 있음[두미법칙: 위(머리) → 아래(발) / 중심말단법칙: 중추 → 말초]
② 발달은 연속적임
③ 개인차가 있음

(4) 발달단계

① 피아제의 인지발달단계 `20` `21` `23` `24`

감각운동기	0~2세, 현재 세계만 인식, 자신과 외부대상을 구분하지 못함
전조작기	2~7세, 직관적 사고, 대상영속성
구체적 조작기	7~12세, 이론적·논리적 사고, 분류·서열화·보존개념
형식적 조작기	12세 이상, 추상 사고, 연역 사고, 가설 설정

② 콜버그의 도덕성 발달단계 `21` `24`

전인습적 수준 (4~10세)	1단계: 타율적 도덕성
	2단계: 욕구충족의 수단
인습적 수준 (10~13세)	3단계: 대인관계의 조화
	4단계: 법과 질서의 준수
후인습적 수준 (13세 이상)	5단계: 사회계약정신
	6단계: 보편적 도덕원리

③ 프로이트의 심리적 성격발달단계 `22` `24`

구강기 (0~1세)	리비도가 구강에 집중
항문기 (1~3세)	배변훈련을 통한 사회화의 기대에 직면
남근기 (3~6세)	• 리비도가 성기에 집중 • 초자아 성립
잠복기 또는 잠재기 (6~12세)	• 성적 충동 등이 잠재되어 있는 시기 • 리비도의 대상은 동성 친구
생식기 (12세 이후)	• 이성 친구에 대한 관심 • 사춘기, 2차 성징

④ 에릭슨의 인간발달단계 `22` `23`

시기	심리사회적 위기	심리사회적 능력
유아기 (출생~1년 또는 18개월)	신뢰감 대 불신감	희망
초기 아동기 (1년 또는 18개월~3세)	자율성 대 수치심·회의	의지력
학령전기 또는 유희기 (3~5세)	주도성 대 죄의식	목적의식
학령기 (5~12세)	근면성 대 열등감	능력감
청소년기 (12~20세)	자아정체감 대 정체감 혼란	성실성
성인 초기 (20~24세)	친밀감 대 고립감	사랑

독학사
스피드 단기완성

1단계 교양과정

심리학개론

시대에듀

머리말 INTRO

학위를 얻는 데 시간과 장소는 더 이상 제약이 되지 않습니다. 대입 전형을 거치지 않아도 '학점은행제'를 통해 학사학위를 취득할 수 있기 때문입니다. 그중 독학학위제도는 고등학교 졸업자이거나 이와 동등 이상의 학력을 가지고 있는 사람들에게 효율적인 학점 인정 및 학사학위 취득의 기회를 줍니다.

학습을 통한 개인의 자아실현 도구이자 자신의 실력을 인정받을 수 있는 스펙인 독학사는 짧은 기간 안에 학사학위를 취득할 수 있는 가장 빠른 지름길로써 많은 수험생들의 선택을 받고 있습니다.

이 책은 독학사 시험을 준비하는 수험생분들이 단기간에 효과적인 학습을 할 수 있도록 다음과 같이 구성하였습니다.

---

01 '핵심이론' 중 시험장에 꼭 알고 들어가야 하는 부분을 요약한 '필수 암기 키워드'를 수록하여 시험 직전에 공부한 내용을 확인할 수 있도록 하였습니다.
※ 필수 암기 키워드 특강 : www.sdedu.co.kr → 독학사 → 학습자료실 → 무료특강

02 '2024~2022 기출복원문제'를 수록하여 최근 출제 경향을 파악하고 이에 맞춰 학습할 수 있도록 하였습니다.
※ 최신기출문제 특강 : www.sdedu.co.kr → 독학사 → 학습자료실 → 무료특강

03 시험에 출제될 수 있는 내용을 '핵심포인트'로 수록하였으며, '체크 포인트'와 '연습문제'를 통해 내용 이해에 부족함이 없도록 하였습니다.

04 출제 경향을 철저히 분석하여 구성한 '적중모의고사 10회분'을 통해 본인의 실력을 점검할 수 있도록 하였습니다.

시간 대비 학습의 효율성을 높이기 위해 방대한 학습 분량을 최대한 압축하여 정리하였으며, 출제 유형을 반영한 문제들로 구성하도록 노력하였습니다. 이 책으로 학위취득의 꿈을 이루고자 하는 수험생분들의 합격을 응원합니다.

편저자 드림

독학학위제 소개 BDES

독학학위제란?

「독학에 의한 학위취득에 관한 법률」에 의거하여 국가에서 시행하는 시험에 합격한 사람에게 학사학위를
수여하는 제도

- ☑ 고등학교 졸업 이상의 학력을 가진 사람이면 누구나 응시 가능
- ☑ 대학교를 다니지 않아도 스스로 공부해서 학위취득 가능
- ☑ 일과 학습의 병행이 가능하여 시간과 비용 최소화
- ☑ 언제, 어디서나 학습이 가능한 평생학습시대의 자아실현을 위한 제도
- ☑ 학위취득시험은 4개의 과정(교양, 전공기초, 전공심화, 학위취득 종합시험)으로 이루어져 있으며 각 과정별 시험을
  모두 거쳐 학위취득 종합시험에 합격하면 학사학위 취득

독학학위제 전공 분야 (11개 전공)

국어국문학 · 영어영문학 · 심리학 · 경영학 · 컴퓨터공학 · 간호학
법학 · 행정학 · 가정학 · 유아교육학 · 정보통신학

※ 유아교육학 및 정보통신학 전공 : 3, 4과정만 개설
  (정보통신학의 경우 3과정은 2025년까지, 4과정은 2026년까지만 응시 가능하며, 이후 폐지)
※ 간호학 전공 : 4과정만 개설
※ 중어중문학, 수학, 농학 전공 : 폐지 전공으로, 기존에 해당 전공 학적 보유자에 한하여 2025년까지 응시 가능

※ 시대에듀는 현재 4개 학과(심리학과, 경영학과, 컴퓨터공학과, 간호학과) 개설 완료
※ 2개 학과(국어국문학과, 영어영문학과) 개설 중

독학학위제 시험안내 INFORMATION

○ 과정별 응시자격

단계	과정	응시자격	과정(과목) 시험 면제 요건
1	교양	고등학교 졸업 이상 학력 소지자	• 대학(교)에서 각 학년 수료 및 일정 학점 취득 • 학점은행제 일정 학점 인정 • 국가기술자격법에 따른 자격 취득 • 교육부령에 따른 각종 시험 합격 • 면제지정기관 이수 등
2	전공기초		
3	전공심화		
4	학위취득	• 1~3과정 합격 및 면제 • 대학에서 동일 전공으로 3년 이상 수료 (3년제의 경우 졸업) 또는 105학점 이상 취득 • 학점은행제 동일 전공 105학점 이상 인정 (전공 28학점 포함) • 외국에서 15년 이상의 학교교육과정 수료	없음(반드시 응시)

○ 응시방법 및 응시료

- 접수방법 : 온라인으로만 가능
- 제출서류 : 응시자격 증빙서류 등 자세한 내용은 홈페이지 참조
- 응시료 : 20,700원

○ 독학학위제 시험 범위

- 시험 과목별 평가영역 범위에서 대학 전공자에게 요구되는 수준으로 출제
- 독학학위제 홈페이지(bdes.nile.or.kr) ➜ 학습정보 ➜ 과목별 평가영역에서 확인

○ 문항 수 및 배점

과정	일반 과목			예외 과목		
	객관식	주관식	합계	객관식	주관식	합계
교양, 전공기초 (1~2과정)	40문항×2.5점 =100점	–	40문항 100점	25문항×4점 =100점	–	25문항 100점
전공심화, 학위취득 (3~4과정)	24문항×2.5점 =60점	4문항×10점 =40점	28문항 100점	15문항×4점 =60점	5문항×8점 =40점	20문항 100점

※ 2017년도부터 교양과정 인정시험 및 전공기초과정 인정시험은 객관식 문항으로만 출제

○ 합격 기준

■ 1~3과정(교양, 전공기초, 전공심화) 시험

단계	과정	합격 기준	유의 사항
1	교양	매 과목 60점 이상 득점을 합격으로 하고, 과목 합격 인정(합격 여부만 결정)	5과목 합격
2	전공기초		6과목 이상 합격
3	전공심화		

■ 4과정(학위취득) 시험 : 총점 합격제 또는 과목별 합격제 선택

구분	합격 기준	유의 사항
총점 합격제	• 총점(600점)의 60% 이상 득점(360점) • 과목 낙제 없음	• 6과목 모두 신규 응시 • 기존 합격 과목 불인정
과목별 합격제	• 매 과목 100점 만점으로 하여 전 과목(교양 2, 전공 4) 60점 이상 득점	• 기존 합격 과목 재응시 불가 • 1과목이라도 60점 미만 득점하면 불합격

○ 시험 일정

| 1단계
2월 중 | 2단계
5월 중 | 3단계
8월 중 | 4단계
10월 중 |

■ 1단계 시험 과목 및 시간표

구분(교시별)	시간	시험 과목명
1교시	09:00~10:40(100분)	국어, 국사(필수)
2교시	11:10~12:00(50분)	외국어(필수) : 영어, 독일어, 프랑스어, 중국어, 일본어 중 택 1과목
중식 12:00~12:50(50분)		
3교시	13:10~14:50(100분)	현대사회와 윤리, 문학개론, 철학의 이해, 문화사, 한문, 법학개론, 경제학개론, 경영학개론, 사회학개론, 심리학개론, 교육학개론, 자연과학의 이해, 일반수학, 기초통계학, 컴퓨터의 이해 중 택 2과목

※ 시험 일정 및 세부사항은 반드시 독학학위제 홈페이지(bdes.nile.or.kr)를 통해 확인하시기 바랍니다.

※ 시대에듀에서 개설된 과목은 빨간색으로 표시하였습니다.

⬡ 총평

2024년 시험에서는 '심리학의 본질', '성격과 측정', '사회적 행동' 영역의 출제 비중이 증가한 반면에 '동기와 정서', '학습과 기억', '언어와 사고', '정신능력과 측정', '적응과 이상행동' 영역의 출제 비중은 감소하였습니다. 기본 개념을 묻는 문제부터 이를 응용하는 문제까지 다양한 유형으로 출제되었으므로, 학습 시 기본 개념을 확실하게 이해하고 알아두어야 합니다. 난도는 비교적 상·중·하 비율이 균형 있게 출제되었으며, 기본기를 잘 다진 수험생들에게는 크게 어렵지 않았을 것으로 보입니다.

⬡ 학습 방법

전년도와 마찬가지로 각 영역의 기초 개념을 응용한 사례 중심의 문제들이 다수 출제된 것을 감안하면, 이론의 기본 개념을 충분히 숙지하고 이를 응용하는 다수의 문제를 풀어봄으로써 실력을 탄탄히 쌓는 것이 중요합니다. 더불어 개념에 대해 단순히 암기만 하는 것에 그치는 것이 아니라 다양한 상황에서의 적용에 대해 관심을 가지고 접근할 필요가 있습니다.

심리학은 인간에 관한 모든 물음을 다루는 학문입니다. 우리가 생각하고 느끼며 행동하는 방식과 그 이유에 대한 답을 추구하는 과학으로서의 학문인 심리학을 제대로 이해하기 위해서는 기본 개념을 충실히 학습하는 것은 물론, 응용된 사례에 대해 적용해 보는 연습이 반드시 필요합니다. 이러한 학습 방식이 심리학의 여러 영역에 대한 전반적인 이해를 높이는 데 도움이 될 것입니다.

⬡ 출제 영역 분석

출제 영역	문항 수		
	2022년	2023년	2024년
심리학의 본질	2	4	5
행동의 생리적 기초	4	3	3
심리적 발달	3	4	4
동기와 정서	4	5	4
감각과 지각	5	3	3
학습과 기억	7	6	5
언어와 사고	1	2	1
정신능력과 측정	4	4	3
성격과 측정	3	3	5
적응과 이상행동	3	3	2
사회적 행동	4	2	5
총합	40	40	40

합격수기 COMMENT

독학사 시험을 처음 준비하면서 학습 계획을 세우려고 경험 삼아 시험을 보러 갔을 때, 시험장에서 사람들이 무슨 책을 가지고 공부하는지 살펴볼 수 있었는데, 그때 알게 된 것이 시대에듀입니다. 시대에듀에서 출간한 문제집을 구매한 후 동영상 강의가 있다는 것도 알게 되었고, 혼자서는 막막했던 공부를 보다 수월하게 준비할 수 있었습니다. 잘 정리된 이론과 문제풀이 해설은 효율적인 학습을 하는 데 도움이 되었고, 상세한 설명이 포함된 동영상 강의는 과목에 대한 전반적인 이해도를 높여주었습니다.

독학사 시험은 워낙 공부할 내용이 방대하다 보니 이론 학습과 문제풀이 연습을 최대한 단기간에 끝내고 싶었습니다. 서점에서 여러 도서들을 비교해 보다가 시대에듀에서 출간한 교재로 공부를 시작했고, 나중에는 '1단계 5과목 벼락치기' 교재도 구입했습니다. 제가 선택한 5과목이 한 권에 다 수록되어 있어서 보다 간편하게 마무리 점검용으로 활용할 수 있었습니다. 문제를 풀어 보고도 잘 이해되지 않는 부분은 동영상 강의의 도움을 받는 편인데, 기출문제 무료 강의가 제공되니 유용하게 활용할 수 있었습니다. 필수 암기 키워드는 처음 학습하면서 주요 내용이 무엇인지 파악하는 데 많은 도움이 됐습니다.

독학사 시험에 합격하겠다는 목표는 잡았는데, 공부를 어떻게 해야 하는지 몰라서 감을 못 잡고 헤매고 있었습니다. 그러다가 인터넷 검색을 통해 시대에듀 교재를 선택하게 됐는데, 교재가 체계적으로 구성되어 있어 개념을 잡는 데 많은 도움이 되었습니다. 최신기출문제를 통해 출제 경향을 파악할 수 있었고, 출제 경향이 반영된 실전예상문제와 최종모의고사로 공부한 내용을 확실하게 점검할 수 있었습니다. 교재 앞부분에 수록된 필수 암기 키워드를 반복해서 봤는데, 주요 개념을 체크할 수 있어서 좋았습니다.

독학사는 시험을 주관하는 국가평생교육진흥원에서 관련 교재를 출간하지 않고, 기출문제도 공개하지 않아 교재를 선택하는 데 많은 어려움이 있었습니다. 여러 후기들을 비교하여 선택한 시대에듀의 독학사 기본서 시리즈는 탁월한 선택이었던 것 같습니다. 출제 경향을 반영한 핵심이론과 문제들로 기초를 탄탄하게 세울 수 있었습니다. 특히 도움이 되었던 것은 무료로 제공되는 필수 암기 키워드 특강이었습니다. 이 강의를 통해 개념 체계를 잘 세울 수 있었고, 시험 직전에 마무리 점검을 할 때에도 도움이 되었습니다.

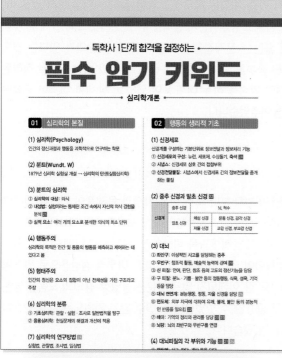

01 필수 암기 키워드

핵심이론 중 반드시 알아야 할 중요 내용을 요약한 '필수 암기 키워드'로 개념을 정리해 보세요.

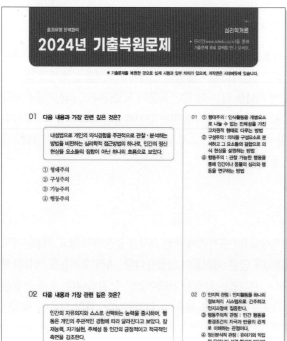

02 최신기출문제

'2024~2022년 기출복원문제'를 풀어 보면서 출제 경향을 파악해 보세요.

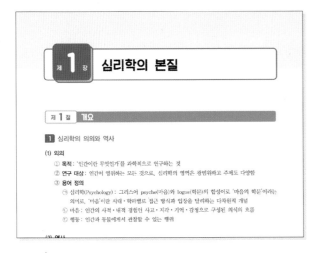

03 핵심포인트

핵심만 간추려 정리한 '핵심포인트'로 주요 내용을 빠르게 학습해 보세요.

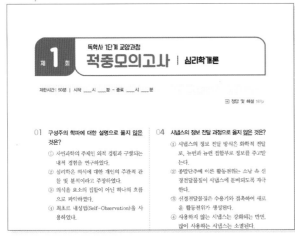

04 적중모의고사

학습한 내용을 바탕으로 '적중모의고사'를 풀어 보면서 문제를 해결하는 능력을 길러 보세요.

+P/L/U/S+

1단계 시험을 핵심자료로 보강하자!

국어/영어/국사 <핵심자료집 PDF> 제공

1단계 시험을 준비하는 수험생을 위해 교양필수과목인 국어/영어/국사 핵심 요약집을 PDF로 제공하고 있어요. 국어는 고전문학/현대문학, 영어는 중요 영단어/숙어/동의어, 국사는 표/사료로 정리했어요.

※ 경로 : www.sdedu.co.kr → 독학사 → 학습자료실 → 강의자료실

목차 CONTENTS

PART 4 　적중모의고사

PART 5 　정답 및 해설

또 실패했는가? 괜찮다. 다시 실행하라. 그리고 더 나은 실패를 하라!

– 사뮈엘 베케트 –

심리학개론

최신기출문제

2024년	기출복원문제
2023년	기출복원문제
2022년	기출복원문제

출/ 제/ 유/ 형/ 완/ 벽/ 파/ 악/

홀륭한 가정만한 학교가 없고, 덕이 있는 부모만한 스승은 없다.

– 마하트마 간디 –

2024년 기출복원문제

▶ 온라인(www.sdedu.co.kr)을 통해
기출문제 무료 강의를 만나 보세요.

※ 기출문제를 복원한 것으로 실제 시험과 일부 차이가 있으며, 저작권은 시대에듀에 있습니다.

01 다음 내용과 가장 관련 깊은 것은?

> 내성법으로 개인의 의식경험을 주관적으로 관찰·분석하는 방법을 비판하는 심리학적 접근방법의 하나로, 인간의 정신현상을 요소들의 집합이 아닌 하나의 흐름으로 보았다.

① 형태주의
② 구성주의
③ 기능주의
④ 행동주의

02 다음 내용과 가장 관련 깊은 것은?

> 인간의 자유의지와 스스로 선택하는 능력을 중시하며, 행동은 개인의 주관적인 경험에 따라 달라진다고 보았다. 잠재능력, 자기실현, 주체성 등 인간의 긍정적이고 적극적인 측면을 강조한다.

① 인지적 관점
② 인본주의적 관점
③ 행동주의적 관점
④ 정신분석적 관점

01
① 형태주의 : 인식활동을 개별요소로 나눌 수 없는 전체성을 가진 고차원적 형태로 다루는 방법
② 구성주의 : 의식을 구성요소로 분석하고 그 요소들의 결합으로 의식 현상을 설명하는 방법
④ 행동주의 : 관찰 가능한 행동을 통해 인간이나 동물의 심리와 행동을 연구하는 방법

02
① 인지적 관점 : 인지활동을 하나의 정보처리 시스템으로 간주하고 인지과정에 집중한다.
③ 행동주의적 관점 : 인간 행동을 환경조건의 자극과 반응의 관계로 이해하는 관점이다.
④ 정신분석적 관점 : 유아기의 억압된 무의식이 성격 형성과 발달에 영향을 끼친다고 보는 관점이다.

정답 01 ③ 02 ②

03 독립변인 : 종속변인에 영향을 주기 위해 실험자가 조작하거나 통제하는 값이다.
① 종속변인 : 설정된 독립변인의 결과로서 달라지는 의존변인으로, 제시문에서 학습 태도가 이에 해당된다.
② 매개변인 : 독립변인이 종속변인에 미친 효과가 다른 예측변인을 통해 발생할 때 그 예측변인으로, 제시문에서 진로 스트레스가 이에 해당된다.
③ 통제변인 : 연구를 수행할 때 영향을 주지 않도록 통제하는 변인으로, 제시문에서는 오전 수업만 수강하는 대학생이 이에 해당된다.

03 다음 실험에서 변인의 종류와 실험 요인이 바르게 짝지어진 것은?

> 대학생의 카페인 섭취가 학습 태도에 미치는 효과연구에 진로 스트레스의 영향력 검증을 위해 ○○시 소재 대학교에서 진행하였다. 실험 편차를 고려하여 오전 수업만 수강하면서 진로 고민이 심각한 60명을 모집하고, 두 그룹으로 나누어 30명씩 무선할당하였다. 한 그룹에는 고카페인 음료를 제공하고, 나머지 한 그룹에는 디카페인 음료를 제공하였다.

① 종속변인 – 대학생의 실험 참가율
② 매개변인 – 학습 태도의 효과성
③ 통제변인 – 진로 스트레스의 정도
④ 독립변인 – 카페인 섭취 여부

04 ① 사례연구 : 개인의 성장·발달 과정의 구체적인 사례를 임상적으로 연구하는 방법
③ 실험관찰 : 실험자가 상황이 발생하는 장면을 조작하고 통제하는 연구방법
④ 현장관찰 : 연구자가 참여관찰하고 체험함으로써 현장 전체의 이해를 목적으로 하는 연구방법

04 다음 내용과 가장 관련 깊은 것은?

> 심리학 연구방법 중 하나로, 조작이나 통제를 가하지 않고 일상적인 상황에서 발생하는 사건이나 행동을 관찰하는 방법이다. 이러한 연구방법은 인과관계가 분명하지 않을 수 있으며 재현이 어려운 특징을 갖는다.

① 사례연구
② 자연관찰
③ 실험관찰
④ 현장관찰

정답 03 ④ 04 ②

05 척도의 종류와 예시가 올바르게 연결된 것은?

① 등간척도 – 성별

② 비율척도 – 온도

③ 명목척도 – 학력

④ 서열척도 – 소득수준

06 대뇌에서 일차 시각피질이 위치하는 부분은?

① 후두엽

② 두정엽

③ 측두엽

④ 전두엽

07 뇌의 영역에서 대상회, 해마, 편도체 등과 같은 영역들의 집합으로, 정서 반응의 조절과 학습, 기억, 공격 행동 등에 관여하는 곳은?

① 소뇌

② 척수

③ 시상하부

④ 변연계

05 서열척도 : 변수의 속성들의 서열화(예 선호도, 석차, 자격등급 등)

① 등간척도 : 절대 영점은 없지만 서열·속성 간격 동일(예 IQ, EQ, 온도, 학력, 점수, 사회지표 등)

② 비율척도 : 절대 영점을 포함한 절대적 크기 비교(예 길이, 무게, 매출액, 출생률, 경제성장률 등)

③ 명목척도 : 차이점과 유사점에 따른 단순한 범주화(예 성별, 종교, 인종, 결혼유무 등)

06 후두엽 : 시각 정보를 처리하는 영역

② 두정엽 : 촉각에 관한 정보를 처리하는 기능을 가진 영역

③ 측두엽 : 청각, 언어, 기억과 관련이 있는 영역

④ 전두엽 : 운동, 기억과 판단, 추상적 사고 등 전문화된 영역

07 ① 소뇌 : 평형기능, 수의운동의 조절 등 신체의 세밀하고 다양한 운동기능을 담당하며, 손상을 입으면 평형감각에 이상이 생긴다.

② 척수 : 중추신경과 말초신경 사이에서 정보전달을 중계하거나 반사기능을 한다.

③ 시상하부 : 생명유지의 중추적인 역할을 하여 혈압, 체온, 소화, 면역 등 자율신경기능과 내분비 기능을 제어한다.

정답 05 ④ 06 ① 07 ④

08
① 체성신경계 : 말초신경계의 일부로 운동신경(원심성신경)과 감각신경(구심성신경)으로 나뉜다.
② 중추신경계 : 뇌와 척수로 이루어지며, 정보를 기억·판단하여 음성·운동·반사 등을 명령한다.
④ 부교감신경계 : 동공의 수축, 맥박의 느려짐, 혈압의 하강 등 신체를 편안하고 안정된 상태로 유지시킨다.

08 다음 내용과 가장 관련 깊은 것은?

> 스트레스 상황 시 심장박동을 빠르게 하고 신체가 대응할 수 있도록 많은 양의 에너지를 소비하게 하며, 싸움이나 도주 반응을 일으키는 근력을 증가시킨다. 긴급 상황에서는 중요하지 않은 신체작용을 느리게 한다.

① 체성신경계
② 중추신경계
③ 교감신경계
④ 부교감신경계

09
전조작기 사고를 나타내는 대표적인 예는 상징놀이와 물활론, 자아중심성이다. 구체적 조작기에는 자아중심성과 비가역성을 극복할 수 있다.

09 피아제의 인지발달단계에 대한 설명으로 가장 적절하지 <u>않은</u> 것은?

① 과거나 미래가 없는 현재의 세계만 인식하는 시기는 감각운동기이다.
② 대상 영속성이 확립되며 직관적인 수준의 사고를 하는 시기는 전조작기이다.
③ 구체적 조작기의 사고를 나타내는 대표적인 예로는 물활론과 자아중심성 등이 있다.
④ 형식적 조작기에는 가설의 설정, 검증, 연역적 사고가 가능하다.

정답 08 ③ 09 ③

10 피아제의 인지발달단계 중 어느 단계에 대한 내용인가?

> A〉B, B〉C이면 A〉C와 같이 구체적 대상이 없는 추상적인 개념에 대해서도 논리적 추론이 가능한 단계이다.

① 전조작기
② 감각운동기
③ 형식적 조작기
④ 구체적 조작기

10 형식적 조작기는 추상적 사고가 발달하고, 실제 경험하지 않은 영역에 대한 논리적인 활동계획을 수립하며, 가설의 설정·검증·연역적 사고가 가능하다. 이 시기에는 체계적인 사고능력, 논리적 조작에 필요한 문제해결능력이 발달한다.

11 다음 내용과 가장 관련 있는 것은?

> • 콜버그의 도덕적 추론의 발달수준 중 하나이다.
> • 도덕적 판단의 근거로 인간관계의 유지 및 사회질서를 준수하는 수준이다.
> • 착한 소년, 착한 소녀를 지향하는 수준이다.

① 인습적 수준
② 중인습적 수준
③ 전인습적 수준
④ 후인습적 수준

11 [문제 하단의 표 참고]

»Q

전인습적 수준 (4~10세)	1단계	도덕성	처벌과 복종을 지향
	2단계	욕구충족의 수단	상대적 쾌락주의에 의한 욕구충족을 지향
인습적 수준 (10~13세)	3단계	대인관계의 조화	개인 상호 간의 조화를 중시하며 착한 소년·착한 소녀를 지향
	4단계	법과 질서의 준수	사회질서에의 존중을 지향
후인습적 수준 (13세 이상)	5단계	사회계약 정신	민주적 절차로 수용된 법을 존중하는 한편, 상호합의에 의한 변경가능성을 인식
	6단계	보편적 도덕원리	개인의 양심과 보편적인 윤리원칙에 따라 옳고 그름을 인식

정답 10 ③ 11 ①

12 [문제 하단의 표 참고]

12 프로이트의 성격발달단계의 순서로 옳은 것은?

① 구강기 → 잠복기 → 남근기 → 항문기 → 생식기
② 구강기 → 남근기 → 잠복기 → 항문기 → 생식기
③ 구강기 → 항문기 → 남근기 → 잠복기 → 생식기
④ 구강기 → 항문기 → 잠복기 → 남근기 → 생식기

구강기 (0~1세)	• 아동의 리비도는 입, 혀, 입술 등 구강에 집중 • 구강기 전기에는 빨기와 삼키기에서 자애적 쾌락을 경험 • 구강기 후기에는 이유에 대한 불만에서 어머니에 대한 최초의 양가감정 경험 • 이 시기의 고착은 손가락 빨기, 손톱 깨물기, 과음, 과식 등의 행동으로 발현 가능
항문기 (1~3세)	• 배변으로 생기는 항문 자극에 의해 쾌감을 얻으려는 시기 • 배변훈련을 통한 사회화의 기대에 직면 • 이 시기의 고착은 결벽증이나 인색함으로 발현 가능
남근기 (3~6세)	• 리비도가 성기에 집중되어 성기를 자극하고 자신의 몸을 보여주거나 다른 사람의 몸을 보면서 쾌감을 경험 • 남아의 거세불안(오이디푸스 콤플렉스), 여아의 남근선망(엘렉트라 콤플렉스) 경험 • 아동은 부모와의 동일시 및 적절한 역할 습득을 통해 양심과 자아 이상을 발달시키며, 이 과정에서 초자아가 성립
잠복기 또는 잠재기 (6~12세)	• 다른 단계에 비해 평온한 시기로, 성적 욕구가 억압되어 성적 충동 등이 잠재되는 시기 • 리비도의 대상은 동성 친구로 향하고 동일시 대상도 주로 친구 • 잠복기 아동의 에너지는 지적인 활동, 친구와의 우정 등으로 집중
생식기 (12세 이후)	• 잠복되어 있던 성적 에너지가 되살아나, 또래의 이성 친구에게 관심 • 이 시기에 사춘기를 경험하며, 2차 성징 발현

정답 12 ③

13 다음 내용과 가장 관련 깊은 것은?

> 각성 상태가 중간 수준일 때, 수행 수준이 가장 높다는 것을 말한다.

① 리비도
② 추동감소수준
③ 호메오스타시스
④ 최적각성수준

14 다음 내용과 가장 관련 깊은 이론은?

> 정서를 '흥분한다는 사실을 지각할 때 신체적 변화가 나타나고 그 신체 반응에 대한 느낌'이라고 말한다.

① 캐논-바드 이론
② 플루칙 이론
③ 제임스-랑게 이론
④ 샤흐터의 정서 2요인설

15 다음 사례와 가장 관련 있는 이론은?

> 10년 동안 가정폭력을 당한 중년 여성에게 상담자가 왜 이혼을 하지 않는지 물었더니, 여성은 남편을 이길 수도 없고 벗어날 수도 없다고 답하며, 남편의 폭력은 통제할 수 없다고 한숨을 쉬었다.

① 기저효과
② 추동감소이론
③ 기대이론
④ 학습된 무기력이론

13 최적각성수준이론을 '역전된 U함수' 또는 'Yerkes-Dodson 법칙'이라고도 한다. 과제의 수준이 높을 때는 각성의 수준이 낮아야, 과제의 수준이 낮을 때는 각성의 수준이 높아야 효율이 증대된다.

14 제임스-랑게 이론은 환경에 대한 신체반응이 정서체험의 원인이 된다는 주장이다. 심장박동이나 혈압과 같은 자율신경계의 변화가 대뇌에 전달되어 정서경험이 일어나는 것처럼, 신경생리학적 변화가 정서를 촉발한다는 의미이다. '슬퍼서 우는 것이 아니라 우니까 슬픈 것이다'라는 말로 대표된다.

15 학습된 무기력은 실패와 좌절이 반복되면 무력감을 학습하게 되어 자극에서 벗어나려는 자발적인 노력을 시도하지 않게 된다는 마틴 셀리그먼의 이론이다.

정답 13 ④ 14 ③ 15 ④

16 베버의 법칙은 변화된 자극을 감지하기 위해서는 기준 자극의 강도에 비례해서 변화의 강도도 커져야 한다는 이론이다.
① 역하자극 : 역치 이하의 자극으로, 감지할 수 없는 자극
② 신호탐지이론 : 자극에 대한 민감도와 반응기준에 따라 자극(신호)탐지가 달라진다는 이론
④ 감각순응 : 자극이 지속되면 수용기 감수성이 변화하여 그 반응이 감소하는 현상

16 다음 내용과 가장 관련 깊은 것은?

> 20g에 5g이 더했을 땐 차이를 잘 탐지하다가, 200g에 5g을 더했을 땐 차이를 잘 탐지하지 못한다. 이와 같이 두 자극의 강도 비율에 따라 차이역이 변화하는 것으로, 감지하는 자극의 일정한 차이는 항상 등비로 증가해야 한다.

① 역하자극
② 신호탐지이론
③ 베버의 법칙
④ 감각순응

17 헤링의 반대색설이론은 빨강-초록, 흰색-검은색, 파랑-노랑의 대립쌍의 합성과 분해를 통해 색을 인식한다는 이론으로, 삼원색이론에서 설명하지 않는 잔상효과에 근거를 두고 있다.

17 시각에 대한 설명으로 가장 적절하지 않은 것은?

① 간상체는 색의 명암에 반응하여 추상체가 반응하지 않을 때 필요하다.
② 삼원색이론은 삼원색의 가산적 혼합으로 모든 색을 만들어 낼 수 있다는 이론이다.
③ 반대색설이론은 삼원색이론의 잔상효과에 근거를 두고 있다.
④ 선조 피질은 V1 영역으로 시각 정보의 일차적 수용 부위이다.

정답 16 ③ 17 ③

18 선택적 주의에 대한 설명으로 옳은 것을 모두 고르면?

> ㄱ. 청각에도 존재한다.
> ㄴ. 대표적인 예로 지각적 착각을 들 수 있다.
> ㄷ. 양분청취 결과 집중하지 않은 쪽의 물리적 변화는 알아도 의미는 인지하지 못한다.
> ㄹ. 감각기관에는 필요 이상으로 많은 정보가 들어오므로 취사선택할 필요가 있다.

① ㄱ, ㄴ
② ㄱ, ㄴ, ㄷ
③ ㄱ, ㄷ, ㄹ
④ ㄱ, ㄴ, ㄷ, ㄹ

18 ㄱ, ㄴ, ㄷ, ㄹ 모두 선택적 주의에 대한 옳은 설명이다.

19 다음 내용에서 괄호 안에 들어갈 용어로 가장 적절한 것은?

> "자라 보고 놀란 가슴, 솥뚜껑 보고 놀란다."라는 말처럼, ( )은(는) 조건화 과정에서 경험한 자극이 아닌 비슷한 자극에도 반응을 하는 것을 말한다.

① 무조건 반응
② 무조건 자극
③ 자극 일반화
④ 자극 변별

19 자극 일반화란 조건 형성이 될 경우 조건 자극과 비슷한 자극에도 조건 반응이 일어나는 것을 의미한다.
① 무조건 반응 : 유기체가 생득적으로 가지는 반응
② 무조건 자극 : 무조건 반응을 일으키는 자극
④ 자극 변별 : 조건 형성 과정에서 조건 자극과 다른 자극을 변별하는 것

정답 18 ④ 19 ③

20 조작적 조건형성의 목적은 도구를 사용[조작, 자극(강화물)제시나 소거]한 강화나 처벌로 행동의 변화를 꾀하는 것이다. 뜨거운 난로에 손을 대는 상황에서 통증 제공(자극 제시)으로 행동을 줄이는 것(처벌)처럼, 정적 처벌은 자극 제시로 행동 빈도를 감소시키는 것을 말한다.
① 정적 강화 : 공부하는 행동 칭찬(자극 제시), 공부 행동 증가(강화)
③ 부적 강화 : 비를 맞지 않게 됨(자극 소거), 우산 쓰는 행동 증가(강화)
④ 부적 처벌 : 게임 시 용돈을 줄임(자극 소거), 게임 행동과 시간 감소(처벌)

20 다음 중 정적 처벌의 예로 옳은 것은?

① 아이의 공부하는 행동을 칭찬하여 공부하는 행동을 늘게 하는 것처럼, 자극을 제시함으로써 행동의 빈도를 증가시키는 것
② 뜨거운 난로에 손을 댔다가 통증이 오면 난로에 손대는 행동이 줄어드는 것처럼, 자극을 제시함으로써 행동의 빈도를 줄이는 것
③ 비가 내릴 때 우산을 쓰면 비를 맞지 않게 됨으로써 우산 쓰는 행동이 증가하는 것처럼, 자극을 소거하여 행동의 빈도를 증가시키는 것
④ 게임을 할 때마다 용돈을 줄이면 게임 시간과 행동이 줄어드는 것처럼, 자극을 소거함으로써 행동의 빈도를 줄이는 것

21 ① 잔향기억 : 청각적 자극을 순간적으로 기억하는 감각 기억
③ 일화기억 : 개인의 일상적 경험을 보유하는 장기적 기억
④ 의미기억 : 명시적 기억의 일종으로, 경험이 배제된 단순한 지식적인 기억

21 환경으로부터 감각기관으로 들어온 정보를 선택적으로 처리하며 물리적 자극이 잠시 저장되는 기억은?

① 단기기억
② 잔향기억
③ 일화기억
④ 의미기억

22 ① 일화기억 : 개인의 추억이나 사건 등에 대한 자전적 기억으로, 시공간적인 기억
③ 서술기억 : 선언적 기억이라고도 하며, 의식적으로 회상이 가능한 경험과 지식에 대한 기억
④ 의미기억 : 사실과 정보에 대한 기억으로, 내용·지식·학습한 개념(사실, 법칙) 등의 장기기억

22 다음 내용과 가장 관련 깊은 것은?

> 장기기억의 종류 중 하나로, 어떤 일을 수행하기 위한 세부 단계들을 빠르고 무의식적으로 수행할 수 있게 해 준다.

① 일화기억
② 절차기억
③ 서술기억
④ 의미기억

정답 20 ② 21 ① 22 ②

23 다음 사례와 가장 관련이 있는 용어는?

> 기말고사를 앞두고 심리학개론을 먼저 공부한 후, 경제학개론을 공부하였다. 그런데 다음 날 심리학개론 시험을 볼 때, 먼저 공부한 심리학개론의 내용이 잘 떠오르지 않았다.

① 간섭　　　　② 시연
③ 대치　　　　④ 건망

23 간섭이론은 망각을 기억 이전이나 이후의 정보에 의해 기억정보가 방해받기 때문에 생기는 현상으로 본다. 먼저 학습한 것이 나중에 학습한 것을 간섭할 때 순행간섭이라 하고, 최근 학습한 것이 이전에 학습한 것을 간섭할 때 역행간섭이라고 한다.
② 시연 : 기억할 항목을 반복, 복창하여 기억력을 높이는 방법
③ 대치 : 새로운 정보가 오면 오래된 정보가 사라지며 기억의 자리를 바꾸는 현상
④ 건망 : 일정 기간의 기억을 상실하는 현상

24 다음 내용과 가장 관련 깊은 것은?

> 한 대상이나 물건의 용도 또는 기능을 기존 지식이나 기존 방식으로 고정하여 안정적으로 보려는 경향으로, 문제의 창의적 해결 능력을 제한할 수 있다.

① 재생적 사고
② 생산적 사고
③ 기능적 고착
④ 귀납적 추론

24 기능적 고착은 어느 사물의 습관적인 기능에 얽매여 그것이 가진 잠재석인 사용법을 활용하시 못하는 경향으로, 재생적 사고가 생산적 사고를 저해하는 경우에 해당한다.
① 재생적 사고 : 과거에 문제를 경험한 사실을 활용하여 해결하려는 사고
② 생산적 사고 : 기존에 알지 못하던 새로운 관계성을 발견하는 사고로, 창의성에 관계됨
④ 귀납적 추론 : 개별적이고 특수한 사례로부터 일반적이고 보편적 법칙을 찾는 방법

25 다음 내용에서 괄호 안에 들어갈 용어로 가장 적절한 것은?

> (　　)는 같은 방식으로 검사하여 채점하고 해석에 이르기까지의 과정을 단일화·조건화하여 검사 과정의 일관성 확보와 더불어 검사자의 주관적 개입을 막는 것이다.

① 신뢰도
② 표준화
③ 타당도
④ 구성화

25 검사절차의 표준화는 검사실시상황이나 환경적 조건에 대한 엄격한 지침을 제공하는 동시에 검사자의 질문 방식이나 수검자의 응답 방식까지 구체적으로 규정함으로써 시간 및 공간의 변화에 따라 검사실시절차가 달라지지 않도록 하는 것을 말한다.

정답 23 ① 24 ③ 25 ②

26 ① 내적 합치도 : 한 측정도구의 모든 문항 간의 상관계수를 근거로 신뢰도를 구한다.
　③ 반분 신뢰도 : 하나의 측정도구에서 피험자를 동일한 수로 나누어 측정한 뒤 두 집단의 결과를 비교하여 상관계수를 계산해 신뢰도를 구한다.
　④ 검사-재검사 신뢰도 : 동일한 측정도구를 동일한 사람에게 시간차를 두고 두 번 조사하여 그 결과를 비교함으로써, 두 차례의 점수에 대한 상관계수로 신뢰도를 구한다.

26 다음 내용과 가장 관련 깊은 것은?

> 신뢰도를 검증할 수 있는 방법으로, 내용과 난이도는 동일하지만 구체적인 문항의 형태는 다른 두 유형의 검사를 같은 피검자에게 실시하는 방법이다.

① 내적 합치도
② 동형검사 신뢰도
③ 반분 신뢰도
④ 검사-재검사 신뢰도

27 비구조적 검사는 상황적 요인의 영향력이 크고, 신뢰도와 타당도가 낮다.
[문제 하단의 표 참고]

27 투사적 성격검사에 대한 설명으로 가장 적절하지 <u>않은</u> 것은?

① 비구조적 성격검사는 검사자의 주관적 개입의 영향이 크다.
② 무엇을 측정하려고 하는지 알기 어려워 수검자의 방어가 어렵다.
③ 상황적 요인의 영향력이 크므로 신뢰도와 타당도가 높다.
④ 수검자 반응의 독특성이 잘 나타나며 반응이 풍부한 장점이 있다.

구분	투사적 검사(비구조적 검사)	객관적 검사(구조적 검사)
장점	• 반응의 독특성 • 방어의 어려움 • 반응의 풍부함	• 검사 실시의 간편성 • 검사의 높은 신뢰도와 타당도
단점	• 검사의 신뢰도와 타당도가 부족 • 상황적 요인의 영향력이 큼	• 사회적 바람직성 • 반응 경향성 • 문항 내용의 제한성
종류	• 로샤 • TAT • HTP, DAP	• MMPI • TCI • NEO 성격검사

정답　26 ② 　27 ③

28 다음 중 인지기능검사가 <u>아닌</u> 것은?

① CBCL 검사

② K-WAIS 검사

③ WISC-III 검사

④ 스탠포드-비네 검사

29 성격에 대한 설명으로 가장 적절하지 <u>않은</u> 것은?

① 한 개인을 다른 이와 구별하는 독특한 심리적 특징을 말한다.

② 정서적 특성을 띠며 유전적 요소를 강조한다.

③ 독특성·안전성을 특징으로 하며, 인성의 내용을 포함한다.

④ 시간적·공간적으로 지속적이며 일관된 개인 전체의 특징이다.

30 다음 내용에 해당하는 학자는?

> 성격의 구조를 '원초자, 자아, 초자아'로 나누고, 행동을 이 세 가지의 상호작용으로 보았다.

① 올포트

② 로저스

③ 프로이트

④ 반두라

---

28 아동 행동 평가척도(CBCL, Child Behavior Checklist)는 아동 및 청소년의 사회 적응 및 정서행동문제 평가에 사용하는 유용한 임상 도구이다.

29 성격이란 시간적·공간적으로 일관성을 가지면서 한 개인과 타자를 구별하게 하는 독특한 행동과 사고의 성향을 나타낸다. 기질은 성격과 비슷한 개념이나 정서적 특성을 띠며 신경계통이나 내분비 등에 관련된 유전적 요소를 강조한다.

30 프로이트는 인간의 정신활동에는 의식·전의식·무의식의 존재가 있다고 보고, 정신구조를 원초아·자아·초자아 영역으로 나누어 가정하였다. 인격과 행동은 이러한 영역 사이의 상호관계 또는 갈등에 의해 변화하는 것으로 파악하였다.

정답 28 ① 29 ② 30 ③

31 '생리적 욕구 → 안전에 대한 욕구 →
애정과 소속에 대한 욕구 → 자기 존
중 또는 존경의 욕구 → 자아실현의
욕구'의 위계를 갖는다.
[문제 하단의 표 참고]

31 매슬로우의 욕구위계이론에 대한 설명으로 가장 적절하지 않은 것은?

① 인간의 욕구를 다섯 단계로 나눠, 상위 단계일수록 높은 수준의 욕구 추구로 보았다.

② 가장 기초적인 동기는 생리적 욕구로, 인간의 본능적 욕구이자 필수적 욕구이다.

③ 최고 수준의 욕구는 자아실현의 욕구이다.

④ '생리적 욕구 → 애정과 소속에 대한 욕구 → 안전에 대한 욕구 → 자기 존중 또는 존경의 욕구 → 자아실현의 욕구'의 위계를 갖는다.

>>>◯

구분	특징
생리적 욕구 (1단계)	• 의·식·주, 종족 보존 등 최하위 단계의 욕구 • 인간의 본능적 욕구이자 필수적 욕구
안전에 대한 욕구 (2단계)	• 신체적·정신적 위험에 의한 불안과 공포에서 벗어나고자 하는 욕구 • 추위·질병·위험 등으로부터 자신의 건강과 안전을 지키고자 하는 욕구
애정과 소속에 대한 욕구 (3단계)	• 가정을 이루거나 친구를 사귀는 등 어떤 조직이나 단체에 소속되어 애정을 주고받고자 하는 욕구 • 사회적 욕구로서 사회구성원으로서의 역할 수행에 전제조건이 되는 욕구
자기존중 또는 존경의 욕구 (4단계)	• 소속단체의 구성원으로서 명예나 권력을 누리려는 욕구 • 타인으로부터 자신의 행동이나 인격이 승인을 얻음으로써 '자신감, 명성, 힘, 주위에 대한 통제력 및 영향력'을 느끼고자 하는 욕구
자아실현의 욕구 (5단계)	• 자신의 재능과 잠재력을 발휘하여 자기가 이룰 수 있는 모든 것을 성취하려는 최고 수준의 욕구 • 사회적·경제적 지위와 상관없이 어떤 분야에서 최대의 만족감과 행복감을 느끼고자 하는 욕구

정답 31 ④

32 다음 내용과 가장 관련 깊은 것은?

> 성격 검사 중 하나로, 제시한 그림을 보고 상상하는 이야기 속의 생각이나 느낌을 통해 성격을 추정하는 방법이다.

① MMPI 검사
② TAT 검사
③ PAI 검사
④ HTP 검사

33 로저스의 적극적 경청에 대한 설명으로 가장 적절한 것은?

① 내담자를 무조건 긍정적으로 존중하며 내담자의 의견을 비교 판단하여 정리하는 태도
② 내담자가 풍부한 자기표현을 하도록 내담자 의견에 상담자의 의견을 일치시키는 태도
③ 내담자 이야기에 집중하면서 언어적·비언어적 표현에 관심을 기울이는 태도
④ 내담자를 공감적으로 이해하려 가능한 한 내담자 이야기에 끼어드는 태도

34 다음 증상과 가장 관련 깊은 정신장애는?

> ○○○는 혼잣말을 하거나 소리치는 행동을 하면서 누군가가 자신을 해치려고 한다고 말하며 싸우는 듯한 몸짓을 하곤 한다. 누군가 자신의 핸드폰에 도청 장치를 하여 감시하고 있어서 안 가지고 다닌다고도 한다.

① 조현병
② 양극성장애
③ 공황장애
④ 강박장애

---

32 ① MMPI 검사 : 미네소타 다면적 인성검사(Minnesota Multiphasic Personality Inventory)는 성인의 성격과 정신병리의 표준화된 자기보고형 측정도구이다.
③ PAI 검사 : PAI(Personality Assessment Inventory) 검사는 MMPI 검사와 마찬가지로 수검자의 정보 제공을 위한 객관적 자기보고형 측정도구이다.
④ HTP 검사 : House-Tree-Person 그림검사는 집·나무·사람을 그려서 나온 그림을 통해 심리를 알아보는 투사검사이다.

33 로저스의 인간중심상담에서는 사람은 스스로 결정하고 해결하며 자기실현경향성을 갖는 존재라고 주장하면서, 상담자의 기본태도로 일치성과 진실성, 공감적 이해와 경청, 무조건적 배려 또는 존중을 강조한다.

34 환각과 망상은 조현병(정신분열)의 대표적인 증상으로 다른 심리질환에도 나타난다. 조현병에는 양성증상과 음성증상이 있는데 양성은 보통 사람에게는 없지만 조현병 환자에게 있다는 의미이고, 음성은 보통 사람에게는 있지만 조현병 환자에게 없다는 의미이다.

정답 32 ② 33 ③ 34 ①

35 자폐스펙트럼장애는 임신 초기 뇌 발달과정의 이상에 의해 발생한다고 보며, 특히 유전적 원인(유전자 물림보다는 유전자의 비정상적 기능)이 가장 핵심으로 여겨지고 있다.

35 자폐스펙트럼장애에 대한 설명으로 가장 적절하지 <u>않은</u> 것은?

① DSM-5에서는 소아기 붕괴성 장애, 자폐성 장애, 아스퍼거 장애, 달리 분류되지 않는 광범위성 발달장애를 통합했다.

② 자폐스펙트럼장애는 학령기 아동이 또래와 상호작용에 실패하며 발병하는 질환이다.

③ 대표적인 특징은 '사회적 의사소통의 질적인 결함', '제한된 관심사 및 반복적인 행동'이다.

④ 사회성 발달장애의 대표적인 질환이다.

36 인지부조화는 둘 이상의 태도 또는 행동과 태도 사이에 불일치를 지각하는 심리적 긴장상태이다. 일반적으로 자기합리화라는 일종의 자기방어기제를 통해 인지부조화의 해소를 시도한다.

36 다음 사례에서 실험 참가자들에게 나타난 현상에 해당하는 것은?

> 두 집단에 동일하게 재미없고 단순하며 지루한 과제를 하게 했다. 그리고 실험에 참여한 두 집단에게 과제가 재미있었다고 거짓말을 해달라고 부탁하면서, 거짓말을 한 대가로 A집단에는 30,000원을, B집단에는 1,000원을 주었다. 이후 두 집단에게 실제로 과제가 어땠었는지를 확인한 결과, 보상을 많이 받은 A집단보다 오히려 보상이 적었던 B집단에서 실제로 과제가 재미있었다고 대답을 한 비율이 우세했다. 이 실험에서 A집단의 경우 30,000원을 받고 거짓말할 동기가 충분했기 때문에 이후 재미가 없었다고 말할 수 있었지만, B집단의 경우 1,000원으로 자신의 거짓말을 정당화하기 어렵기 때문에 실제의 지루함 대신 재미있었던 것으로 자신의 감정을 왜곡하게 된 것이다.

① 동조압력
② 자기검열
③ 애쉬의 실험
④ 인지부조화

정답 35 ② 36 ④

37 다음 내용과 가장 관련 깊은 개념은?

> 어떤 티셔츠를 살까 고민하는데 옷가게 점원이 드레스셔츠를 추천하였다. 친구도 그 드레스셔츠가 어울린다고 조언하자 티셔츠가 아닌 드레스셔츠를 구입하였다.

① 점화
② 응종
③ 동조
④ 편견

38 밀그램의 복종실험에서 권위자에 대한 복종을 감소시키는 경우만을 고른 것은?

> ㄱ. 피해자의 고통이 심하다고 느낌
> ㄴ. 명령 내용에 대한 도덕적 양심과 견해
> ㄷ. 복종 받는 사람의 익명성 약화
> ㄹ. 피해자와의 거리가 가까워져서 서로 얼굴을 마주 볼 수 있음

① ㄱ, ㄴ
② ㄴ, ㄷ
③ ㄷ, ㄹ
④ ㄱ, ㄹ

37 동조란 집단의 규범을 준수하기 위해 행동을 변화시키는 것을 말하는데, 정보적 영향 및 규범적 영향과 더불어 사회적 지지는 동조에 영향을 미친다.
① 점화 : 하나의 과제를 수행하는 것이 후속 과제 수행에서 지각이나 행동에 영향을 끼치는 것
② 응종 : 사회적 규범이 아닌, 타인의 직접적인 요청에 응해주는 행위
④ 편견 : 특정 집단의 구성원들에 대한 전반적인 부정적 태도

38 • ㄱ·ㄴ·ㄹ : 밀그램의 복종실험 결과, 피해자와 거리가 멀수록(소리만 들을 수 있는 옆방), 피해자의 고통을 알면서도 상황과 권위에 복종하고 도덕적이지 못함에도 전기충격을 가했다. 이를 통해 도덕적 양심과 견해보다는 집단이나 권위자의 의견이 더 강력히 반영된다는 것을 도출했다.
• ㄷ : 복종 받는 사람의 익명성이 강화되면 자기 책임으로부터 자유로워진다는 생각에 의해 권위자의 의견이 더 강력하게 반영된다. 이는 한나 트렌트의 '예루살렘의 아이히만'을 통해 반향을 일으킨 악의 평범성과도 연관이 있다.

정답 37 ③ 38 ③

39 귀인은 타인의 행동에 관한 외부단서라는 간접 정보를 통하여 그 행동의 원인을 추론하는 인지과정이다.
② 복종 : 사회적 압력에 굴하여 자신이 생각하는 바와 다른 방향으로 변용하는 것이다.
③ 고정관념 : 특정 집단이나 대상을 지나치게 단순화·획일화함으로써 고착된 개념이나 이미지다.
④ 부정적 편향 : 한 사람을 평가하는 데 있어 긍정적 정보와 부정적 정보를 함께 주면 부정적인 쪽이 전체 인상을 좌우하는 것이다.

39 다음 내용에서 괄호 안에 들어갈 말로 가장 적절한 것은?

> ( )은 사건과 행동의 원인을 어디에다 돌릴지 결정하는 과정이다.

① 귀인
② 복종
③ 고정관념
④ 부정적 편향

40 집단극화가 일어나기 쉬운 상황은 다음과 같다.
• 정보의 영향 : 타인과 토의 과정에서 자기 이외의 시각 및 정보를 접하며 의견이 강화된다.
• 사회적 비교 : 집단 속에서 돋보이려 기존의 생각을 더 강화한다.
• 모험 이행 : 개개인은 신중하나 집단토의를 거치며 대담하고 과격한 결론에 이르는 현상이다.
• 신중적 이행 : 개인의 단독 결정보다 집단토의를 거치면서 더 신중한 결정을 하는 현상이다.

40 다음 내용에서 괄호 안에 들어갈 말로 가장 적절한 것은?

> ( )은(는) 집단 구성원들이 하나의 이슈에 집중하여 토의를 거치면 개인의 의사 결정보다 집단 의사 결정이 더 극단화되는 현상을 의미하며, 가령 개인들의 결정 평균이 보수 성향이라면, 그 집단의 결정은 그보다 더 보수적으로 극단화된다는 것이다.

① 몰개인화
② 집단무의식
③ 집단극화
④ 사회적 정체성

정답 39 ① 40 ③

2023년 기출복원문제

▶ 온라인(www.sdedu.co.kr)을 통해 기출문제 무료 강의를 만나 보세요.

※ 기출문제를 복원한 것으로 실제 시험과 일부 차이가 있으며, 저작권은 시대에듀에 있습니다.

01 두 변수 간 관계의 강도가 가장 강한 것은?

① r= -.80

② r= -.30

③ r= .00

④ r= .70

02 다음 내용에서 밑줄 친 변인이 바르게 짝지어진 것은?

> ⊙ 집단미술치료를 통한 ⓒ 중년여성의 우울 감소가 ⓒ 자아존중감 및 심리적 안녕감 향상에 미치는 효과를 확인하기 위해 30명을 모집하여 각 15명씩 무선할당하였다. 그중 한 집단에 집단미술치료를 실시하였으며, 다른 한 집단에는 무처치하였다.

	⊙	ⓒ	ⓒ
①	독립변인	매개변인	종속변인
②	잠재변인	매개변인	독립변인
③	독립변인	조절변인	통제변인
④	종속변인	독립변인	잠재변인

01 상관계수(r)는 두 변수 간의 관련성이 있는 정도를 나타내며, -1에서 +1의 값을 갖는다. 두 변수가 완전히 다르면 0, 동일하면 +1, 반대방향으로 동일하면 -1을 갖는다. 절댓값이 클수록 상관관계가 높다는 것을 의미한다.

02
- 독립변인 : 종속변인에 영향을 주는 변인
- 매개변인 : 독립변인의 영향을 받고, 종속변인에 영향을 주는 변인
- 종속변인 : 독립변인의 영향을 받는 변인
- 통제변인 : 연구에 영향을 주지 않도록 신경 써야 하는 요인
- 조절변인 : 독립변인이 종속변인에 미치는 영향의 강도에 영향을 주는 변인
- 잠재변인 : 직접적으로 관찰되거나 측정이 되지 않는 변수

정답 (01 ① 02 ①)

03 조작적 정의는 사물 또는 현상을 객관적이고 경험적으로 기술하기 위해 추상적인 개념을 실제 현장에서 측정 가능하도록 관찰 가능한 형태로 정의한 것이다.

03 심리학 연구에서 연구대상이 되는 구성개념이 측정 가능한 형태로 변경될 때 사용하는 것은?

① 조건화
② 이론적 정의
③ 개념적 정의
④ 조작적 정의

04 등간척도는 측정대상을 속성에 따라 서열화하는 것뿐 아니라 서열 간의 간격이 동일하도록 수치를 부여하는 측정척도로, 절대 영점이 존재하지 않는다. 소득은 비율척도이며 '0'의 실제적 의미를 가지고 있으므로 모든 산술적 조작이 가능하다.

04 측정척도의 종류와 그 예시가 연결된 것으로 옳지 <u>않은</u> 것은?

① 명명척도 - 성별, 인종
② 비율척도 - 길이, 체중
③ 등간척도 - 지능지수, 소득
④ 서열척도 - 성적, 스포츠 순위

05 기억이 만들어지는 과정에서 해마는 뇌에 전달된 감각정보를 단기간 저장하고 있다가, 장기기억으로 진행하는 것을 도와주는 역할을 한다. 해마는 기억과 학습을 관장한다.

05 다음 내용에 해당하는 뇌의 부위는?

> 삼식이의 아버지는 술을 과하게 마신 다음 날, 술 마신 이후의 일을 기억하지 못하고 어떻게 귀가했는지 기억하지 못한다.

① 해마
② 편도체
③ 뇌량
④ 시상하부

정답 (03 ④   04 ③   05 ①)

06 다음 내용에 해당하는 뇌의 부위는?

> 자세와 균형을 유지하고, 여러 근육이 효과적으로 협응하도록 통제하는 기능을 하며, 운동행위를 정교한 피드백 시스템을 통해 획득하여 기억하는 역할을 수행한다.

① 연수
② 변연계
③ 소뇌
④ 시상하부

07 다음 내용에 해당하는 것은?

> 화재가 나는 등 위급한 상황에 활성화되어 빠르고 강하게 신체가 적응할 수 있도록 돕고, 동공을 확장시키며 심장박동과 호흡을 증가시키는 등의 활동으로 인체 내 항상성 조절에 기여한다.

① 체성신경계
② 중추신경계
③ 교감신경계
④ 부교감신경계

06 소뇌는 피아노를 치거나 골프공을 쳐내는 것과 같은 새로운 운동기술을 익힐 때 절대적으로 필요하다. 소뇌가 손상을 입으면 근육 간 협동운동이 잘 이뤄지지 않고, 정확한 움직임을 하기 어렵다.

07 교감신경계는 자율신경계의 일부로 그 반응은 불수의적이다. 자율신경계는 하나의 기관에 대해 교감신경과 부교감신경에 의한 이중지배 구조를 가지며, 심장박동·호흡·혈압·땀·피부·온도 등 신체의 항상성 조절을 위해 활성화되거나(교감신경계), 혹은 억제된다(부교감신경계).

정답 06 ③ 07 ③

08 애착유형은 친밀감을 회피하려는 정도와 불안감의 정도에 따라 크게 4가지 유형으로 나뉜다. 친밀감을 나누길 좋아하고 관계 불안도가 낮으면 안정형, 친밀감을 갈망하지만 관계 불안도가 높으면 저항형, 친밀감에 대한 회피도가 높고 관계 불안도는 낮다면 회피형, 친밀감을 불편해하면서 이와 동시에 관계 불안도가 높으면 혼란형이다.

08 **다음 내용에 해당하는 것은?**

> 영아가 양육자와 분리되거나 낯선 상황에서도 양육자를 찾지 않으며, 양육자가 돌아와 친밀감을 표현해도 무시하며 다가가지 않는다. 이 유형의 아이들은 양육자가 적절한 반응을 해 주지 않을 것으로 기대하며, 양육자의 존재 유무에 영향을 받지 않는다.

① 안정애착
② 불안정-저항애착
③ 불안정-혼란애착
④ 불안정-회피애착

09 횡단연구는 특정시점에서 집단 간의 차이를 연구하는 방법으로, 다른 특성을 가지고 있는 집단들의 행동발달이나 변화의 양상 차이를 측정하는 연구이며, 연구대상의 수가 많아 개인차를 파악하기 쉽지 않다는 단점이 있다.
종단연구는 어떤 연구대상이 시점별로 어떻게 변화하는가에 대한 동태적 변화와 발전과정 및 퇴행과정의 지속적 연구로, 노력과 경비가 많이 소요되며, 연구대상의 선정 및 관리가 쉽지 않다는 단점이 있다.

09 **발달연구방법에 대한 설명으로 가장 옳은 것은?**

① 횡단연구는 동시대에 속한 다른 연령집단을 연구하는 방법으로, 발달상 유의미한 개인차를 파악하기 쉽다.
② 종단연구는 장기간에 걸쳐 한 개인의 정체성 및 변화를 세밀하게 연구하는 방법으로, 같은 특성을 반복적으로 측정함으로써 피험자들이 검사에 숙달되어 연습의 효과가 야기될 수 있다는 문제점이 있다.
③ 횡단연구는 주로 초기 경험과 후기 행동 간의 인과관계, 어떤 발달상의 변화를 가져오는 결정요소를 고찰하고자 할 때 사용하는 연구방법이다.
④ 종단연구는 관찰대상이 대표하는 행동발달이나 변화의 대략적인 양상을 파악할 때 사용하는 연구방법이다.

정답 08 ④ 09 ②

10 피아제의 발달단계 중 다음 설명에 해당하는 단계는?

> 대상의 특성과 사물의 속성을 탐색하는 단계로 눈앞에 없는 사물을 정신적으로 그려낼 수 있다. 예를 들어, 가방에 책이 있다는 것을 눈으로 보지 않아도 가방 속에 책이 있다는 것을 알 수 있다.

① 전조작기
② 구체적 조작기
③ 감각운동기
④ 형식적 조작기

10 대상영속성이란 대상이 사라지더라도 다른 장소에 계속해서 존재한다고 인식한다는 개념이다. 감각운동기는 출생부터 2세에 해당하며, 이 시기 영아는 대상영속성을 이해하기 시작한다.

11 에릭슨의 심리사회적 발달단계 중 학령기의 위기로 볼 수 있는 것은?

① 자율성 대 수치심
② 근면성 대 열등감
③ 자아정체감 대 죄책감
④ 신뢰감 대 불신감

11 에릭슨은 인간의 성격발달이 전 생애에 걸쳐 일어나며 점성원칙에 따라 단계별로 발달됨을 심리사회적 발달이론으로 전개하였으며, 각 단계는 전 단계의 위기를 잘 극복해 내었을 때 이룰 수 있다고 보았다.
[문제 하단의 표 참고]

>>>◯

시기	심리사회적 위기	덕목
유아기	신뢰감 대 불신감	희망
초기 아동기	자율성 대 수치심	의지
학령전기	주도성 대 죄책감	목적
학령기	근면성 대 열등감	유능감
청소년기	자아정체감 대 정체감 혼란	성실성
청년기	친밀감 대 고립감	사랑
중년기	생산성 대 침체감	배려
노년기	자아통합 대 절망감	지혜

정답 (10 ③ 11 ②)

12 매슬로우는 인간의 욕구를 다섯 단계로 나누어 구성하여, 하위단계에서부터 상위단계로 충족될수록 높은 수준의 욕구를 추구한다고 보았다.
[문제 하단의 표 참고]

12 매슬로우의 욕구위계이론 중 가장 기초적인 동기는?

① 안전에 대한 욕구
② 생리적 욕구
③ 애정과 소속에 대한 욕구
④ 자아실현의 욕구

»»Q

구분	특징
생리적 욕구 (1단계)	• 의 · 식 · 주, 종족 보존 등 최하위 단계의 욕구 • 인간의 본능적 욕구이자 필수적 욕구
안전에 대한 욕구 (2단계)	• 신체적 · 정신적 위험에 의한 불안과 공포에서 벗어나고자 하는 욕구 • 추위 · 질병 · 위험 등으로부터 자신의 건강과 안전을 지키고자 하는 욕구
애정과 소속에 대한 욕구 (3단계)	• 가정을 이루거나 친구를 사귀는 등 어떤 조직이나 단체에 소속되어 애정을 주고받고자 하는 욕구 • 사회적 욕구로서 사회구성원으로서의 역할 수행에 전제조건이 되는 욕구
자기존중 또는 존경의 욕구 (4단계)	• 소속단체의 구성원으로서 명예나 권력을 누리려는 욕구 • 타인으로부터 자신의 행동이나 인격이 승인을 얻음으로써 '자신감, 명성, 힘, 주위에 대한 통제력 및 영향력'을 느끼고자 하는 욕구
자아실현의 욕구 (5단계)	• 자신의 재능과 잠재력을 발휘하여 자기가 이룰 수 있는 모든 것을 성취하려는 최고 수준의 욕구 • 사회적 · 경제적 지위와 상관없이 어떤 분야에서 최대의 만족감과 행복감을 느끼고자 하는 욕구

정답 12 ②

13 각성이론에 대한 설명으로 옳은 것은?

① 각성이론은 각성의 정도에 따라 행동이 변하지 않는 것을 전제로 한다.

② 각성이 극단적으로 또렷할 때 효율적으로 반응한다.

③ 수행의 효율성이 최고가 되는 각성의 적정수준은 존재하지 않는다.

④ 수행의 효율성은 각성의 중간 수준에서 최대가 된다.

14 에크만의 6대 기본 정서가 <u>아닌</u> 것은?

① 혐오

② 공포

③ 수치

④ 놀람

15 개별 정서와 그 기능이 옳게 연결되지 <u>않은</u> 것은?

① 공포 – 보호

② 수치 – 사회화

③ 혐오 – 탐색

④ 기쁨 – 번식, 유대

---

13 각성이론은 우리가 각성될수록 행동이 변화할 것이라고 가정한다. 각성이 변화할 때 수행의 효율성이 증가하는 결과가 나오며, 각성이 극단적으로 변하면 효율적으로 반응하기 어려워진다. 'Yerkes–Dodson Law'(여키스–도슨 법칙)에 따르면 적절한 각성수준에서 과제 수행이 제일 좋고, 각성수준이 너무 높거나 낮을 때는 과제 수행이 저하된다. 이것을 '역전 U 함수'라고도 한다.

14 에크만(Ekman)은 문화권이 다른 사람들의 얼굴표정에 담긴 정서 연구를 통해 '분노, 혐오, 공포, 행복, 놀람, 슬픔'의 6가지 기본 정서와 얼굴표정을 제시했다.

15 정서는 유기체가 자신에게 주어진 환경에 주의를 기울여 정서를 일으킨 대상을 인식하고 적절한 대응행동을 하도록 한다. 혐오는 상한 것으로부터 유기체를 밀어내는 역할을 한다.

정답 13 ④ 14 ③ 15 ③

16 제임스–랑게(James–Lange) 이론은 '외부자극 → 생리적 변화 → 정서체험'을 주장하며, 신경생리학적 변화가 정서를 촉발한다고 주장했다.
① 캐논–바드(Cannon–Bard) 이론에 대한 설명으로, 정서의 중추신경계의 역할을 중시하였으며, 자극이 대뇌피질에 전달되어 정서경험을 일으키고 동시에 생리적 변화를 일으킨다고 주장했다.
②·④ 샤흐터(Schachter)의 정서 2요인설에 대한 설명으로, 같은 생리적 반응이라도 상황과 환경에 따라 인지가 달라질 수 있다는 점을 주장하였다.

16 **제임스–랑게 이론에서의 정서에 대한 설명으로 옳은 것은?**

① 자극이 자율신경계의 활동과 정서경험을 동시에 일으킨다고 주장하였다.
② 정서란 생리적 반응과 원인의 인지작용 사이의 상호작용임을 주장하였다.
③ 환경에 대한 신체반응이 정서체험의 원인이 된다고 주장하였다.
④ 정서란 생리적 반응의 지각 자체가 아닌 그 원인을 설명하기 위한 인지해석임을 강조하였다.

17 ② 역하자극은 절대역 이하의 자극을 말한다.
③ 신호자극은 동물의 본능이나 행동을 일으키는 자극을 말한다.
④ 최소식별차이는 두 자극이 다르다는 것을 탐지하는 데 필요한 최소한의 차이를 말한다.

17 **자극을 탐지하는 데에 필요한 최소한의 자극강도를 무엇이라 하는가?**

① 절대역
② 역하자극
③ 신호자극
④ 최소식별차이

18 게슈탈트란 개인의 전체성 혹은 총체적인 존재를 의미하는 것으로, 대상을 지각할 때 부분들의 집합이 아닌 부분과 부분을 하나의 의미 있는 전체로 파악하는 것이다. 우리가 어떤 대상을 지각할 때, 관심 있는 부분은 중심에 오르고 나머지는 배경으로 물러난다. 즉, 제시된 그림에서 검은 부분에 관심을 두면 물 잔이 보이고, 흰 부분에 관심을 두면 두 사람의 옆모습이 보인다.

18 **다음 그림을 지각할 때 사용되는 원리는?**

① 연결성
② 유사성
③ 폐쇄성
④ 전경과 배경

정답 16 ③ 17 ① 18 ④

19 다음 내용에 해당하는 것은?

> 상황에 따른 대상의 변화에도 불구하고 속성이 변하지 않고 일관성 있게 인식하도록 도와주는 것을 뜻한다.

① 깊이지각
② 착시
③ 항등성
④ 원근법

20 고전적 조건 형성과 조작적 조건 형성을 비교한 것으로 옳지 <u>않은</u> 것은?

① 고전적 조건 형성은 자극이 반응 앞에 온다.
② 조작적 조건 형성은 특수 반응을 일으키는 특수 자극이 없다.
③ 고전적 조건 형성은 한 자극이 다른 자극을 대치한다.
④ 조작적 조건 형성은 정서적 · 부수적 행동이 학습된다.

>>>Ο

구분	고전적 조건 형성	조작적 조건 형성
자극–반응 계열	자극이 반응의 앞에 온다.	반응이 효과나 보상 앞에 온다.
자극의 역할	반응은 추출된다.	반응은 방출된다.
자극의 자명성	특수 반응은 특수 자극을 일으킨다.	특수 반응을 일으키는 특수 자극이 없다.
조건 형성과 과정	한 자극이 다른 자극을 대치한다.	자극의 대치는 일어나지 않는다.
내용	정서적 · 부수적 행동이 학습된다.	목적 지향적 · 의도적 행동이 학습된다.

19 지각 항등성이란 자극조건이 변하더라도 대상의 크기 · 모양 · 색채 따위의 속성을 일정한 것으로 지각하는 현상으로, '모양 항등성, 크기 항등성, 밝기 항등성, 색채 항등성' 등이 있다.

20 [문제 하단의 표 참고]

정답 19 ③ 20 ④

21 강화계획은 반응이 있을 때마다 강
화하는 계속적 강화와 간격을 두고
행하는 간헐적 강화로 나뉘며, 그중
변동비율계획은 정해진 수의 조작반
응에 강화를 주지 않기 때문에 한번
강화되면 소거가 어렵다.
[문제 하단의 표 참고]

21 강화계획 중 학습된 행동의 소거가 가장 어려운 것은?

① 고정비율계획
② 변동비율계획
③ 고정간격계획
④ 변동간격계획

»»🔍

계속적 강화		• 반응의 빠른 학습이 이루어진다. • 지속성이 거의 없으며, 반응이 빨리 사라진다.
간헐적 강화	고정간격계획	지속성이 거의 없으며, 강화시간이 다가오면서 반응률이 증가하는 반면 강화 후 떨어진다. 예 주급, 월급
	변동간격계획	느리고 완만한 반응률을 보이며, 강화 후에도 거의 쉬지 않는다. 예 평균 5분인 경우 2분, 7분, 15분 정도에 강화를 줌
	고정비율계획	빠른 반응률을 보이지만, 지속성이 약하다. 예 옷 공장에서 옷 100벌을 만들 때마다 1인당 100만 원의 성과급을 지급함
	변동비율계획	반응률이 높게 유지되며, 지속성도 높다. 예 자동도박기계

정답 21 ②

22 다음 사례에 해당하는 학습은?

> 3~6세 어린이 72명을 성별과 폭력성 수준에 따라 세 그룹으로 나누었다. 첫 번째 그룹은 성인이 보보인형을 때리고 욕하고 가지고 놀며 폭력적인 행동을 보여주는 비디오를 보았다. 두 번째 그룹은 성인이 보보인형과 친절하게 대화하고 가지고 놀며 비폭력적인 행동을 보여주는 비디오를 보았다. 세 번째 그룹은 성인과 보보인형의 상호작용을 보여주지 않는 비디오를 보았다. 비디오를 본 후, 어린이들은 다른 방으로 이동하여 다양한 장난감과 함께 보보인형을 만났다. 연구자들은 어린이들이 비디오로 본 내용을 어떻게 표현하는지 확인하였다.

① 관찰학습
② 통찰학습
③ 혐오학습
④ 잠재학습

22 반두라는 보보인형실험을 통해 관찰학습은 직접적 보상이나 징벌을 받지 않더라도 다른 사람의 행동을 관찰하는 것만으로 모델링이 되어 새로운 행동이 학습되므로 모방이 가능함을 검증하였다.

23 다음 설명에 해당하는 것은?

> 단기기억에 있어 매우 중요한 역할을 하는 인지과정으로, 기억대상인 자극이나 정보를 서로 의미 있게 연결하거나, 분리된 항목을 보다 큰 묶음으로 조합하여 기억의 효율성을 도모하는 방법이다.

① 파지
② 대치
③ 전이
④ 청킹

23 청킹(Chunking)은 단기기억을 머릿속에 저장하는 효율적인 학습방법으로, 단기기억의 한계 용량은 7±2이다.

정답 22 ① 23 ④

24 파지이론은 행동을 상징적인 형태로 기억하는 방식으로, 기억의 유지 및 복구와 관련된다.
② 간섭이론에 따르면, 경험되는 학습의 변화에 따라 기억하게 되는 내용이 서로 영향을 받는다.
③ 쇠잔이론에 따르면, 장기기억에 저장되었지만 기억흔적이 약해지거나 사라져서 인출이 안 된다.
④ 망각이론에 따르면, 경험하고 학습한 것을 상기하거나 재생하는 능력이 일시적 또는 영속적으로 감퇴하거나 상실된다.

24 다음 설명에 해당하는 이론은?

> 기억의 유지 및 복구와 관련된 실질적 요인은 기억의 작동 방식을 설명하며, '학습, 연관성, 의미, 인지적 유사성, 시간' 등과 관련을 갖는다. 기억의 전이와 관련되며, 운동과제 및 환경특성을 요인으로 한다.

① 파지이론
② 간섭이론
③ 쇠잔이론
④ 망각이론

25 절차기억은 스포츠, 악기 연주, 기술 등 직접 체득한 기억을 말하며, 반복하고 연습하여 익힐 수 있으며, 언어로 표현할 수 없는 비언어적인 기억이다.
① 서술기억(선언적 기억)은 의식적으로 회상이 가능한 경험과 지식에 대한 기억으로, 언어로 나타낼 수 있다.
③ 일화기억은 개인의 추억이나 사건 등에 대한 자전적 기억으로, 이미지의 형태로 부호화된다.
④ 의미기억은 사실적 정보에 대한 기억으로, '내용, 지식, 학습한 사실이나 개념·법칙' 등에 대한 장기기억에 해당하며, 기억 속에 명제로서 표상된다.

25 다음 설명에 해당하는 기억은?

> 지각-운동 과제를 통한 내잠 학습의 효과적 지각-운동성 기술의 발달은 훈련을 통하여 시간이 경과하면서 이루어진다(Seger, 1994). 운동학습과정에 있어 이러한 내잠적 기억을 통해 습득한 운동기술은 좀 더 자동적이고, 습관화된 동작과 관련이 있다.

① 서술기억
② 절차기억
③ 일화기억
④ 의미기억

정답 24 ① 25 ②

26 언어의 구성요소 중 언어에 의미가 나타나기 시작하는 가장 작은 단위는?

① 구
② 음소
③ 통사
④ 형태소

26 형태소는 음절들이 조합되어 언어에 의미가 나타나기 시작하는 단위이다.
① 구는 둘 또는 그 이상의 어절이 어울려 하나의 단어 기능을 한다.
② 음소는 말소리의 가장 작은 단위로, 자음과 모음으로 구성된다.
③ 통사는 문법 범주를 파악하고, 파악된 범주의 단어를 분석한다.

27 월러스의 창조적인 문제해결 4단계의 순서로 옳은 것은?

① 준비단계 – 보존단계 – 조명단계 – 검증단계
② 보존단계 – 준비단계 – 조명단계 – 검증단계
③ 검증단계 – 준비단계 – 조명단계 – 보존단계
④ 보존단계 – 조명단계 – 준비단계 – 검증단계

27 준비단계(현재 곤란을 겪고 있는 곤란의 상태 즉, 문제 만들기) – 보존단계(문제를 잠시 잊기, 부화단계라고도 함) – 조명단계(떠오르는 것 기록하기) – 검증단계(꼼꼼하게 점검하기)

정답 26 ④   27 ①

28　① 비구조적 성격검사는 투사적 검
　　　사로서, 검사자의 주관적 개입의
　　　영향이 크다.
　　③ 비구조적 성격검사에 대한 설명
　　　에 해당한다.
　　④ 비구조적 검사는 신뢰도와 타당
　　　도가 낮다.
　　[문제 하단의 표 참고]

28　성격검사에 대한 설명으로 옳은 것은?

① 비구조적 성격검사는 수검자들이 자신의 사고·감정·행
　동에 대해 묻는 질문에 대해 보고하는 것으로, 평가자의 주
　관적 반응의 개입될 여지가 없다.

② 구조적 성격검사는 자기보고식 성격검사로, 'NEO 성격검
　사, TCI, MBTI, MMPI' 등이 있다.

③ 수검자의 글, 그림, 이야기 속에 수검자의 성격이 투사되어
　있다고 가정하고 구조적으로 분석하는 것이 구조적 성격검
　사이다.

④ 비구조적 검사는 신뢰도와 타당도가 높고, 수검자의 반응
　의 독특성이 잘 나타나며, 반응이 풍부한 것이 장점이다.

구분	투사적 검사(비구조적 검사)	객관적 검사(구조적 검사)
장점	• 반응의 독특성 • 방어의 어려움 • 반응의 풍부함	• 검사 실시의 간편성 • 검사의 높은 신뢰도와 타당도
단점	• 검사의 신뢰도와 타당도가 부족 • 상황적 요인의 영향력이 큼	• 사회적 바람직성 • 반응경향성 • 문항내용의 제한성
종류	• 로샤 • TAT • HTP, DAP	• MMPI • TCI • NEO 성격검사

정답　28 ②

29 다음 내용에 해당하는 지능은?

> 스턴버그의 삼원지능이론에서 새로운 상황이나 과제에 대처하는 능력과 정보처리의 자동화 능력을 포함하는 창의적인 능력을 말한다.

① 요소적 지능
② 경험적 지능
③ 맥락적 지능
④ 결정적 지능

30 다음 내용과 가장 관련 깊은 학자는?

> 지능의 본질을 규명하기 위해 요인분석을 사용하여, 지능이 모든 개인이 공통적으로 가지고 있는 일반요인과 언어나 숫자 등 특정한 영역에 대한 능력으로서의 특수요인으로 구성된다고 보는 2요인설을 주장하였다.

① 터먼
② 손다이크
③ 서스톤
④ 스피어만

---

29 스턴버그는 지능을 개인의 내부세계와 외부세계에서 비롯되는 경험의 측면에서 '성분적 지능, 경험적 지능, 상황적 지능'으로 구분하였다. 성분적 지능은 논리적인 문제 해결에 적용하는 분석적 능력이며, 경험적 지능은 직관력과 통찰력을 포함하는 창의적인 능력이며, 상황적 지능은 환경과의 조화를 이루는 실용적 능력으로 실제적 능력을 말한다.

30 ① 터먼은 지능을 다양한 문제를 해결하기 위해 추상적 상징을 사용하는 능력이라고 했다.
② 손다이크는 '기계적 지능, 사회적 지능, 추상적 지능'의 세 가지 요인으로 구분하였다.
③ 서스톤은 요인분석을 적용하여 기본정신능력의 요인을 7가지로 보았다.

정답 (29 ② 30 ④)

31 신뢰도는 동일한 대상에게 같거나 유사한 측정도구를 사용하여 반복적으로 측정할 경우 동일하거나 비슷한 결과를 얻을 수 있는 정도이다.

31 다음 중 심리점수의 일관성과 가장 관련 깊은 것은?

① 적절도
② 타당도
③ 신뢰도
④ 효과도

32 초자아는 양심과 자아 이상이라는 두 가지 하위체계를 가진다. 양심은 잘못된 행동에 대해 처벌이나 비난을 받는 경험에서 생기는 죄책감이며, 자아 이상은 옳은 행동에 대해 긍정적인 보상을 받는 경험을 통해 형성된다.

32 다음 중 프로이트가 제시한 초자아를 형성하는 두 가지 과정은?

> ㄱ. 자아 이상
> ㄴ. 양심
> ㄷ. 사회적 규범
> ㄹ. 윤리체계

① ㄱ, ㄴ
② ㄴ, ㄷ
③ ㄱ, ㄷ
④ ㄴ, ㄹ

33 투사검사는 신뢰도와 타당도를 객관적으로 검증하기 어렵다는 단점이 있다.

33 투사검사에 대한 내용으로 옳지 <u>않은</u> 것은?

① 개인의 심리특성을 다양하고 깊이 있게 파악하기 위한 비구조적 검사이다.
② 무엇을 측정하려고 하는지 알기 어려워 피검자의 방어가 어렵다.
③ 의식화되지 않던 사고나 감정이 자극됨으로써 무의식적인 심리특성이 나타날 수 있다.
④ 신뢰도와 타당도가 높다.

정답 31 ③ 32 ① 33 ④

34 이상행동의 판별기준과 가장 거리가 먼 것은?

① 개인이 주관적으로 경험하는 고통과 불편감

② 어디서나 동일한 문화적 규범

③ 개인의 적응을 저해하는 심리적 손상

④ 심리적 특성이 평균에서 벗어난 일탈 상태

35 로저스의 인간중심치료 원칙이 아닌 것은?

① 자각

② 진실성

③ 공감적 이해

④ 무조건적인 긍정적 존중

36 이상행동에 대한 접근법에서 개인 특성과 환경의 상호작용을 강조하는 것은?

① 인지적 접근

② 실존주의적 접근

③ 인간중심적 접근

④ 소질-스트레스 모형 접근

34 문화적 규범은 시대에 따라 변화하며, 문화에 따라 다르다.

35 로저스는 '공감적 이해, 무조건적인 긍정적 관심(존중), 일치성과 진실성'을 치료를 위한 필요충분조건이라고 했다.

36 ① 인지적 접근은 이상행동이 인지적인 정보처리과정의 오류에 의해 발생한다고 본다.
② 실존주의적 접근은 인간을 '세계를 지각하고 자신이 보고 듣고 느끼는 사실을 통합하여 의미를 부여하는 존재'로 보고, 갈등과 선택의 과정을 통해 야기되는 불안과 좌절을 직면하면서 성장한다고 본다.
③ 인간중심적 접근은 개인의 긍정적인 성장을 방해하는 환경적 요인이 개인에게 동화되지 못하거나 불협화음을 발생시킬 때 갈등과 부적응의 문제가 된다고 본다.

정답 34 ② 35 ① 36 ④

37 조현병에는 양성증상과 음성증상이 있다. 양성은 보통 사람에게 없지만 조현병 환자에게는 있다는 의미이고, 음성은 보통 사람에게 있지만 조현병 환자에게는 없다는 의미이다. ①·③·④는 조현병의 양성증상이며, '무쾌감증, 무의욕증'은 조현병의 음성증상이다.

37 조현병의 양성증상이 <u>아닌</u> 것은?

① 환각
② 무쾌감증
③ 망상
④ 와해된 행동

38 인지부조화란 둘 이상의 태도 사이에 또는 행동과 태도 사이에 개인적으로 불일치하는 점을 지각하는 것을 말한다. 사람이 불일치하는 상태에 대해 느끼는 경우 불일치의 간극을 최소화하려고 노력한다. 인지부조화를 해결하려는 상황을 보통 자기합리화라고 하는데 일종의 자기방어기제이다.
① 귀인은 자신과 타인의 행동이나 사건의 원인을 설명하는 방식을 말한다.
② 사회적 촉진은 혼자 있을 때보다 타인이 존재할 때 어떤 일을 더 잘 또는 더 못 수행하는 경향을 말한다.
③ 호손효과는 다른 사람이 보고 있을 때 행동을 변화시키는 현상을 말한다.

38 다음 사례에 해당하는 이론은?

> 건강이 나빠져 금연해야겠다고 다짐하지만 금단 증상을 이기지 못하고 다시 흡연을 하며, '역시 스트레스 해소에는 이만한 게 없어.' 하고 생각하며 흡연에 대한 피해를 부정하고자 하는 것

① 귀인
② 사회적 촉진
③ 호손효과
④ 인지부조화이론

정답 37 ② 38 ④

39 다음 사례에서 A의 행동은 무엇인가?

> 퀴즈에 참가한 A씨는 다른 6명의 참가자가 모두 동일한 오답을 말하며 자신이 정답이라고 확신했던 답과 다른 답을 하였을 때, 그것이 오답임을 알고 있음에도 불구하고 다른 참가자들이 모두 말한 오답을 따라 말했다.

① 동조
② 사회적 태만
③ 사회적 촉진
④ 권위에 복종

40 다음 예시와 가장 관련 깊은 것은?

> • 내가 운이 나빠서 이번 시험에서 떨어진 거야.
> • 나쁘게 응대하는 저 종업원은 성격이 안 좋을 거야.
> • 직원들이 충분히 열심히 일하지 않아서 매출이 부진한 거야.

① 확증편향
② 기본 귀인 오류
③ 고정관념
④ 피그말리온 효과

39 동조는 다수의 의견이 어느 한 방향으로만 쏠리는 현상으로, 타인이나 집단의 기준, 가치관, 기대에 순응하여 행동하는 것을 가리킨다.
② 사회적 태만은 팀원이 있을 때 즉, 그룹 환경에서 더 적은 노력을 기울이는 현상을 말한다.
③ 사회적 촉진은 혼자 있을 때보다 타인이 존재할 때 어떤 일을 더 잘 또는 더 못 수행하는 경향을 말한다.
④ 권위에 복종은 권위자의 명령에 따라 행동을 취하는 현상을 말한다.

40 기본 귀인 오류는 타인의 행동을 해석할 때 상황 요인보다 행위자의 내적 기질과 성향 등 성격 특성에 초점을 맞추는 경향을 말한다.
① 확증편향은 자신의 견해 또는 주장에 도움이 되는 정보만 선택적으로 취하고, 자신이 믿고 싶지 않은 정보는 의도적으로 외면하는 성향을 뜻한다.
③ 고정관념은 사람들의 행동을 결정하는, 잘 변하지 않는 굳은 생각 또는 지나치게 일반화되고 고착된 사고방식을 말한다.
④ 피그말리온 효과는 긍정적인 기대에 부응하여 좋은 성과를 내는 것을 말한다.

정답 39 ① 40 ②

01 독립변인은 연구자가 직접 통제하거나 조작하는 변인으로 자신의 의도에 따라 변할 수 있다. 종속변인은 독립변인의 영향을 받아 일정하게 전제된 결과를 나타내는 기능을 하는 변인이다.

01 다음 설명에서 괄호 안에 들어갈 용어가 알맞게 짝지어진 것은?

> • (㉠)은 일정하게 전제된 원인을 가져다주는 기능을 하는 변인이다.
> • (㉡)은 독립변인의 효과를 말하는 것으로 독립변인 조작의 영향을 받는다.

㉠	㉡
① 가외변인	종속변인
② 종속변인	독립변인
③ 독립변인	가외변인
④ 독립변인	종속변인

02 행동을 통제하기 위해 어떤 반응을 어떻게 강화할 것인가에 대한 계획이 강화계획이다. 강화계획의 종류에는 고정간격계획, 변동간격계획(②), 고정비율계획(③), 변동비율계획(①)이 있다.

02 다음 중 강화계획에 대한 예시로 옳지 않은 것은?

① A는 경마장에서 게임을 즐긴다.

② A는 아침에 일찍 출근할 때마다 따뜻한 커피를 무료로 받는다.

③ A는 단골 카페에서 쿠폰을 모아 사용한다.

④ A는 날마다 지하철을 타고 출근한다.

정답 (01 ④ 02 ④)

03 다음 중 척도에 관한 설명으로 옳지 <u>않은</u> 것은?

① 측정대상의 속성과 일대일 대응의 관계를 맺으면서 대상의 속성을 질적 표현으로 전환한다.

② 일종의 측정도구로서 일정한 규칙을 따라 특정대상에 적용할 수 있도록 만들어진 체계화된 기호 혹은 숫자를 뜻한다.

③ 특정대상의 속성을 객관화하여 대상 간 비교를 정확하게 할 수 있도록 하기 위한 것이다.

④ 척도의 종류로는 명목척도, 서열척도, 등간척도, 비율척도가 있다.

04 다음 설명에 해당하는 신경전달물질은?

- 신경전달물질의 하나로 감정, 수면 등의 조절에 관여한다.
- 행복을 느끼게 하고 우울·불안을 줄이는 데 기여한다.

① 세로토닌
② 도파민
③ 노르에피네프린
④ 글루타메이트

05 피아제 발달이론에 대한 설명으로 옳지 <u>않은</u> 것은?

① 피아제는 인지를 유기체가 환경에 생물학적으로 적응하는 한 형태로 보았다.

② 적응과정은 동화와 조절의 두 가지 하위과정으로 나뉜다.

③ 구체적 조작기에 나타나는 논리적 사고의 가장 큰 특징은 불가역적 개념이다.

④ 발달단계를 '감각운동기-전조작기-구체적 조작기-형식적 조작기'로 나누었다.

03 척도는 특정대상의 속성을 양적으로 전환하여 측정대상들 간의 관계 비교를 정확하게 할 수 있게 한다.

04 ② 도파민은 쾌락의 정열적 움직임, 성욕 및 식욕을 담당한다.
③ 노르에피네프린은 경계수준과 각성상태 조절을 담당한다.
④ 글루타메이트는 뇌와 척수에서 주요한 흥분성 신경물질이다.

05 구체적 조작기에 나타나는 가장 큰 특징은 기억성 개념이며 이러한 논리로 인하여 보존개념, 유목화, 서열화가 가능하다.

정답 03 ① 04 ① 05 ③

06 특정 자극을 50%의 시행에서 탐지하는 데 필요한 최소 자극을 절대역치라고 하며, 의식적 자각을 위한 절대 역치 이하 수준을 역치하라고 한다.

06 다음 설명에 해당하는 것은?

> • 두 자극이 다르다는 것을 탐지할 확률이 0.5가 되는 최소 차이값을 말한다.
> • 자극의 강도가 클수록 증가한다.

① 절대역치
② 감각순응
③ 차이역치
④ 역치하

07 에릭슨의 심리사회적 발달단계는 다음과 같다.
[문제 하단의 표 참고]

07 에릭슨의 이론에서 심리사회적 위기와 이를 성공적으로 해결하여 얻게 되는 심리사회적 능력을 올바르게 연결한 것은?

① 근면성 대 열등감 – 능력
② 생산성 대 침체감 – 목적의식
③ 자아통합 대 절망감 – 배려
④ 주도성 대 죄책감 – 의지

»»Q

시기	적응 대 부적응	덕목
유아기	신뢰감 대 불신감	희망
초기 아동기	자율성 대 수치심	의지
학령전기	주도성 대 죄책감	목적
학령기	근면성 대 열등감	능력
청소년기	자아정체감 대 정체감 혼란	성실
청년기	친밀감 대 고립감	사랑
중년기	생산성 대 침체감	배려
노년기	자아통합 대 절망감	지혜

정답 06 ③ 07 ①

08 다음 설명에서 밑줄 친 부분에 해당하는 것은?

> 정서와 관련되어 있는 이곳은 변연계의 한 구조에 속하며 콩알 크기의 두 신경군집으로 이루어져 있다.

① 해마
② 편도체
③ 시상
④ 시상하부

09 언어발달에 대한 이본과 관련된 학자와 그 설명으로 옳은 것은?

① 촘스키 : 언어는 순차적 학습의 결과로 습득된다.
② 스키너 : 언어발달의 결정적 시기가 있음을 강조했다.
③ 비고츠키 : 아동에 대해 어느 정도의 생득적 경향을 인정하였으며 사회적 접촉이나 상호작용의 필요성을 인정하여 언어발달의 사회작용을 크게 부각시켰다.
④ 스키너 : 아동은 생득적 언어획득 장치를 가지고 외부언어 자극을 분석하는 인지적 능력이 있다고 주장했다.

10 동기의 유형에 대한 설명으로 옳지 않은 것은?

① 내재적 동기란 어떤 행동을 하는 그 자체가 목표이기 때문에 행동이 유발되는 동기이다.
② 내재적 동기는 강화가 주어졌을 때 작동하는 동기로 지속력이 강하다.
③ 외재적 동기는 행동 그 자체와 상관없이 행동의 결과 주어지는 강화와 처벌로 비롯되는 동기이다.
④ 외재적 동기는 지속력이 약하다.

---

08 변연계는 뇌간과 대뇌반구 사이에 있는 도넛 모양의 신경구조로 공포와 공격성과 같은 정서, 배고픔, 성 등의 추동과 관련되어 있다. 해마, 편도체, 시상하부가 이에 포함되며, 이 중에서 편도체는 정서를 담당하고 해마는 의식적 기억을 담당한다.

09 언어발달이론에 있어 촘스키는 생득론, 스키너는 극단적인 행동주의 입장에서 언어를 취급하였다.

10 내재적 동기는 개인이 가진 흥미·호기심·자기만족감에서 비롯되는 동기로, 활동 그 자체로서 성취감이 보상으로 작용하며 그 지속력 또한 강하다.

정답 08 ② 09 ③ 10 ②

11 동기유발은 개체 내에서 발생하는 동인(drive)과 환경이 갖고 있는 유인가(incentive) 및 상호작용에 의해 그 과정이 달라진다.

11 동기의 특성에 대한 설명으로 옳지 <u>않은</u> 것은?

① 동기는 행동을 촉진시키며 유발시킨 행동을 성공적으로 추진하는 힘을 갖는다.
② 동기에 따라 행동 방향이 결정된다.
③ 동기에 따라 그 행동이 일어날 확률이 증가하기도 하고 감소하기도 한다.
④ 동기유발은 개체 내에서 발생하는 동인과 관계없이 환경이 갖고 있는 유인가에 의해 달라진다.

12 작업기억은 정보를 일시적으로 유지하며 인지적 과정을 계획하고 수행하는 작업장으로서의 기능을 하는 인지 시스템이다. 단기기억과 작업기억은 정보를 수초 동안만 의식 속에 유지한다는 점에서 공통적이지만 작업기억은 정보의 조작이 수반되는 기억이다. 1974년 Baddeley & Hitch가 작업기억의 세 가지 구성요소는 음운루프, 시공간 메모장, 중앙 집행기로 각종 인지적 정보처리를 하는 곳으로 설명했다.

12 작업기억에 대한 설명으로 옳지 <u>않은</u> 것은?

① 작업기억은 되뇌임을 하는 단순한 임시저장고이다.
② 작업기억은 주어진 정보를 처리하는 기능을 강조하는 단기기억의 다른 이름이다.
③ 작업기억의 구성요소에는 정보의 통합이나 의사결정에 관여하는 중앙 집행기가 포함된다.
④ Baddeley와 Hitch는 단기기억을 작업기억이라는 복잡한 모형으로 제안한다.

13 비교기준을 이용하는 것은 경험적 타당도로서 기준타당도, 준거타당도라고도 한다.

13 다음 설명에 해당하는 것은?

> 사회경제적 지위를 측정하기 위해 응답자의 직업소득 및 교육수준을 지표로 사용하는 경우에 해당하는 타당도이다.

① 예측타당도
② 준거타당도
③ 수렴타당도
④ 논리적 타당도

정답 11④ 12① 13②

14 추상체와 간상체를 비교한 설명으로 옳지 <u>않은</u> 것은?

① 추상체는 망막의 중앙영역에 분포하며 낮이나 조명이 밝을 때 기능하는 망막 수용기이다.

② 추상체는 세부사항을 감지하며 색채감각을 유발한다.

③ 간상체는 추상체가 반응하지 않은 석양 무렵의 시각에 필요하다.

④ 간상체는 명암을 탐지하는 홍체 수용기로 홍체의 넓은 영역에 분포한다.

15 다음 설명에 해당하는 신경계는?

> 자율신경계의 한 부분으로 심장박동을 느리게 하고 혈당을 낮추는 등의 방식으로 안정을 되찾게 함으로써 에너지를 보존한다.

① 교감신경계
② 부교감신경계
③ 말초신경계
④ 체신경계

16 정서지능에 대한 설명으로 옳지 <u>않은</u> 것은?

① 얼굴, 음악, 이야기에서 정서를 재인하는 것을 정서 지각하기라고 한다.

② 정서를 예측하고 그 정서를 변화시키며 완화시키는 방법을 아는 것을 정서 이해하기라고 한다.

③ 다양한 상황에서 정서를 표현하는 방법을 아는 것을 정서 관리하기라고 한다.

④ 정서지능이 높은 사람은 즉각적인 만족을 추구하며 친구들과 상호작용을 즐긴다.

14 간상체는 명암을 탐지하는 망막 수용기로 망막의 넓은 영역에 분포한다.

15 말초신경계에는 체신경계와 자율신경계가 있다. 체신경계는 신체골격근의 수의적인 운동을 제어하고, 자율신경계에는 각성을 담당하는 교감신경계와 이완을 담당하는 부교감신경계가 있다.

16 정서지능이 높은 사람은 즉각적인 충동이 아닌 커다란 보상을 위해 만족을 지연시킬 수 있다.

정답 14 ④ 15 ② 16 ④

17 전경과 배경은 형태 지각에 해당한다.

17 다음 중 깊이 지각과 가장 관련이 없는 것은?

① 양안 단서
② 전경과 배경
③ 단안 단서
④ 시각 절벽

18 프로이트는 심리성적 발단단계에서 남근기가 아동의 성격형성에 중요한 역할을 하며, 오이디푸스 콤플렉스를 극복하기 위해 아버지와의 동일시를 통해 초자아가 형성된다고 했다.

18 프로이트의 심리성적 발달단계 중 다음 설명과 관련이 있는 것은?

> • 리비도가 자신과 가장 가까이에 있는 이성의 부모를 향한 근친상간의 욕구로 발현된다.
> • 남아의 경우 오이디푸스 콤플렉스, 여아의 경우 엘렉트라 콤플렉스라고 한다.

① 구강기
② 항문기
③ 남근기
④ 생식기

19 인간의 인지과정은 컴퓨터의 정보처리과정과 유사하다. 외부에서 들어온 정보를 부호화하여 기록하고 정보를 저장하며 필요할 때 인출한다.

19 다음 중 기억의 정보처리 순서로 옳은 것은?

① 인출 – 부호화 – 저장
② 부호화 – 저장 – 인출
③ 부호화 – 인출 – 저장
④ 저장 – 부호화 – 인출

정답 (17 ② 18 ③ 19 ②)

20 다음 설명에 해당하는 것은?

> 경험된 지각으로 판단 가능한 사물 또는 익숙한 표지판의 경우 눈을 가리더라도 인지할 수 있는 현상이다.

① 변화맹
② 맹시자각
③ 선택맹
④ 부주의적 맹시

21 성격의 5요인 모델에 대한 설명으로 옳지 <u>않은</u> 것은?

① 5요인 이론은 성격의 기본구조를 밝히기 위한 특질이론이다.
② 코스타와 맥크레이는 성격특질과 다른 관련 요인들 간 관계를 설명하였다.
③ 인간의 성격이 유전에 의해 결정된다고 주장하며, 유전적 특징과 환경 간 상호작용에 의해 인간행동을 결정하는 데 영향을 미치는 특질이 형성된다고 하였다.
④ 성격의 5요인은 신경증, 외향성, 경험에 대한 개방성, 우호성, 성실성이 있다.

22 간섭에 대한 설명으로 옳지 <u>않은</u> 것은?

① 간섭이론은 망각을 기억 이전이나 이후의 정보에 의해서 기억정보가 방해를 받기 때문에 생기는 현상으로 설명한다.
② 새로운 정보가 이전의 정보의 파지를 방해할 때 발생하는 현상을 역행간섭이라고 한다.
③ 몇 년간 사용하던 주차장소가 바뀌면 새로운 주차장소를 기억하기 어려운 경우를 순행간섭이라고 한다.
④ 친구의 핸드폰 번호가 바뀌면 예전 번호를 기억하기 어려운 경우를 순행간섭이라고 한다.

---

20 맹시자각이란 시각 자극을 의식적으로 경험하지 못하면서 그 자극에 반응할 수 있는 상태이다.

21 ③은 아이젠크의 성격 3요인 이론에 대한 설명이다.

22 친구의 핸드폰 번호가 바뀌면 예전 번호를 기억하기 어려운 경우는 역행간섭의 예이다.

정답 (20 ② 21 ③ 22 ④)

---

23 브로카영역은 좌반구 전두엽 쪽에 위치하며, 말하는 기능을 담당하는 언어영역이지만 브로카영역 옆에 감정과 동기에 대한 영역이 있어 감정이 격해지면 발성, 즉 소리를 내게 된다. 특히 놀랐을 경우 절로 소리가 난다.

23 다음 중 브로카영역이 손상된 사람의 왼쪽 시야를 가릴 경우 무슨 행동을 하겠는가?

① 조용히 안 보인다고 말한다.
② 왼손을 높이 쳐들며 비키라고 말한다.
③ 오른손으로 가린 손을 치운다.
④ 깜짝 놀라 소리를 지른다.

24 분트의 쾌-불쾌, 긴장-이완, 흥분-우울의 삼차원 모형에서, 러셀은 쾌-불쾌와 각성수준의 차원을 제시했으며, 가로축에 쾌-불쾌, 세로축에 각성수준을 나타내는 원형모형을 제시했다. 원형모형의 일사분면에는 흥분됨, 행복함, 삼사분면에는 우울함, 지루함 등의 단어가 있다.

24 많은 학자들이 동의하는 정서차원에 대한 내용으로 옳은 것은?

① 분트는 쾌-불쾌, 긴장-이완의 이차원 이론을 제시했다.
② 러셀은 정서를 쾌-불쾌와 각성수준의 정도 차이에 근거해서 정서에 대한 원형모형을 제시했다.
③ 제시된 정서유형의 가로축에는 각성수준, 세로축에는 쾌-불쾌 정도가 나타나 있다.
④ 불쾌하면서 각성수준이 낮은 삼사분면의 정서단어에는 좌절, 두려움이 있다.

25 체계적 둔감법이란 행동주의 상담에서 널리 사용되고 있는 고전적 조건형성의 기법으로, 불안한 자극에 대한 위계목록을 작성한 다음, 낮은 수준의 자극에서 높은 수준의 자극으로 상상을 유도하여 혐오, 공포, 불안에서 서서히 벗어나도록 하는 것이다.

25 개를 무서워하는 환자의 경우 이를 치료하기 위해 행동주의자는 어떤 치료 방법을 사용하겠는가?

① 강화
② 체계적 둔감법
③ 처벌
④ 자기표현훈련

정답 23 ④ 24 ② 25 ②

26 체제화 원리에 대한 설명으로 옳지 <u>않은</u> 것은?

① 게슈탈트 : 감각의 군집이 주어질 때 사람들은 그것을 통합된 전체로 인식한다.

② 집단화 : 기본 감각에 질서와 형태를 부여하기 위해 자극들에 대해 규칙을 사용하게 된다.

③ 좋은 형태 법칙 : 같은 방향으로 움직이는 요소들을 동일한 요소로 파악하여 초점을 잡는 대상에 따라 전경과 배경이 나뉜다.

④ 전경-배경 : 일차적으로 지각된 과제를 전경이라고 하며 주변과 분리된 것으로 배경을 지각한다.

26 집단화의 일반적 원리에는 근접성의 법칙, 유사성의 법칙, 좋은 형태 법칙, 좋은 연속의 법칙, 공통행선의 법칙, 친숙성의 법칙이 있다. 좋은 형태 법칙이란 모든 자극패턴은 가능한 한 가장 간단한 구조를 내는 방향으로 보이는 것이다.

27 수학능력시험과 성격이 비슷한 검사의 유형은?

① 지능검사
② 흥미검사
③ 성격검사
④ 운전면허시험

27 준거참조검사는 개인이 어떤 일을 수행할 수 있다고 대중이 확신하는 지식 또는 기술 수준에 도달했는지를 검사하는 것으로 각종 국가자격시험, 국가수준의 학업성취도 평가 등이 해당된다. 반면 규준참조검사는 개인의 점수를 해석하기 위해 유사한 다른 사람들의 점수를 비교하여 평가하는 상대평가 목적의 검사에 해당한다. ①·②·③은 규준참조검사에 해당한다.

28 다음 중 소거에 관한 설명으로 옳은 것은?

① 바람직하지 못한 행동에 강화를 주지 않음으로써 반응의 강도 및 출현 빈도를 감소시키는 것이다.

② 바람직하지 못한 행동을 한 아동에게 정해진 기간 동안 어떤 강화장소로부터 고립시키는 방법이다.

③ 어떤 행동에 뒤따르는 결과로 그 행동을 다시 야기할 가능성을 감소시키는 것이다.

④ 보상을 제공하여 바람직한 행동의 빈도를 증가시키는 것이다.

28 ①은 소거, ②는 타임아웃. ③은 처벌, ④는 강화이며, 모두 행동주의 상담 기법에 해당한다.

정답 26 ③ 27 ④ 28 ①

29 행동조성이란 복잡한 행동이나 기술을 학습시키는 데 유용한 방법으로, 기대하는 반응이나 행동을 학습할 수 있도록 목표로 삼는 바람직한 행동에 대해 단계별로 강화하여 점진적으로 성취하고자 하는 행동을 만들어가는 과정을 말한다.

29 다음 설명에 해당하는 것은?

> 목표하고자 하는 행동을 구체적으로 세분화하여 단계별로 구분한 후, 각 단계별로 강화물을 제공함으로써 바람직한 행동을 학습하도록 하는 것이다.

① 프리맥 원리
② 행동계약
③ 용암법
④ 행동조성(조형)

30 항문기(1~3세)에 이르러 아이는 부모의 배변훈련에 의한 요구를 통해 갈등을 경험하고 자아가 발달하게 되며, 남근기(3~6세)에 이르러 부모와의 동일시 및 역할 습득을 통해 양심과 초자아가 발달하게 된다.

30 다음 중 프로이트의 정신분석이론과 관련이 <u>없는</u> 것은?

① 원초아는 쾌락의 원리를 따른다.
② 자아는 현실원리를 따르며 개인이 현실에 적응하도록 돕는다.
③ 자아는 성격의 집행자로 인지능력에 포함된다.
④ 초자아는 항문기의 배변훈련 과정을 겪으면서 발달한다.

31 심리적 구인은 추상적인 것으로, 직접적인 측정이 가능하지 않다.

31 다음 중 심리검사에 대한 설명으로 옳지 <u>않은</u> 것은?

① 심리적 구인은 직접적으로 측정이 가능하다.
② 측정의 오차가 작을수록 신뢰도는 높은 경향이 있다.
③ 검사의 신뢰도가 높으면 타당도도 높게 나타나지만 항상 그런 것은 아니다.
④ 사용자의 자격은 검사 종류에 따라 제한되어야 한다.

정답 29 ④ 30 ④ 31 ①

32 다음 중 심리장애에 대한 설명으로 옳지 **않은** 것은?

① 심리장애는 인간의 인지 정서조절 또는 행동에서 임상적으로 심각한 동요의 특징을 갖는 증후군을 뜻한다.

② 생물학적 요인과 심리적 요인 및 사회문화적 요인들이 상호작용하여 특정한 심리장애를 초래한다.

③ 심리장애를 분류하는 데 미국정신의학회 정신장애의 진단 및 통계편람이 널리 사용된다.

④ 심리장애의 발병률은 남녀노소 및 국가 간에 거의 유사하다.

33 다음 설명에 해당하는 신경증 장애는?

> 수많은 사건이나 활동에 대해 과도하게 불안과 걱정을 하고, 그 기간이 최소한 6개월 이상으로 걱정스러운 생각을 조절하기 힘들어서 실제 해야 할 일에 주의를 집중하기 어려우며, 신체증상을 동반하는 경우가 잦다.

① 범불안장애

② 강박장애

③ 사회불안장애

④ 우울장애

---

32 심리장애는 일반적으로 성인초기에 경험하며 심리장애를 경험한 분포도 인종, 성별에 따라 차이가 있다.

33 ② 강박장애는 강박사고가 저절로 떠오른다는 점에서 부적절한 관념이라고 본다.
③ 사회불안장애는 사회적 수행을 해야 하거나 타인에게 평가상황이 발생할 때 예기 불안을 보인다.

정답 32 ④   33 ①

34 ② TAT(주제통각검사)는 31장의 그림판에 모두 20매의 그림을 제시하며 피검자가 꾸며낸 이야기를 분석하여 성격을 진단한다.
③ CAT(Children Apperception Test)는 아동용 주제통각검사이다.
④ WISCONSIN CARD 검사는 실행능력을 평가하는 대표적인 검사이다.

34 다음 설명에 해당하는 것은?

> 데칼코마니 양식에 의한 대칭형의 잉크 얼룩으로 이루어진 무채색 카드 5매, 부분적인 유채색 카드 2매, 전체적인 유채색 카드 3매로 모두 10매의 카드로 구성되어 있다.

① RORSCHACH
② TAT
③ CAT
④ WISCONSIN CARD

35 집단극화란 집단의 뜻이 맞을 경우 주도적 견해를 강화시켜, 편견이 높을 때는 그 편견을 증가시키고 편견이 낮은 집단에서는 편견을 낮추는 것을 말한다.

35 집단행동에 대한 설명으로 옳지 않은 것은?

① 사회촉진의 예로 숙달된 운동선수들이 관중 앞에서 능력을 발휘하는 경우가 있다.
② 몰개인화란 타인의 존재가 각성도 시키면서 동시에 책임감을 감소시키는 경우이다.
③ 집단극화는 한 집단의 뜻이 맞을 경우 토론이 주도적 견해를 강화시켜 편견이 높고 낮음에 상관없이 편견을 증가시킨다.
④ 사회태만은 집단에 들어있는 사람들이 공동의 목표를 달성하기 위해 노력을 합해야 할 때 적은 노력을 들이는 경향성을 의미한다.

정답 34 ① 35 ③

36 다음 설명에서 괄호 안에 들어갈 용어로 옳은 것은?

> 공포영화를 볼 때 상대방에 대한 매력도가 상승하였다. 샥터–싱어에 따르면 정서경험은 두 요인, 즉 일반적 (   )과 의식적 인지 평가에 달려있는데, 이는 상대방에게 강력하게 몰입하는 현상을 이해하는 데 도움이 된다.

① 각성
② 근접성
③ 유사성
④ 매력

37 지능이론과 그에 대한 설명으로 옳지 <u>않은</u> 것은?

① 스피어만 : 모든 지적 기능에는 공통요인과 특수요인이 존재한다는 2요인설을 제시했다.
② 써스톤 : 유동성 지능과 결정성 지능으로 구분하였다.
③ 웩슬러 : 지능을 유목적적으로 행동하고, 합리적으로 사고하며, 환경을 효과적으로 다루는 개인의 종합적인 능력이라고 보았다.
④ 가드너 : 독립적인 9요인을 제시했다.

36 정서 이론 중 샥터와 싱어의 2요인 이론은 정서를 경험하려면 각성을 의식적으로 해석하는 것이 필요하다고 믿으며, 신체반응과 사고가 함께 정서를 생성한다고 하였다. 따라서 정서 경험을 위해 신체 각성과 인지 평가라는 두 가지 요인이 필요하다.

37 써스톤은 지능의 다요인 이론에서 기본정신 능력으로 7개 요인을 제시했으며, 케텔은 지능을 유동성 지능과 결정성 지능으로 구분하였다.

정답 36 ① 37 ②

38 태도와 행위는 서로 상호작용을 하며 영향을 미친다. 그중 행위가 태도에 영향을 미치는 경우로 문간에 발 들여 놓기는 사소한 행위가 다음 행위를 쉽게 만들어주게 된다는 것이다.

38 다음 내용과 가장 관련 깊은 것은?

> 중국공산당은 미국포로들에게 사소한 서류를 복사하는 것과 같이 아무런 해가 없는 요구사항부터 시작하여 점차적으로 요구의 강도를 높여갔고, 포로들은 자신의 특권을 얻기 위해 집단토론에 참여하거나 자기 비판문을 작성하였다.

① 역할놀이
② 인지부조화
③ 문간에 발 들여놓기
④ 주변경로 설득

39 상대방의 성격에 대한 첫인상에 영향을 미치는 것은 매력과 관련된다.

39 호감의 3요소에 대한 설명으로 옳지 않은 것은?

① 매력적인 외모는 호의적 인상을 주며 직업에서 성공을 즐기게 될 가능성이 크다.
② 근접성이 호감을 촉발하는 이유는 부분적으로 단순노출효과 때문이다.
③ 근접성은 상대방 성격에 대한 첫인상에 영향을 미친다.
④ 유사성은 연령, 인종, 교육수준, 지능 등 서로가 유사할수록 호감도가 높다.

40 단기기억과 관련된 내용으로, 감각기억에 등록된 정보 중 주의집중을 받은 일부 정보가 단기기억으로 전환된다.

40 장기기억에 대한 설명으로 옳지 않은 것은?

① 다양하고 방대한 정보들이 영구적으로 저장되어 있다.
② 소량의 정보만 기억할 수 있으며 약 30초간 저장된다.
③ 경험한 것에 대해 수개월에서 길게는 평생 동안 유지하는 기억작용이다.
④ 용량이 거의 무한대에 가깝다.

정답 38 ③ 39 ③ 40 ②

행운이란 100%의 노력 뒤에 남는 것이다.

- 랭스턴 콜먼 -

제 1 편

핵심포인트

교육은 우리 자신의 무지를 점차 발견해 가는 과정이다.

– 윌 듀란트 –

제 1 장 심리학의 본질

제 1 절 개요

1 심리학의 의의와 역사

(1) 의의

① **목적**: '인간이란 무엇인가'를 과학적으로 연구하는 것

② **연구 대상**: 인간이 영위하는 모든 것으로, 심리학의 영역은 광범위하고 주제도 다양함

③ **용어 정의**

    ㉠ 심리학(Psychology): 그리스어 psyche(마음)와 logos(학문)의 합성어로 '마음의 학문'이라는 의미로, '마음'이란 시대·학파별로 접근 방식과 입장을 달리하는 다차원적 개념

    ㉡ 마음: 인간의 사적·내적 경험인 사고·지각·기억·감정으로 구성된 의식의 흐름

    ㉢ 행동: 인간과 동물에게서 관찰할 수 있는 행위

(2) 역사

① **심리학의 확립**: 1879년 분트의 라이프치히 대학 심리학 연구실 개설을 공식 탄생으로 봄

② **심리학의 배경**

철학의 영향	**고대 (그리스)**	• 마음은 곧 영혼, 몸과 마음은 하나(심신일원론) • 직관과 사색 등을 통해 추론하는 사변적·형이상학적 성격
	중세	주로 신학자들이 심리학을 연구했으며 토마스 아퀴나스는 아리스토텔레스 철학을 토대로 인간의 본질·능력·정념 등에 대한 심리학적 사상 전개
	데카르트 (Descartes)	육체와 정신은 다르다는 물심이원론으로, 몸과 마음은 떨어져 있으나 인간 유기체 안에서 상호작용한다는 학설 주장
	경험주의 (영국)	사물에 대한 지각은 감각기관을 통한 경험에 의한 것이며 생득적 관념은 존재하지 않는다는 입장으로, 과학적 사고의 기반을 이루는 실증주의의 토대가 됨
생리학의 영향		• 생리학은 신체의 생물학적 과정에 대한 연구로 19세기에 발달함 • 생리학의 일부 방법론을 정신 능력 측정에 적용함 • 이러한 정신 연구는 과학으로서의 현대 심리학 성립에 큰 영향을 끼침

2 심리학의 전개

학파	학자	내용
구조주의/구성주의 (Structuralism) 21, 18 기출	분트 (Wundt)	• 의식 내용을 요소로 분석 • 요소 결합으로 의식 현상을 설명(요소심리학) • 자연과학의 주제인 외적 경험과 구별되는 내적 경험(감각·감정·사고·욕망) 연구 • 의식에 대한 개인의 주관적 관찰과 분석에 머물렀던 심리학에 실험 방법 도입 • 최초로 내성법(Self-Observation) 사용 • 내성법 : 통제 조건(실험)에서 자신의 의식 경험을 주관적으로 관찰·분석하는 방법
기능주의 (Functionalism)	제임스(James) 듀이(Dewey)	• 19세기 말~20세기 초 미국을 중심으로 발전 • 구조주의와 대립 • 제임스(James) : 정신 생활에 관한 과학으로 내적 경험을 포함한 의식 연구 • 의식을 요소의 집합이 아닌 하나의 흐름으로 파악 • 다윈의 진화론의 영향을 받아 의식의 목적을 환경에 적응하는 기능적 관점에서 설명
형태주의 (Gestalt Psychology)	베르트하이머 (Wertheimer) 코프카(Koffka) 쾰러(Köhler)	• 20세기 초 구조주의에 대한 반론으로 독일에서 등장 • 의식을 요소의 조합이 아닌 전체로 인식 • 전체는 부분의 합이 아니므로 인식을 개별 요소로 나눌 수 없으며 전체성을 지닌 하나의 고차원 형태로 다루어야 함 → 독일어로 '게슈탈트'
행동주의 (Behaviorism)	왓슨 (Watson)	• 1910년대 기능주의에서 분리되어 미국 심리학의 주류로 발전 • 심리학은 의식이 아닌 객관적 관찰이 가능한 행동을 대상으로 함 • 심리학을 인간·동물 행동이 주제인 자연과학의 일부로 봄 • 행동예측·제어가 연구 목적이며, 인간의 마음을 '블랙박스(Black Box/Skinner Box)'라 하여 관찰할 수도, 관찰하지 않을 수도 있다고 봄
신행동주의 (Neo-Behaviorism)	톨만(Tolman) 스키너(Skinner) 헐(Hull)	• 1930년대 대두 • 행동뿐 아니라 의식 활동도 연구 가능 대상으로 포함 • 행동은 자극(S)-반응(R) 관계로 설명 가능(스키너)
정신분석학 (Psychoanalysis)	프로이트 (Freud)	• 의학에서 탄생한 심리학 • 행동은 무의식으로 동기화된다는 가설을 정립하여, 심리적 장애도 여기서 기인한다고 봄 • 꿈·동기·발달·성격·심리 요법 등 다양한 주제가 심리학 연구에 영향을 끼침
인지심리학 (Cognitive Psychology)	피아제(Piaget) 촘스키 (Chomsky)	• 20세기 말 이후 현대 심리학의 주류 • 정보 처리 관점에서 인지 활동 연구 • 컴퓨터 발달에 따라 정보과학 개념을 심리학에 도입 • 행동 이해를 위해 정신 과정과 기억 구조를 과학적으로 분석
현대 심리학 (행동과 인지)		• 정신 과정과 행동을 연구하며 일반적으로 행동과학으로 정의 • 행동의 의미가 이전보다 확장되어 지각·사고·감정 등의 내적 작용까지 포함

✎ 연습 문제

행동주의(Behaviorism)에 관한 설명으로 옳지 않은 것은?

① 기능주의에서 분리된 것으로 왓슨이 주장하였다.
② 행동 이해를 위해 인간의 정신 과정과 기억 구조를 과학적으로 분석한다.
③ 의식이 아닌 객관적으로 관찰 가능한 행동이 연구 대상이다.
④ 인간 행동은 자극(S)-반응(R) 관계로 설명할 수 있다.

[해설] 인지심리학(Cognitive Psychology)에 관한 설명이다.

[정답] ②

3 현대 심리학의 접근 방법 : 인간의 정신 과정과 행동을 과학적으로 연구

(1) 행동주의적 접근(왓슨, 스키너)

① 행동처럼 관찰 가능한 객관적 요소만 연구하며 내면의 사고·동기·감정 등은 제외
② S-R이론(Stimulus-Response theory) : 환경 조건 변화 등 외부 세계의 자극과 반응 관계를 이해하는 것이 연구 목적이므로 자극-반응 심리학(S-R psychology)이라고도 함
③ 오늘날에는 학습심리학·동물심리학의 분야로 정착

(2) 생리심리학적 접근

① 생리학적 방법으로 심리 현상을 실증적·객관적으로 연구하고 해명하는 접근법
② 생리 반응을 통해 인간의 마음과 행동 연구
  [예] 공포 체험을 하면 가슴이 두근거림 – 심장박동 / 스릴 있는 영화를 보면 손에 땀이 남 – 발한
③ **접근 방법**
  ㉠ 자율신경계 또는 중추신경계의 활동 측정
  ㉡ 뇌를 중심으로 한 중추신경계의 기능과 작용 측정

(3) 정신분석학적 접근

① 환자의 마음에 떠오르는 일련의 연상을 해석하여 마음의 심층을 분석하는 정신 요법
② 프로이트는 유아기 경험이 억압된 형태로 무의식에 남아 이후 성격 형성과 발달에 영향을 끼치며, 신경증 같은 증상으로 나타난다고 보았음
③ 무의식 : 의식 바깥쪽에 존재하면서 의식적 사고와 행동에 영향을 주는 마음의 영역
④ 대화·꿈·연상을 통해 무의식을 의식화하여 증상을 해소할 수 있다는 가설이 기초
⑤ 꿈·동기·성격·심리 요법 등의 주제는 심리학은 물론 종교나 예술 해석에도 영향을 줌
⑥ 환자의 연구 사례를 일반화한 것으로 과학적 근거가 없다는 비판을 받기도 함

(4) 인지적 접근

① 지각·이해·기억·사고·학습·추론·문제 해결 등 인간의 고차원적 정신 활동, 즉 인지 과정이 연구의 주된 영역
② 인간의 인지 활동을 하나의 정보 처리 시스템으로 간주
③ 최근에는 의식이나 감정 문제도 다룸

(5) 인본주의적 접근

① 잠재 능력·자아실현·주체성 등 인간의 건전하고 적극적인 측면을 강조함
② 인본주의 심리학의 창시자 매슬로우(Maslow)는 인간을 자아실현(Self-Actualization)을 목적으로 더 나은 삶을 위해 살아가는 주체적인 존재로 파악
③ 자아실현 : 자아를 초월한 고차원적 목표와 이상을 실현하려는 인간 고유의 지향적 욕구
④ 인간의 독자성에 주목하여 타인에 의한 객관적 관찰·분석보다는 각 개인의 개성·창조성·가치판단·자기계발 중시
⑤ 개인의 직·간접적 경험이 중요한 대상이 되는 상담심리학에서 주로 사용
⑥ 과학 탐구를 도외시하고 인간의 긍정적 측면을 과신하여 악한 면을 간과했다는 비판을 받기도 함

☑ 연습 문제

현대 심리학의 정신분석학적 접근에 관한 설명으로 옳지 않은 것은?

① 억압된 유아기 경험이 무의식으로 남아 성격 형성과 발달에 영향을 끼친다.
② 환자의 마음에 떠오르는 일련의 연상을 해석하여 마음의 심층을 분석한다.
③ 꿈·동기·성격·심리 요법 등의 주제는 종교·예술 해석에도 영향을 끼쳤다.
④ 잠재 능력·자아실현·주체성 등 인간의 건전하고 적극적인 측면을 강조한다.

해설 인본주의적 접근에 관한 설명이다.
정답 ④

제 2 절 심리학 분야와 응용

1 기초(이론) 심리학

(1) 학습심리학

① 인간과 동물이 경험을 통해 행동을 변화시키는 과정을 연구

② 행동은 본능과 같이 생득적인 것과 경험을 통해 체득하는 학습적인 것으로 나뉨

③ 인간과 동물이 새 기술과 지식을 경험하고 익히는 학습 과정을 다룸

(2) 발달심리학 : 시기에 따라 아동·청년·노년 심리학으로 나누어 평생의 인간 성장 및 변화 과정과 법칙을 연구

(3) 사회심리학

① 혼자 있을 때와 집단의 개인으로 있을 때 느끼는 심리 과정이 다름

② 개인과 개인의 상호작용 및 사회적 상황에서의 인간 행동 연구

③ 첫 대면에서의 인상 형성 과정·설득, 고정관념과 편견·수락과 거절·대인관계·군중행동·동조 행동·집단 의사결정 등이 주요 연구 주제

(4) 성격심리학

① 성격을 연구하여 개인 차이를 규명

② 인간 행동의 일반 원리를 찾는 분야와 달리 개인차 측정과 배경에 관한 법칙 탐구

③ 개인차를 연구하기 위해 성격 검사를 비롯한 각종 심리 검사를 주로 다룸

(5) 동물심리학

① 인간 이외의 동물을 대상으로 지능·인지·학습 등 심리 과정 연구

② 동물 특유의 행동 양식은 복잡한 인간의 행동 모형으로 비교·연구(비교심리학)

(6) 생리심리학 : 인간의 심리와 행동을 뇌·신경세포·내분비선 활동을 기초로 규명 21 기출

(7) 지각심리학 : 인간의 감각·지각 및 감각기관을 통한 환경 정보 입력·처리 과정 탐구

(8) 인지심리학 : 정보 처리 관점에서 인간의 지각·기억·사고 등 인지 과정 연구

2 응용심리학

(1) 임상심리학

① 정신 장애 진단·치료와 정신 질환 및 적응 문제를 겪는 사람들의 문제 해결에 도움

② 스트레스·등교 거부·학대·비행 등 정신 질환 및 문제 행동의 진단과 치료가 목적

(2) 상담심리학

① 개인의 고민에 대해 전문 지식과 기술을 이용한 상담을 통해서 극복과 해결을 돕는 분야

② 상담 과정에서 피상담자가 스스로 문제를 주체적으로 극복하도록 유도

③ 상담심리학자는 정신적 문제·직업·학업 지도·결혼 상담 등 다양한 범위에서 활약

(3) **학교심리학** : 교육 현장에서 학생의 학습·진로 및 직업 지도와 함께 학교생활 전반에 대한 상담 문제에 대한 연구를 목적으로 하는 분야

(4) 교육심리학

① 교육 문제 전반에 심리학 지식을 활용하여 더 효과적인 교육 방법을 찾는 분야

② **연구 영역** : 학습, 성장과 발달, 인격과 적응, 측정과 평가, 교사와 아동 관계 등

(5) 산업심리학

① 산업 현장·조직에서 발생하는 여러 문제를 심리학 원리를 통해 해결하고자 하는 분야

② 적성 검사·배치·능률 향상·사고 방지 등에 응용되며 일에 대한 동기 부여 및 노동 의욕 고취·직장 내 인간관계와 같은 사회심리적인 면을 중시

(6) **범죄심리학** : 범죄자의 성격 및 범행 심리·환경 요인 등을 밝혀 범죄 예방과 수사에 활용

(7) **분석심리학** 21 기출

① 칼 융(Carl G. Jung)이 프로이트(Freud)의 정신분석학을 검토·비판하여 창시

② 신비하고 종교적인 역사나 문화적 배경 강조

③ 인간의 무의식을 자아 관련 '개인무의식'과 조상에게서 유전된 '집단무의식'으로 분석

④ 무의식에는 파괴적·공격적인 특징만이 아니라 건설적·창조적인 측면도 있다고 주장

심리학 연구 방법

1 과학적 접근

(1) 경험주의

① 대상이나 사건을 관찰하여 지식을 얻으려는 시도

② 이론·명제·진위의 판단은 관찰에 근거해야 한다는 근대 과학의 인식 방법

③ 현대 심리학의 가장 타당한 지식 습득 방법으로, 연구자의 감각·주관을 배제하고 관찰

(2) 접근 방법 : 관찰에 사용된 규칙이나 기법으로, 관찰자의 착각·실수 혹은 단순 관찰로 인한 잘못된 결론을 피하게 함

(3) 연구 설계 : 대상이 되는 현상 관찰과 자료 수집 방법에 대한 체계적인 계획

귀납법	경험주의적 방법으로, 관찰 결과에서 일반 원리 유도
연역법	일반 원칙에서 논리적 추론에 의해 결론 유도

2 연구 방법

(1) 실험법

① **실험** : 관찰 대상과 조건을 인위적으로 설정·통제하여, 그에 따른 변화를 측정하고 결론을 도출

② 조건 통제가 용이하여 엄밀한 실험이 가능하나 결과를 일반화하기 어려움

③ 기본 원리

ㄱ 변인 간 관계를 알기 위해 원인요인(독립변인)에 조작·통제를 가했을 때 어떤 결과(종속변인)를 얻을 수 있는지 측정

ㄴ 실험은 두 변인 사이의 인과관계를 설정하는 기법

④ **방법** : 독립변인의 조작을 받는 실험집단과 조작을 받지 않는 통제집단으로 나누어 실험한 뒤 각각의 반응을 측정하고 양 집단의 종속변수 차이를 비교·검토, 독립변수 효과를 검증

⑤ **실험의 3요소** 22, 20 기출

독립변인	의도한 결과를 얻기 위해 실험자가 조작·통제하는 값
종속변인	설정된 독립변인의 결과로 달라지는 의존변인
통제변인	연구를 수행할 때 탐구하기 원하지 않아 통제하는 변인

⑥ **무선할당** 18 기출

ⓐ 실험연구에서 선택 편향이 있으면 결과는 독립변인 효과가 아니라 종속변인의 영향을 받으므로 그러한 요인들을 통제하기 위한 방법

ⓑ 독립변인 외 종속변인에 영향 줄 수 있는 요인을 통제할 수 없을 때 이러한 요인이 무선적으로 각 실험집단에 분산되어 결과에 편파적 영향을 주지 않도록 하는 방법

(2) **관찰법** : 대상자의 무의식적 행동을 포착할 수 있으나 시간·비용·노력이 많이 소요됨

① **자연관찰법**

ⓐ 연구자의 객관성과 중립을 요함

ⓑ 대상에 의도적 조작 없이 있는 그대로 관찰

② **실험관찰법**

ⓐ 실험자가 상황이 발생하는 장면을 조작·통제하는 관찰법

ⓑ 예기치 않은 상황이 발생하는 자연관찰법의 단점을 극복하고 더 정확히 관찰하기 위함

(3) **조사법**

① **현장관찰법** : 참여 관찰과 체험으로 현장 전체를 이해하는 것이 목적

② **면접법**

ⓐ 어떤 내용에 대해 연구자가 수검자와의 대화를 통해 정보를 얻는 방식

ⓑ 연구자가 수검자의 답변에 실시간으로 대응할 수 있어 심층적 측정 가능

③ **질문지법**

ⓐ 계획적으로 작성된 일련의 문항에 피험자가 응답하도록 하는 자료 수집 방법

ⓑ 눈으로 관찰할 수 없는 내면을 조사하는 데 널리 쓰임

ⓒ 면접법과는 달리 적은 노력과 시간으로 다수의 대상 조사·연구 가능

(4) **임상법**

① 개인의 성장·발달 과정의 구체적 사례를 임상적으로 연구[사례연구법(Case Study Method)]

② 많은 표본을 수집하고, 제한된 변인을 통계로 분석하여 일반적 경향을 끌어내는 표본 연구나 통계적 연구와 달리 한 대상을 심층적이고 정밀하게 그려냄

③ 심층적·질적 정보를 얻을 수 있지만 소수 사례에서 얻은 결과를 일반화하기 어려움

3 측정과 척도

(1) 측정

① 개인과 집단의 심리 현상을 일정 규칙에 따라 조사하여 수치화하는 것
② 측정 결과가 정확한 자료가 되기 위해서는 신뢰도와 타당도를 모두 충족시켜야 함

신뢰도(Reliability) 21 기출	반복 측정에서 척도가 얼마나 일관된 결과를 내는가의 정도
타당도(Validity)	척도가 측정하려는 대상을 얼마나 정확하게 측정하는가의 정도

(2) 척도 : 측정 도구로 사용하는 것 22 기출

척도명	특징	예
명명척도	• 측정 대상을 질적 특성에 따라 구분하는 척도 • 대상에 부여한 숫자는 속성에 따른 분류를 위한 것일 뿐 순서·가감의 의미 없음	운동선수 등번호, 주민등록번호, 전화번호, 도서 분류
서열척도	• 크고 작음·높고 낮음의 순위 관계를 내포하는 척도 • 상하·대소의 관계성만을 나타낼 뿐 연산 불가	성적, 경제적 계급, 스포츠 순위
등간척도	• 서열척도의 특성을 가지면서 수치 사이의 간격이 동일한 척도 • 절대영점을 가지지 않으므로 덧셈·뺄셈 계산만 가능	달력, 지능지수, 섭씨·화씨의 온도
비율척도	• 명명·서열·등간척도의 속성과 절대 영점을 가진 가장 상위의 척도 • 덧셈·나눗셈을 포함한 연산을 통해 측정·비교가 가능하여 가장 많은 정보를 나타낼 수 있음	길이·무게·시간·밀도 등 물리량의 거의 모든 측정에 해당함

4 자료와 통계

(1) 통계의 목적 : 주어진 자료를 근거로 주어지지 않은 진리에 접근하고자 하는 것

(2) 통계적 방법

① **기술 통계** : 수집 자료의 특성을 도표나 표로 요약하여 평균을 구하는 것
② **추리 통계**
  ㉠ 분석 자료인 통계치를 근거로 모집단의 특성인 모수치를 추론하는 과정
  ㉡ 불확실한 상황에서 제한된 자료의 분석 결과를 근거로 함(통계적 의사결정론)

제 2 장

행동의 생리적 기초

1 뉴런의 의미와 구조

(1) 의미 : 신경계를 구성하는 기본 단위이자 뇌의 정보 처리와 정보 전달 역할을 수행하는 신경세포

(2) 구조

수상돌기	다른 뉴런으로부터 정보를 수용하여 이를 세포체에 전달
세포체	뉴런의 본체로 정보 처리 과제를 통합하고 세포 활동을 유지하며 유기체의 유전 정보를 담은 핵이 위치함
축색	신경세포의 한 줄기 긴 섬유로, 그 말단부위는 여러 갈래 축색종말로 나뉘어 다른 뉴런과 근육·내분비선에 정보를 전달
수초 20 기출	뉴런의 축색을 둘러싼 일종의 절연물질로, 백색 지방질로 구성되어 있고, 뉴런의 에너지 효율성 증대 및 축색에서의 신경 충동 전파를 빠르게 함

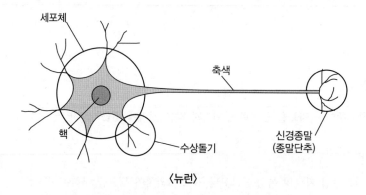

〈뉴런〉

2 뉴런의 정보 전달 과정

(1) 정보 전달의 전기화학적 작용

① 수상돌기를 통해 자극(정보)이 전달되면 이것이 전기적 신호가 되어 세포체를 지나 축색으로 전도되고, 이는 축색의 말단(축색종말)에 있는 시냅스에 이르러 또 다른 뉴런의 수상돌기로 흘러가는데, 이와 같은 전기 충동을 활동전위라고 함 **18** **기출**

② 축색의 말단과 후속 뉴런의 수상돌기 사이에 있는 시냅스 공간이라는 미세한 틈에서 전기적신호는 신경전달물질이라는 화학적 형태로 수상돌기에 이르러 다시 전기적 신호를 연결하는데, 이 두 과정을 뉴런의 전기화학적 작용이라고 함

(2) 활동전위가 일어나는 과정(신호의 흐름)

① 신호를 받은 신경세포는 이것을 다시 다른 세포로 전달하려 함

② 다음과 같은 과정을 거쳐 활동전위가 일어남

정지전위	• 세포막 밖의 전위는 +, 안의 전위는 − → 분극 • 세포외액의 주요 이온은 나트륨이온(Na^+) • 세포내액의 주요 이온은 칼륨이온(K^+)	
자극 받아 탈분극 발생	• 나트륨채널이 열리며 Na^+가 세포 안으로 유입 • 막전위가 변화하며 전위차가 축소 → 탈분극	
탈분극 진행· 활동전위 발생	충분한 자극을 받으면 탈분극이 진행되면서 +, −가 역전되며 활동전위 발생	
활동전위 전도	처음 자극받은 부위의 탈분극이 인접 부위의 막의 투과성을 변화시킴	
재분극	K^+가 세포 안으로 유입되며 정지전위 상태로 돌아감	

3 시냅스의 정보 전달 과정

(1) 시냅스

① 뉴런은 시냅스라는 미세한 틈(시냅스 간극)을 두고 정보를 주고받음

② 신경세포와 신경세포의 신호를 전달하는 연결 부위(접합부)

③ 많이 사용하는 시냅스는 강화되는 반면, 사용하지 않는 시냅스는 소멸됨

(2) 시냅스의 구조

① **시냅스 전 뉴런** : 시냅스의 전막으로, 시냅스를 통해 정보를 전달하는 뉴런

종말단추	축색 끝에서 혹처럼 나온 구조
시냅스 소포	종말단추 안에 있는 작은 주머니로 신경전달물질을 담음

② **시냅스 후 뉴런** : 시냅스의 후막으로, 시냅스 전 뉴런의 정보를 수용하는 뉴런

수용기	신경전달물질을 수용하고 새로운 전기적 신호를 생성하는 세포막의 일부분
시냅스 간극	시냅스의 전후 세포막 사이에 있는 미세한 틈

(3) 시냅스의 전달 과정 18 기출

① 시냅스의 정보 전달 방식은 화학적 방식이며, 뉴런과 뉴런 접합부로 정보를 주고받음

② 축색을 따라 종말단추에 이른 활동전위는 소낭 속 신경전달물질이 시냅스에 분비되도록 자극

③ 분비된 신경전달물질은 시냅스 후 뉴런의 수상돌기에 있는 수용기와 접촉하여 새로운 활동전위가 생성되고 축색을 타고 다른 뉴런에 전달되는 과정을 반복

4 신경전달물질의 종류와 기능

(1) 아세틸콜린(ACh) : 근육 활성화로 운동을 가능하게 하며 학습·수면·꿈·기억 등을 통제 18 기출

(2) 도파민(DA) : 집중력·쾌감·도취감 등에 관여하고 공격성·창조성·운동 기능 등을 조절

(3) 글루타민산 : 학습과 기억에 관여하는 주요 흥분성 전달물질

(4) 감마아미노낙산(GABA) : 수면을 촉진하고 경련을 완화하는 억제성 물질로, 부족하면 불안과 불면증 등이 발생

(5) 노르에피네프린(노르아드레날린) : 신경을 흥분시키고 의욕·집중·기억·적극성 등에 관여

(6) 세로토닌 : 침착성과 안정감을 주고 쾌감·각성 조절 및 행동 억제 기능을 하며, 부족 시 우울증·불안 증이 발생 **22 기출**

(7) 엔도르핀 : 내인성 모르핀(Endogenous Morphine)의 약칭으로, 통증 완화와 기분 안정

제 2 절 중추신경계와 말초신경계

1 중추신경계

뇌와 척수로 이루어져 정보를 기억·판단하고 음성·운동·반사 등의 명령을 내림

(1) 뇌 : 동물의 신경계에서 신경세포가 모여 신경활동의 중추를 이루는 기관이며, 크게 대뇌·간뇌·중뇌 ·소뇌·연수·뇌교·망상체로 구성

(2) 척수

① 중추신경과 말초신경 사이에서 정보 전달을 중계하거나 반사 기능을 함
② **척수반사** : 척수 자체가 중추가 되어 일어나는 가장 단순한 반사
③ 무릎·아킬레스건 반사·발한 등

(3) 반사궁(반사의 신경 경로)

① 수용기에서 받아들인 자극은 전기신호로 바뀌어 구심로를 지나 반사중추로 보내짐
② 반사중추에서 생성된 전기신호는 원심로를 지나 실행기(근육·분비샘 등)로 전달되어 반응이 일어남

2 말초신경계

(1) 체감각계(체성신경계)

① 말초신경은 흥분전도의 방향에 따라 구심성 신경과 원심성 신경으로 나뉨

구심성 신경	감각기관으로부터 중추신경계로 흥분을 전달하는 감각 지배 신경
원심성 신경	중추신경계에서 골격근으로 흥분을 전달하는 운동 지배 신경

② **뇌신경**

  ㉠ 척수를 거치지 않고 뇌에서 직접 말초신경으로 분비하는 신경

  ㉡ 후신경·시신경·동안신경·내이신경·안면신경 등 12쌍이 있음

  ㉢ 척수신경 : 척수에서 대뇌로 연결되는 31쌍의 신경

(2) 자율신경계 21 기출

① 개체의 의식과 상관없이 소화·호흡·대사와 같은 생명 활동을 조절하는 신경

② 혈관·내장·분비샘이 이에 해당

③ 교감신경계와 부교감신경계

교감신경계	동공 확대, 심장박동 빨라짐, 혈관 수축에 따른 혈압 증가 관련 기능
부교감신경계	동공 수축, 맥박 느려짐, 혈압 하강 등 신체를 안정된 상태로 유지

체크 포인트

신경계의 구분

중추신경	뇌	
	척수	
말초신경	체성신경	구심성 신경(운동신경)
		원심성 신경(감각신경)
	자율신경	교감신경
		부교감신경

교감신경과 부교감신경의 기능 22 기출

구분	교감신경	부교감신경
동공	확대	축소
눈물샘	눈물이 나오지 않음	눈물이 나옴
침샘	양이 적음	양이 많음
심장	맥박이 빨라짐	맥박이 느려짐
소화	소화액 분비 억제	소화액 분비 촉진
백혈구 수	증가	감소
호흡	촉진	억제
혈압	상승	하강
방광	이완	수축
음경	발기 억제	발기 촉진
상태	활동·긴장·스트레스	수면·휴식·회복·긴장 완화

제 3 절 대뇌

1 후뇌

(1) 연수

　① 뇌와 척수를 연결하는 중계 지점이며, 신체의 모든 감각 정보와 대뇌의 명령 전달이 지나는 곳

　② 심장박동·순환·호흡 제어 등 생명 유지에 중요한 자율신경의 중추가 있음

(2) 소뇌

　① 평형 기능과 수의운동 조절 등 신체의 세밀하고 다양한 운동 기능 담당

　② 손상을 입으면 몸의 평형감각에 이상이 생겨 제대로 걷거나 뛸 수 없음

(3) 뇌교

　① 뇌간의 일부로 소뇌와 대뇌, 척수가 서로 연락을 주고받도록 다리 역할을 하는 곳

　② 중추신경과 말초신경의 신경섬유 경로이자 중계소 역할

　③ 연수보다 부피가 크고 대부분 단백질로 구성

(4) 망상체 : 복잡한 수상돌기와 축색을 가진 뉴런들이 산만하게 상호 연결되어 망을 구성되어 뇌간 중심부를 차지하며 흥분이나 각성 상태 조절에 중요한 역할

2 중뇌

(1) 구조

　① 간뇌 뒤, 소뇌와 뇌교의 상부에 위치하며, 중뇌개와 대뇌각으로 나뉘어 그 사이에 중뇌수도가 지남

　② 중뇌개에는 사구체라는 한 쌍씩의 돌기가 위아래에 각각 있고, 위의 한 쌍은 시각을, 아래 한 쌍은 청각 정보를 처리

(2) 상구체 : 시각과 관련이 있어 시개라고도 불리며 빛의 자극에 동공을 수축시키는 대광반사와 수정체 두께를 조절하는 조절반사 등의 역할을 함

(3) 하구체 : 청각반사에 관여하여 소리가 나는 위치 등을 판별하는 데 중요한 역할을 함

3 전뇌 : 복잡한 감각, 정서, 인지, 운동 기능을 통제

(1) 간뇌 : 대뇌반구와 중뇌 사이에서 자율신경의 중추를 담당

시상	감각기관에서 전달하는 정보를 중계하여 대뇌피질로 전달하는 역할
시상하부	혈압, 혈류, 체온, 체액, 소화, 배설, 대사, 성기능, 면역 등 자율신경 기능과 내분비 기능을 제어하는 생명 유지의 중추적 역할

※ 뇌하수체 : 시상하부의 신호를 받아 호르몬을 생성·분비하는 내분비선으로, 다른 내분비선을 자극하는 호르몬을 분비하여 체내 여러 활동을 통제함

(2) 대뇌(종뇌)

① 지각·사고·기억 등 고차원적 정신 활동이 이루어지는 기관이며 좌반구와 우반구로 나뉨

② 뇌의 표면은 많은 주름과 골로 구성되며 패인 곳은 구(溝), 솟은 곳은 회(回)로, 이 중 그 모습이 뚜렷한 중심구는 뇌를 해부학적으로 구분할 때 중요한 곳임

③ **대뇌피질** : 대뇌 표층을 덮는 회백질 부분으로, 신경세포들이 집중되어 감각·운동·고차원적 정신 활동을 담당

④ **대뇌피질 각 영역** 21, 18 기출

전두엽	운동·기억·추상적 사고·적절한 상황 판단·행동 계획 및 억제 등 행동 관리
측두엽	청각·언어·정서적 경험·기억 등 담당
두정엽	촉각 관련 정보 처리, 공간·운동 지각, 신체 위치 판단 등 담당
후두엽	망막에서 들어오는 시각 정보를 분석·통합하는 역할 담당

⑤ **대뇌변연계** 22 기출

㉠ 대뇌반구 아래 위치하며 해마·편도체·대상회 등의 부위를 포함

㉡ 섭식·본능·욕구 등 생존에 필요한 기능이나, 노여움·슬픔·공포 등 정동(情動)과 관련

해마	학습과 기억에 관여, 입력된 정보를 취사선택
편도체	정동반응(좋고 싫음, 공포, 불쾌감 등)과 감정적 기억에 관여

⑥ **뇌량** : 좌우 대뇌반구를 연결하는 신경섬유 다발(교련섬유)이 반구 깊은 틈새에 활처럼 놓인 곳으로, 좌우 반구들이 정보를 교환하게 함

제 **4** 절 　**내분비선**

1 　의의

별도 도관 없이 혈액이나 림프관에 분비되는 분비샘으로, 갑상선·부갑상선·부신·췌장·신장·난소·정소·태반 등이 있으며 이곳의 방출 물질을 호르몬이라고 함

2 　뇌하수체

(1) 뇌하수체 전엽

① **성장 호르몬** : 키가 자라는 데 관여하는 호르몬
② **갑상선 자극 호르몬** : 갑상선 호르몬 생성·분비 촉진
③ **부신피질 자극 호르몬** : 부신피질에서 방출되는 호르몬(특히 당질코르티코이드, 부신안드로겐)의 생성·분비 촉진
④ **황체 형성 호르몬** : 난소의 배란과 배란 후 황체 형성 및 황체 호르몬 생성·분비 촉진
⑤ **난포 자극 호르몬** : 난소에서 나오는 난포 호르몬 생성·분비 촉진
⑥ **프로락틴** : 분만 후 유즙 생성·분비 촉진

(2) 뇌하수체 중엽 : 피부를 검게 하는 작용을 하는 멜라닌 자극 호르몬을 분비

(3) 뇌하수체 후엽

① **옥시토신** : 자궁 수축 기능이 있어 분만 시 중요한 역할을 하며 젖 분비를 촉진
② **항이뇨 호르몬(바소프레신)** : 혈관 수축으로 혈압을 올리고 이뇨를 억제하는 기능

3 　갑상선과 부갑상선

(1) 갑상선

① **티록신** : 물질대사를 활발하게 하고 성장을 촉진하는 호르몬
② **칼시토닌** : 혈액 속 칼슘 농도를 떨어뜨리는 역할

(2) 부갑상선

① 파라토르몬으로 알려진 부갑상선 호르몬은 혈액 속 칼슘 농도를 올리는 작용함
② 혈액 속 칼슘이 부족하면 테타니(전신 또는 손발의 근육경련)의 원인이 됨

4 부신과 췌장

(1) 부신

① 부신피질

- ㉠ 전해질 코르티코이드 : 오줌 생성 시 나트륨 이온 재흡수하고 칼륨 이온 배출을 촉진하는 체내 전해질과 수분을 조절
- ㉡ 당질 코르티코이드 : 당 신생 작용과 항염증 작용 및 혈액 속 림프구·호산구 감소 작용을 하며, 지방이나 단백질을 당으로 바꿔 혈당치를 상승시킴
- ㉢ 부신안드로겐 : 남성 호르몬으로서 부신피질에서 남녀 모두에게 분비되지만 양이 미약하여 생리작용이 거의 없음

② 부신수질

- ㉠ 에피네프린(아드레날린)과 노르에피네프린(노르아드레날린) 분비
- ㉡ 자율신경 중 교감신경과 같은 기능

(2) 췌장 21 기출

① 랑게르한스섬이라는 세포군이 존재하며 그 모양에 따라 A세포와 B세포로 구분
② A세포에서는 글루카곤, B세포에서는 인슐린 분비

- ㉠ 글루카곤 : 혈당치를 높이고 글리코겐 및 지방 분해 촉진
- ㉡ 인슐린 : 당질·지방·단백질·핵산의 합성·저장을 촉진하며, 특히 포도당의 근육 내 유입을 촉진하여 혈당을 감소시킴

5 난소와 정소

(1) 난소

① **난포 호르몬** : 여성의 성기와 유방을 발달시키며 여성 특유의 체형을 만듦
② **황체 호르몬** : 배란 시 형성되는 황체에서 분비되는 호르몬이 황체 호르몬이며, 수정란이 착상할 수 있도록 하고 배란을 억제하여 임신 상태를 유지시킴

(2) 정소

① 정소에서 분비되는 남성 호르몬을 테스토스테론이라고 함
② 남성의 성기를 발달시키고 남성 특유의 체형을 만듦

제 **5** 절 　뇌의 기능 분화와 손상된 뇌(실어증)

1 뇌의 기능 분화

(1) 좌뇌와 우뇌

① 좌우 반구는 따로 활동하는 것이 아니라 뇌량으로 정보를 교환하고 종합적 사고를 함
② **좌뇌** : 언어 능력 및 읽기 · 쓰기 · 계산 · 음성과 소리 인식 등 논리적 사고를 담당
③ **우뇌** : 이미지 · 도형 · 음악이나 시각 정보를 종합적으로 파악하고, 직관적 사고를 담당

(2) 분리 뇌 　18 기출

① 사고와 수술로 대뇌의 좌우 반구를 연결하는 뇌량이 절단되어 두 개의 대뇌반구가 서로 정보를 주고받지 못하는 상태를 말함
② 환자의 시야를 나눠 왼쪽 시야에 사물을 보여 줬을 때 그것을 인지하지만 말은 하지 못할 경우, 이는 왼쪽 시야를 담당하는 우뇌에만 정보가 전달되고 그 정보가 언어 능력을 맡는 좌뇌로 전달되지 못하기 때문임. 이는 대뇌 반구의 전문화에 대한 결정적 증거를 제공

2 손상된 뇌(실어증)

언어중추 손상으로 말하기 · 듣기 · 쓰기 · 읽기 등의 언어 능력 장애 증상

브로카(Broca) 실어증	• 브로카 영역 : 좌반구 전두엽 후방에 있으며 운동성 언어와 관련 있음 • 매끄러운 발화 · 문장 구성 장애를 초래하며, 청각 이해 능력은 발화 능력보다 양호
베르니케(Wernike) 실어증	• 베르니케 영역 : 좌반구 측두엽 청각피질 근처에 위치하며 타인의 말을 이해하는 기능 • 유창한 발화는 가능하나 상황 · 질문에 안 맞는 말을 하거나 타인의 말을 이해 못함
전도성 실어증 19 기출	• 이해하고 표현하는 데 지장이 없지만 들은 말을 반복하지 못함 • 베르니케 영역과 브로카 영역을 연결하는 궁상속(弓狀束) 손상이 원인

체크 포인트

인체 검사 유형 18 기출
- 컴퓨터 단층 촬영법(CT) : X선을 이용하여 인체의 횡단면 영상을 얻음
- 양전자 단층 촬영법(PET) : 방사성 의약품을 이용하여 인체의 영상을 얻음
- 자기공명영상법(MRI) : 고주파를 발생시켜 인체 각 부분에서 나오는 신호 측정, 영상을 만듦
- 뇌전도 : 두피 여러 곳에 부착한 전극으로부터 뇌의 전기활동에 의한 뇌파를 증폭시켜 기록하는 방법

연습 문제

다음 내용에 해당하는 것은 무엇인가?

- 좌반구 측두엽 청각피질 근처에 있는 영역이 손상될 경우 발생한다.
- 유창하게 발화할 수 있지만 상황과 질문에 맞지 않는 의미 없는 말을 하거나 다른 사람의 말을 잘 이해하지 못한다.

① 브로카(Broca) 실어증
② 베르니케(Wernike) 실어증
③ 전도성 실어증
④ 운동성 실어증

해설 베르니케(Wernike) 실어증은 타인의 말을 이해하는 기능을 하는 베르니케 영역이 손상되었을 때 발생한다.

정답 ②

1 발달의 개념

(1) 발달의 의미

① 수정에서부터 사망(죽음)에 이르기까지 전 생애에 걸쳐 계속적으로 일어나는 변화의 양상과 과정

② 지적·정서적·사회적·신체적 측면 등 전인적인 측면에서 변화하는 것

③ 분화와 통합의 과정이며, 유전과 환경의 상호작용에 의해 이루어짐

④ 인간 발달에 의한 변화는 양적·질적 변화와 상승적·하강적 변화로 나타남

⑤ 발달은 이전 경험의 누적에 따른 산물임

⑥ 삶의 중요한 사건이나 경험이 발달상의 큰 변화를 가져올 수 있음

⑦ 한 개인의 발달은 역사적 문화적 맥락의 영향을 받음

(2) 유사 개념

① **성숙** : 경험·훈련에 관계없이 인간의 내적 또는 유전적 기제의 작용에 의해 체계적·규칙적으로 진행되는 신체 및 심리의 변화

② **학습** : 후천적 변화 과정으로, 특수 경험·훈련·연습 같은 외부 자극이나 조건, 즉 환경에 의한 개인의 내적 변화

2 유전과 환경

(1) **유전인자의 적용** : 인간의 모든 유전적 잠재성은 46개 염색체에 의해 결정

① 두 쌍의 염색체 중 22개는 상염색체, 23번째 쌍은 성염색체로, 정상은 XY(남)·XX(여)

② 염색체에 유전인자가 있으며, 이는 DNA(Deoxyribonucleic Acid) 화학물질로 구성됨

③ DNA는 뉴클레오티드로 구성되며 핵산을 형성하는 유전물질

④ 게젤(Gesell)의 성숙이론

　㉠ 유전적 요인으로 규정된 생물학적 순서에 따라 인간 발달이 결정된다고 보는 이론

　㉡ 발달 속도와 시기의 차이는 있지만 순서는 동일하며 새 행동과 능력의 출현 시기가 결정되어 있다고 봄

　㉢ 신체적·정신적으로 성숙하기 전에 이루어지는 학습 행위는 무의미하다고 봄

　㉣ 학습을 개시하기 위한 준비 단계(Readiness)까지 지켜볼 것을 중시함

(2) 환경 요인(왓슨의 행동주의 심리학)

① 게젤과 달리 후천적 환경 요인만이 성격·지성·능력 등을 결정한다고 주장(환경결정론)

② 환경 조건을 조정하여 갓난아이를 특정 능력과 기능을 가진 인간으로 키울 수 있다고 봄

③ 성격·능력에 끼치는 유전 요인의 영향을 경시하고 환경·자극 등의 조건 부여에 치우침

(3) 상호결정론(현재 유력한 이론)

① 성격 형성·정신 발달·능력 향상은 유전 요인과 환경 요인 중 어느 한쪽만으로 결정될 만큼 단순하지 않으므로 두 가지 요인이 상호적으로 영향을 주고받는다는 이론

② 인간은 방향 제시 능력이 있으므로 유전·환경에 전적으로 영향을 받지는 않음

③ 인간의 행동은 행동·인지·환경 요소 간 지속적 상호작용에 의해 발달한다고 봄

④ 인간은 상징 사용 능력이 있어 행동으로 나타나는 인지 과정인 사고·창조·계획 가능

3 발달 연구 방법

(1) 종단적 방법

① 두 가지 이상의 시점에서 동일한 분석 단위를 장기간에 걸쳐 추적·연구

② 개인 연령에 따른 연속적 변화 양상을 파악하기 위해 사용

③ 비용·시간 소모가 많고 장시간 연구로 수검자 탈락 가능성이 있음

④ 개인이나 특정 집단에서 얻은 자료를 일반화하는 데 한계가 있음

⑤ 한 대상에게 반복적으로 같은 도구를 사용하므로 신뢰성에 문제가 있음

(2) 횡단적 방법

① 어느 한 시점에서 다수의 분석 단위에 대한 자료를 수집하여 현상의 단면을 분석

② 연령이 다른 개인 간의 발달적 차이를 단기간에 비교하려는 경우에 사용

③ 자료 수집이 비교적 짧은 기간에 이루어져 간단하고 비용이 절감됨

④ 현상의 변화 과정 측정이 불가능하고 개인이 어떻게 변화하는지 알 수 없으며, 성장과 발달에서 증가나 감소가 명확하지 않음

(3) 시기차이법 : 대상 연령을 고정한 상태에서 시대 변화에 따른 개인의 변화 파악을 위해 사용

　　예 6 · 25 전쟁 당시와 오늘날의 10대 청소년은 신체적 차이가 크지 않아도 사고 및 가치관은 다름

제 2 절　신체 발달 및 운동 발달

1 신체 발달

태아기	임신 1개월	심장과 소화기관 발달
	임신 2개월	인간의 형태를 갖추기 시작
	임신 3개월	팔 · 다리 · 손 · 발의 형태 형성
	임신 중기(4~6개월)	손가락 · 발가락 · 피부 · 지문 · 모발 형성
	임신 말기(7~9개월)	태아가 모체에서 분리되어도 생존 가능
영아기	출생~1세 또는 18개월	신체적 성장이 가장 빠른 시기(제1의 성장 급등기)
유아기	1세 또는 18개월~4세	• 발달이 영아기와 같이 급속도로 이루어지지 않으나 꾸준히 성장 • 뇌와 신경계 성숙으로 새로운 운동 기술과 인지 능력을 발달시킴 • 발달이 머리 부분에서 점차 신체 하부로 확산
전기 아동기	학령 전기 (4~6세)	• 신체의 양적 성장은 상대적으로 감소하나 지속적으로 이루어짐 • 5세 무렵 신장은 출생기의 약 2배 • 6세 무렵 뇌 무게가 성인의 90~95% • 유치가 빠지고 머리는 성인 크기가 되며 신경계의 전달 능력이 향상됨
후기 아동기	학령기 (6~12세)	• 비교적 완만하고 꾸준한 발달이 이루어짐 • 10세 이전은 남아가 여아보다 키 · 몸무게 우세 • 11~12세 무렵에 여아가 남아보다 우세 • 성장기 아동의 10~20%가 근육이 당기는 성장통 경험
청소년기	12~19세	• 급격한 신장 증가와 뼈 · 근육 성장이 이루어지는 제2의 성장 급등기 • 2차 성징과 함께 생식기관의 성숙이 뚜렷하게 나타남(사춘기) • 이때부터 남자가 키 · 몸무게에서 여자보다 우세 • 남자는 어깨가 넓어지고 근육이 발달 • 여자는 골반은 넓어지고 피하지방이 축적 • 머리 크기의 전신 차지 비중이 작아지고 얼굴은 길쭉한 형으로 변화하며, 코 · 입이 넓어지고 전체적 윤곽이 달라짐

2 운동 발달

(1) 운동 기능 발달

① 손 뻗기・쥐기와 앉기・걷기 같은 수의운동(의지를 수반하는 운동) 수행 능력 형성

② 반사(Reflex) : 특정 자극을 받으면 일어나는 신생아의 특정 운동 반응 양식

먹이 찾기 반사(Rooting Reflex)	뺨에 닿는 모든 물체를 입으로 가져가는 반응
빨기 반사(Sucking Reflex)	입에 들어오는 모든 물체를 입으로 빠는 반응

③ 유아기가 되면 신생아 시기의 반사운동은 점차 사라지고 수의운동이 발달함

(2) 운동 발달의 원리 : 운동 발달은 일정한 순서와 방향성이 있음

① **머리에서 아래로**
  ㉠ 운동기술이 머리에서 발까지 순서대로 나타나는 경향
  ㉡ 영아의 신체 통제력은 처음에 머리를 가누고 팔과 몸통, 다리로 이어짐(두미법칙)

② **중추에서 말초로**
  ㉠ 운동기술이 몸의 중심에서 말단으로 진행되는 경향
  ㉡ 손가락을 움직이기에 앞서 팔을 먼저 통제하는 것이 그 예(중심말단법칙)

③ 전체운동에서 특수운동으로 : 분화되지 않은 전체운동에서 점차 섬세한 특수운동으로 발달

④ **연속성** : 발달은 전 생애를 통해 연속적으로 지속되지만 그 속도는 일정하지 않음

⑤ **개인차** : 아이들의 발달 속도는 개인에 따라 모두 다름

(3) 운동 발달 과정

① **분화** : 몸 전체를 움직이다가 차츰 필요한 부분만 움직임

② **통합** : 여러 부분의 행동이 합쳐지는 것으로 손과 눈의 동작 일치(협응)

제 3 절 인지 발달과 도덕성 발달

1 인지 발달

(1) 피아제(Piaget)의 인지발달이론 22, 18 기출

① **의의**
  ㉠ 인간이 주관적 존재로서 의미를 부여하는 주관적 현실만이 존재한다고 주장
  ㉡ 각 개인의 정서・사고・행동은 개인이 현실 세계를 구성하는 방식에 따라 다름
  ㉢ 인간은 변화・성장하는 존재로 인간 의지 또한 환경과 상호작용하며 변화하고 발달함

② 주요 개념

도식	사물이나 사건에 대한 전체적 윤곽 또는 지각의 틀, 즉 인간의 마음에서 어떤 개념 또는 사물의 가장 중요한 측면이나 특징을 인식하고 표현하는 능력	
적응	주위 환경 조건을 조정하는 능력으로 주위 환경과 조화하고 생존하기 위한 변화 과정	
	동화	새로운 지각물이나 자극이 되는 사건을 이미 있는 도식이나 행동 양식에 맞추는 인지 과정
	조절	기존 도식이 새로운 대상 동화에 부적합할 때 대상에 맞게 기존 도식을 변경하여 인지하는 과정
	평형 상태	동화와 조절의 결과로 조직화된 유기체의 각 구조가 균형을 이루는 것
조직화	서로 다른 감각의 입력 정보를 상호 관련시키거나 심리적 측면에서 조직화하여 떠오르는 생각들을 이치에 맞도록 종합하는 것	
보존	질량은 양적 차원에서는 동일하지만 모양 차원에서는 변할 수 있다는 개념	
자아중심성	자신과 대상을 서로 구분하지 못하는 것으로, 유아기 초기에는 자신과 주변 대상을 구분하지 못하는 반면 청소년기에는 현실과 환상을 구분하지 못함	

③ 인지 발달 4단계 21 기출

감각운동기 (0~2세)	• 과거나 미래가 없는 현재 세계만 인식하며 자신과 외부 대상을 구분하지 못함 • 직접 만지거나 조작해보고 탐색하여 환경을 이해 • 대상영속성(사물이 감춰져 보이지 않아도 존재를 아는 능력) 이해가 시작됨 • 목적 지향적 행동
전조작기 (2~7세)	• 대상영속성 확립 단계 • 사고는 가능하나 직관적인 수준이며 논리적이지 못함 • 보존 개념(사물의 수·양·길이·부피 등이 변해도 그 특질은 유지한다는 것을 이해하는 능력)을 어렴풋이 이해하나 완전히 획득하지는 못함 18 기출 • 논리적 사고 방해 요인은 자아중심성·집중성·비가역성 • 비가역적 사고 : 조작적 사고 능력 부족으로 변화된 상황을 역전시키지 못함 • 조작능력이 생기면 자기중심적·직관적 사고 탈피 가능 • 상징놀이·물활론·자아중심성
구체적 조작기 (7~12세)	• 구체적 사물을 중심으로 한 이론적·논리적 사고 발달 • 논리적인 사고는 가능하나 가설·연역적 사고에 이르지는 못함 • 자아중심성과 비가역성을 극복할 수 있고 집중력을 향상시킬 수 있음 • 분류(유목화)·서열화(연속성)·보존 개념 획득
형식적 조작기 (12세 이상)	• 추상적 사고가 발달하고 경험하지 않은 영역에 대해 논리적으로 활동 계획 수립이 가능 • 가설 설정·검증 및 연역적·체계적 사고와 논리적 조작에 필요한 문제 해결 능력 발달

(2) 지각 발달 : 갓 태어난 아기는 시각 능력이 미숙하여 두 눈을 움직여 대상에 초점을 고정하지 못하는 경향이 있어 생후 3개월 전 영아는 사시인 경우가 많음

① **얼굴 지각**

생후 8주까지	얼굴 윤곽에 초점을 고정
9~12주 무렵	얼굴 내부를 보기 시작하며, 친숙한 사람과 낯선 사람을 구별하기 시작
3~4개월	얼굴 표정에 민감
5~7개월	낯선 사람과 친숙한 사람의 얼굴을 확실히 구별

② **깊이 지각**

ㄱ 시각 벼랑 실험 : 깁슨(Gibson)과 워크(Walk)가 유아의 깊이 지각 능력을 알아보기 위해 고안
ㄴ 실험 내용

실험 1	생후 6~12개월	절벽처럼 보이는 장치 앞에서 멈추어 울음 터뜨리는 등 공포 반응
실험 2	생후 3개월	시각 벼랑 앞에서 심장박동이 빨라지는 등 생리학적 변화

ㄷ 실험 결과 : 생후 3개월부터 깊이를 지각하고, 6개월부터 깊이 지각과 공포 정서가 함께 작동

③ **형태 지각[로버트 팬츠(R. L. Fantz)]**

ㄱ 영아는 색·밝기보다 형태에 더 집중
ㄴ 단순한 형태보다 적당히 복잡한 도형을 더 주시
ㄷ 직선보다는 곡선을 더 주시
ㄹ 움직이는 물체에 주의

---

2 도덕성 발달[콜버그(Kohlberg)]

(1) 의의

① 인간의 도덕성 추론 능력 발달은 인지 발달과 연관된다고 보았음
② 발달 순서는 모든 사람과 모든 문화에 동일하게 나타난다고 보았음
③ 피아제의 도덕성 발달에 관한 이론을 청소년기와 성인기까지 확장
④ 인지 발달 수준 및 도덕적 판단 능력에 따라 도덕적 발달 수준을 3가지 수준의 총 6단계로 구분

(2) 도덕성 발달 단계 21, 18 기출

제1수준	전인습적 (4~10세)	1단계	타율적 도덕성	처벌·복종 지향
		2단계	개인·도구적 도덕성	상대적 쾌락주의로 욕구충족 지향
제2수준	인습적 (10~13세)	3단계	대인관계적 도덕성	• 개인 상호간의 조화 중시 • 착한 소년·소녀 지향
		4단계	법·질서·사회체계적 도덕성	사회 질서에 대한 존중 지향
제3수준	후인습적 (13세 이상)	5단계	민주적·사회계약적 도덕성	• 민주적 절차로 수용된 법 존중 • 상호 합의로 변경 가능성 인식
		6단계	보편 윤리적 도덕성	개인의 양심과 보편적 윤리 원칙에 따라 옳고 그름 인식

✏️ 연습 문제

피아제(Piaget)의 인지 발달 4단계 중 청소년기에 해당하는 시기는?

① 감각운동기
② 전조작기
③ 구체적 조작기
④ 형식적 조작기

해설 피아제(Piaget)는 인지 발달 단계를 '감각운동기, 전조작기, 구체적 조작기, 형식적 조작기' 4단계로 나누고, 청소년기를 '형식적 조작기'에 해당한다고 하였다.

정답 ④

제 4 절 성격 발달

1 정신분석이론[프로이트(Freud)]

(1) 특징
① **정신적 결정론(심리결정론)** : 인간의 정신 활동은 과거 경험(약 6세 이전)에 의해 결정
② **무의식 강조** : 인간 행동은 인식할 수 없는 무의식에 의해 유발
③ **리비도(Libido) 강조** : 본능적인 성적 에너지와 성충동 등이 사고와 행동의 동기가 됨

(2) 심리적 성격발달이론

① 지형학적 모델(정신의 3요소)

의식 (Consciousness)	• 어떤 순간 알거나 느낄 수 있는 모든 감각과 경험 • 특정 시점에 인식하는 모든 것
전의식 (Preconsciousness)	• 의식과 무의식의 교량 역할 • 당장 의식하지 못하지만 떠올리려 하면 의식으로 가져올 수 있음
무의식 (Unconsciousness)	• 의식적 사고와 감정을 전적으로 통제하는 힘 • 스스로 전혀 의식하지 못하는 정신 작용

② 구조적 모형(성격의 3요소) 22 기출

원초아 (Id)	• 선천적으로 타고나는 성격의 가장 원초적인 부분 • 본능적 충동과 쾌락에 의해 지배되므로 충동적·비합리적·자애적
자아 (Ego)	• 출생 후 성장하면서 발달 • 성격의 조직적·합리적·현실 지향적 체계 • 원초아·초자아·외부 세계의 요구 사이에서 정신역동적 갈등의 합리적 조정
초자아 (Super Ego)	• 본능적 충동과 쾌락을 검열·억제하는 양심 혹은 도덕적 금지 기능 수행 • 옳고 그름 판단에 관여하며 도덕성 및 죄책감과 연관

③ 심리적 성격 발달 5단계 : 구강기 → 항문기 → 남근기 → 잠복기 → 생식기 22, 19 기출

구강기 (0~1세)	• 아동의 리비도는 입·혀·입술 등 구강에 집중 • 전기 : 빨기·삼키기에서 자애적 쾌락 경험 • 후기 : 이유에 대한 불만에서 어머니에 대한 최초의 양가 감정 경험 • 고착 : 손가락 빨기·손톱 깨물기·과음·과식 등
항문기 (1~3세)	• 배변 시 항문 자극으로 쾌감을 느끼며, 배변 훈련을 통한 사회화 기대에 직면함 • 고착 : 결벽증이나 인색함 등 나타남
남근기 (3~6세)	• 리비도가 성기에 집중됨. 성기 자극, 몸을 보여주거나 다른 사람의 몸을 보면서 쾌감 • 남아는 오이디푸스 콤플렉스(거세불안), 여아는 엘렉트라 콤플렉스(남근 선망) • 부모와 동일시·역할 습득으로 양심과 자아 이상 발달하며 이 과정에서 초자아 성립
잠복기·잠재기 (6~12세)	• 성적 욕구 억압으로 성적 충동 등이 잠재되어 다른 단계에 비해 평온한 시기 • 리비도 대상은 동성 친구로 향하고 동일시 대상도 주로 친구가 됨 • 에너지는 지적 활동, 운동, 친구와의 우정 등에 집중
생식기 (12세 이후)	• 잠복된 성적 에너지가 되살아나며 또래 이성 친구에게 관심 • 사춘기를 경험하고 2차 성징이 나타남

☑ 연습 문제

프로이트의 성격 발달 단계 중 구강기에 대한 설명으로 옳은 것은?

① 어머니에 대한 최초의 양가 감정을 경험한다.
② 거세불안을 경험한다.
③ 6~12세에 해당한다.
④ 또래의 이성 친구에게 관심을 가진다.

해설 ② 남근기, ③ · ④ 잠복기

정답 ①

2 심리사회이론[에릭슨(Erikson)]

(1) 특징

① 인간의 전 생애에 걸친 발달과 변화 강조
② 인간은 합리적 · 창조적 존재이며, 창조성과 자아정체성 확립 강조
③ 인간 행동은 심리적 요인과 사회문화적 영향의 상호작용에 의해 형성 18 기출
④ 기존 정신분석적 방법과 달리 인간의 정상적 측면에서 접근
⑤ 문화적 · 역사적 요인과 성격 구조의 관련성 중시
⑥ 인간 행동은 자아에 의해 동기화

(2) 주요 개념

자아정체성 (Ego Identity)	• 개인의 동일성 · 일관성 유지 능력과 타인이 발견하는 동일성 · 일관성이 일치할 때 생기며, '이것이 나 자신이다'라는 실감을 뜻함 • 독립성 · 과거와의 연속성 및 주관적 · 실존적 의식과 감각의 총체
점성원리(원칙)	• 성장하는 모든 것은 기초안을 가짐 • 각 단계는 특별히 우세해지는 시기가 있음
위기	• 발달 단계마다 사회는 개인에게 어떤 심리적 요구를 하게 되며 이를 위기라고 함 • 각 심리 단계에서 개인은 위기에서 오는 스트레스와 갈등에 적응하려 노력 • 위기를 성공적으로 해결하지 못하는 경우 자아정체성 혼란이 야기

(3) 생애 주기: 각 발달 단계의 심리사회적 위기 22, 18 기출

발달 단계	심리사회적 위기	특징
유아기	신뢰감 대 불신감	욕구가 외부 세계, 특히 어머니에 의해 어떻게 충족되는지에 따라 믿음(정서적 유대감) 또는 불신 형성
초기 아동기	자율성 대 수치심 · 회의	스스로를 제어하는 방법을 학습하며, 무엇을 할 수 있는지에 대한 불안 · 의심을 가짐
학령 전기 또는 유희기	주도성 대 죄의식	행위의 방향성을 가지고 목적을 이루고자 노력하는 시기로, 자발성 발휘를 억제하면 여러 가지를 시도하는 것에 죄악감이 생김
학령기	근면성 대 열등감	근면 의식과 호기심으로 학습에 열의 혹은 열등감을 품거나 과제에 흥미 상실
청소년기	자아정체성 대 정체성 혼란	• 스스로 일정한 사상을 가진 독립된 인간으로 정체성 확립 • 동일성 확산(Identity Diffusion) : 자기 탐구 과정에 있는 청소년이 흔히 일시적으로 경험하는 자기 상실 상태 • 모라토리엄 : 사회적 책임 · 의무가 어느 정도 유예된 기간
초기 성인기	친밀감 대 고립감	타인과의 관계에서 친밀감 · 유대감이 형성되며, 반대의 경우 자기 몰두나 고립감에 빠짐
성인기	생산성 대 침체	자식 양육 및 후진 지도 등 가족 · 사회에서 책임 있는 역할
노년기	자아 통합 대 절망	• 헤어짐과 상실 : 자녀 독립, 체력 쇠퇴, 퇴직에 따른 고립감과 경제 기반 상실 • 삶에 대한 긍정적 인식을 통해 죽음을 수용하는 용기를 가지며, 반대의 경우 부정적 인식에 의해 절망감을 느낌

체크 포인트

에릭슨(Erikson)의 생애 주기와 프로이트(Freud)의 발달 단계 18 기출

시기	심리사회적 위기	심리사회적 능력	관계 범위	주요 사건	주요 병리	프로이트 발달 단계
유아기(출생~1년 또는 18개월)	신뢰감 대 불신감	희망	어머니	스스로 먹기	위축	구강기
초기 아동기(1년 또는 18개월~3세)	자율성 대 수치심 · 회의	의지	부모	스스로 용변 보기	강박행동	항문기
학령 전기[유희기](3~5세)	주도성 대 죄의식	목적의식	가족	신체활동	억제	남근기
학령기(5~12세)	근면성 대 열등감	능력감	이웃, 학교	취학	무력감	잠복기
청소년기 (12~20세)	자아정체성 대 정체성 혼란	성실성	또래 집단, 지도력 모형	또래관계	부인	생식기
초기 성인기(20~24세)	친밀감 대 고립감	사랑	우정 · 경쟁 · 협동 대상	애정관계	배척	–
성인기(24~65세)	생산성 대 침체	배려	직장 및 확대가족	부모 역할과 창조	거절	–
노년기(65세 이후)	자아통합 대 절망	지혜	인류, 동족	인생 회고와 수용	경멸	–

제 **4** 장   동기와 정서

제 **1** 절   동기

1 정의

(1) 일정한 방향으로 행동을 일으키고 지속시키는 과정 또는 기능

(2) 동기 저변에 욕구가 존재하며, 행동의 원동력이자 행동 방향을 결정하는 심리적 요인

2 동기에 관한 이론

(1) 매슬로우(Maslow) `21, 18` `기출`

① 행동의 동기가 되는 욕구 5단계 설정
② 인간은 하위 욕구가 충족되면 상위 욕구를 이루고자 함

구분	특징	
1단계 : 생리적 욕구	의식주나 종족 보존 등 최하위 단계로서 인간의 본능적·필수적 욕구	결핍 욕구 (부족한 것 추구)
2단계 : 안전에 대한 욕구	• 신체적·정신적 위험에 의한 불안·공포에서 벗어나고자하는 욕구 • 추위·질병·위험 등에서 건강·안전을 지키고자 함	
3단계 : 애정과 소속에 대한 욕구	• 가정 형성이나 교제 등 어떤 조직·단체에 소속되어 애정을 주고받 고자 하는 사회적 욕구 • 사회구성원으로서의 역할 수행의 전제 조건	
4단계 : 자기존중 (존경)의 욕구	• 소속 단체의 구성원으로서 명예와 권력을 누리려는 욕구 • 타인의 승인을 얻어 자신감·명성·힘·주위에 대한 통제력 및 영향 력을 느끼고자 하는 욕구	
5단계 : 자아실현의 욕구	• 재능과 잠재력 발휘로 이룰 수 있는 모든 것을 성취하려는 최고 수준 의 욕구 • 사회적·경제적 지위와 상관없이 어떤 분야에서 최대의 만족감과 행 복감을 느끼고자 하는 욕구	완전히 달성될 수 없는 욕구로서 동 기는 끊임없이 재 생산됨

(2) 추동감소이론

    ① **추동(Drive)** : 생리적 최적 상태에서 벗어난 내적 상태로, 배고픔이나 목마름과 같은 상태

    ② **추동감소** : 유기체가 항상성 유지를 위해 물이나 음식을 섭취하여, 배고픔과 목마름이라는 추동을 경감·해소하는 행위

(3) 최적각성수준이론

    ① **각성** : 인간이 적절한 활동 유지를 위해 적정 수준의 흥분감과 긴장을 유지하는 것

    ② 너무 낮거나 높지 않은 적당한 자극 상태를 유지하기 위해 지루함 또는 과도한 자극을 피하는 행동, 즉 최적각성수준이란 인간이 행복감을 느끼는 정신적 자극의 단계

    ③ 각성 수준이 너무 높거나 낮을 때는 과제 수행 능력이 저하됨
      → '역전된 U함수' 혹은 'Yerkes-Dodson 법칙'

    ④ 과제 수준이 높을 때는 각성 수준이 낮아야 효율적, 과제 수준이 낮을 때는 각성 수준이 높아야 효율 증대

(4) 기대이론

    ① 어떤 심리 과정을 통해 동기가 부여되며, 그에 따른 행동의 선택과 지속성 구조를 이론화

    ② **동기부여 요인[사회심리학자, 브룸(Vroom)]**

기대	어떤 행위를 했을 때 그것이 자신에게 보상으로 이어질 것이라는 믿음
유의성	특정 결과에 대한 주관적 가치 또는 매력 정도

    ③ 어떤 행동을 할 때 그 대상이 진정한 가치가 있으며, 그것을 실천함으로써 더 나은 결과를 기대할 수 있다는 믿음이 생겼을 때 비로소 동기부여가 됨

(5) 대립과정이론

    ① 인간은 한 쌍의 대립 감정을 가지며, 한쪽 감정으로 치우치면 반대되는 감정으로 균형이 기울어지는 대립 과정(Opponent Process) 발생

    ② 공포 경험은 반복될수록 대립 과정에 의해 상쇄·경감되며 약간의 긴장·행복감이 남음

3 동기의 유형

(1) 생리적 동기

    ① 항상성 유지

호메오스타시스 (Homeostasis, 항상성)	유기체는 신체 내부 상태를 조절하여 최적화하려는 성질이 있음

추동 (생리적 동기)	• 유기체의 생존에 필요한 생리적 동기 • 목마름 · 배고픔 · 수면 · 호흡 · 배설 · 성욕 · 체온 조절 등 • 유기체는 생리적 결핍 상태가 강해지면 자극이 되어 추동이 일어나 이에 반응함

② 종류

	식욕	필요한 영양을 섭취하여 개체를 유지하는 생득적 · 일차적 욕구
배고픔	공복중추	위장 수축 또는 에너지 소비에 따른 혈당수치 저하는 외측 시상하부에 위치한 공복중추를 자극하여 식욕 돋움
	만복중추	섭식하면 위가 팽창하고 혈당수치가 올라가 복내 측 시상하부의 만복중추를 자극하여 식욕을 낮춤
		공복이 아닐 때도 냄새 · 모양 · 맛 · 소리 등 오감 자극 요인과 특정 음식에 대한 기억이 뇌를 자극하여 식욕이 생기기도 함
성(性)		• 테스토스테론 · 에스트로겐 생산하며 남성은 전자, 여성은 후자를 더 많이 생산 • 테스토스테론과 에스트로겐은 각기 시상하부의 특정 부위에 작용하며 남성 · 여성의 성욕 증가시킴 • 여성보다 많은 테스토스테론을 생산하는 남성은 여성보다 강한 성 추동 소유 • 성 추동과 성적 지향은 생득 · 일차적 욕구 외에 경험 · 학습 · 사회 규범의 영향을 받음
수면		• 식욕 · 성욕과 함께 인간의 3대 욕구이며 가장 기초적인 동기 • 여러 날 수면하지 못하면 뇌의 고차원적 기능에 장애를 초래하고 망상 · 환각이 나타날 수 있으며, 체중 감소 · 면역력 저하 등의 이상 발생
체온 조절		체온 조절의 중추는 시상하부 및 시상 전 영역에 있으며, 체온은 땀과 말초 혈관의 수축과 확장에 의해 조절됨

(2) **심리적 동기** : 생리적 기반보다는 학습에 의해 형성되는 동기로서, 호기심 · 자극 추구 · 성취 동기 · 통제 동기 · 작업 동기 등이 있음

① **외재적 동기와 내재적 동기** 22 기출

동기	외재적 동기	내재적 동기	
의미	보상 획득과 같은 외부 요인에 의해 행동에 동기가 부여되는 것	내면에서 자발적으로 발생하는 동기	
		지적 호기심	지식 획득을 추구하는 경향
		유능감 (Competence)	환경과 능동적 상호작용이 가능한 유기체(인간)의 능력
		자기결정감 (Feeling of Self-Determination)	행동이 타자에 의해서가 아닌 자신의 결정에 의한 것이라고 인지하는 것
대상	외부의 보상	내면의 가치관	
인간형태	수동적	자율적	
교육관	강제 · 관리 (당근과 채찍)	원조 · 지지(자기 교육)	
관련 요인	경쟁, 상벌	과제 자체	
관련 욕구	의존 · 승인 등	호기심 · 탐구 욕구	
학습 이유	외부로부터 부여	내생적(스스로 부여)	
예	입학 시험	학문 탐구, 퍼즐	

② **성취 동기**
　⊙ 자신의 역량을 최대한 발휘하여 어려움을 극복하고 높은 목표를 실현하고자 하는 동기
　⊙ 공에 따른 보상보다 스스로 그것을 해내는 데 의미를 두고 노력함
　⊙ 성취 동기가 높은 사람의 특징[미국 심리학자 맥클랜드(McClelland)]
　　• 자신의 발전에 관심을 두며, 자신의 성취 가능성을 믿고 무엇이든 스스로 해내려 함
　　• 적절한 목표를 설정하여 극히 어렵거나 성공 확률이 낮은 목표는 피하려는 경향
　　• 과제 수행에서 자신의 노력이 어떠한 결과로 나타났는지 알고자 함
　　• 행동을 타인이나 환경 탓으로 돌리지 않고 스스로 책임지려 함
　　• 뛰어난 능력을 가진 사람에게 접근하려는 경향이 있음

③ **성공 회피 동기**
　⊙ 주위의 기대, 지위 유지, 시기·질투 등 성공에 따른 부담·스트레스를 피하려는 동기
　⊙ 호너(Horner) : 성공 공포는 여성에게 많으며 이는 성공과 성역할의 불일치, 남성사회에서의
　　성공에 대한 여성 특유의 양면가치 등에서 기인한다고 봄

④ **친화 동기**
　⊙ 타인과 우호 관계를 성립시키고 그것을 유지하고자 하는 동기
　⊙ 친화 동기가 강한 사람의 특징
　　• 전화와 서신 교환 등 소통을 자주 하고 타인의 평가를 받는 상황에서 불안해함
　　• 우호적 상황에서 타인과 시선을 자주 맞춤
　　• 업무 파트너로서 유능한 사람보다 자신과 마음이 맞는 사람을 선택하는 경향

제 2 절　정서

1　개요

(1) 기쁨·슬픔·분노·불안 등 일과성(一過性)의 강렬한 감정 상태 또는 감정 체험

(2) 도피 또는 공격 등 특정 행동의 동기가 됨

(3) **정서 요소** : 주관적 의식 체험·생리적 변화·표정과 행동의 신체적 표출 등

(4) 대뇌변연계와 시상하부는 정서에 중요한 역할을 함

2 정서에 관한 이론 18 기출

(1) 제임스-랑게(James-Lange) 이론 21 기출

① 외부 자극 → 생리 변화 → 정서 체험 : 환경에 대한 신체 반응이 정서 체험의 원인, 즉 자극이 먼저 신체 반응을 일으키고 이것이 정서 경험을 구성한다는 이론

② 정서 경험에서 생리적 변화를 중요한 촉진제로 보았음

　예 '슬퍼서 우는 것이 아니라 우니까 슬픈 것이다.' 등

③ 심장박동 · 혈압 같은 자율신경계 변화가 대뇌에 정보로 전달되어 정서 경험 유발

④ 신경생리학적 변화가 정서를 촉발한다는 의미에서 말초기원설이라고도 함

(2) 캐논-바드(Cannon-Bard) 이론

① 자극이 자율신경계 활동과 정서 경험을 동시에 일으킨다는 주장

② 신체 변화를 인지하고 정서적 경험이 이루어진다는 제임스-랑게 이론 비판

③ 감각기관의 자극으로 일어난 흥분에 시상이 반응하면서 이를 대뇌피질에 전달하여 정서 경험을 일으키고, 동시에 말초신경에 생리적 변화를 일으킴

④ 정서에 있어 중추신경계 역할을 중시하여 중추기원설이라고 함

(3) 샤흐터(Schachter)의 정서 2요인설

① 외부 자극이 신체의 생리적 변화와 정서 경험을 일으킨다는 점에서는 이전 이론과 공통성

② 정서란 생리적 반응과 원인의 인지작용 사이의 상호작용임을 주장

③ 화를 낼 때의 심장박동수 증가와 발한 등은 좋아하는 사람에게 고백할 때의 생리적 반응과 같음

④ 같은 생리적 반응이라도 상황과 환경에 따라 인지가 달라질 수 있다는 점에서, 정서란 생리적 반응의 지각 자체가 아닌 그 원인을 설명하기 위한 인지적 해석임을 강조

(4) 플루칙(Plutchick) 이론

① 정서 식별이나 분류는 대체로 임의적인 것

② **인간의 기본 정서 8가지** : 슬픔 · 혐오 · 노여움 · 예상 · 즐거움 · 인정 · 두려움 · 놀람

③ 기본 정서가 서로 섞여 새로운 정서를 만들어 낸다고 주장

　예 기쁨 + 인정 = 친근, 두려움 + 놀라움 = 경계

✏️ **연습 문제**

다음 중 제임스-랑게 이론에 대한 설명으로 옳은 것은?

① 중추기원설이라고도 한다.
② 정서란 생리적 반응과 원인의 인지작용 사이의 상호작용이다.
③ 정서는 '외부 자극 → 생리 변화 → 정서 체험'의 순서로 형성된다.
④ 인간의 기본 정서를 8가지로 설명한다.

해설 ① 캐논-바드 이론, ② 샤흐터의 정서 2요인설, ④ 플루칙 이론
정답 ③

제 3 절 동기와 정서의 손상

1 학습된 무력감

(1) 1967년 미국의 심리학자 셀리그먼(Seligman)

(2) 장시간

회피 불가능한 혐오자극에 반복적으로 노출되면 그 자극에서 벗어나려는 자발적 노력을 하지 않는다는
이론

(3) 셀리그먼의 실험

① 저항이 불가능한 상황에서 개에게 전기 충격을 반복한 뒤 회피 가능 상황에서 같은 실험을 시행하자
   개는 회피할 시도조차 하지 않고 전류를 맞음. 이는 앞선 실험에서 자신의 힘으로는 회피할 수 없다
   는 무력감을 학습했기 때문임
② 셀리그먼의 실험은 인간에게도 적용되어 스스로 통제할 수 없는 경험이 어차피 무엇을 해도 안 된다
   는 무력감을 형성하고 이후 성공에 대한 기대감과 의욕을 저하시킴
③ 문제 및 증상
   ㉠ 인지 장애 : 주위가 산만해지거나 건망증 등이 심해짐
   ㉡ 동기 저하 : 행동에서 추진력이 결여. 어려움이 닥치면 쉽게 포기함
   ㉢ 정서 장애 : 매사에 비관·부정적이고 곧잘 화를 냄

2 학습된 무력감의 수정

(1) 학습된 무력감에 통제 불가 상황을 어떻게 해석할지에 관한 인지 과정이 추가된 것

(2) 회피 불가능한 상황을 원인귀속의 관점에서 파악하는 이론

(3) 특징

① **내재성**
  ㉠ 원인이 자신 내부인지 혹은 외부인지에 대한 기준
  ㉡ 내적귀속은 열등감, 자기평가 저하로 이어짐

② **안정성**
  ㉠ 원인이 장시간에 걸친 안정적인 것인지, 시간에 따라 변화하는 것인지에 대한 조건
  ㉡ 원인이 안정적이라고 인식하면 무력감이 만성이 될 수 있음

③ **일반성**
  ㉠ 원인이 일반적인 것인지, 해당 문제에 한정된 것인지에 대한 인식
  ㉡ 일반적이라고 생각할수록 무기력・의욕 저하에 빠지기 쉬움

제 5 장

감각과 지각

제 **1** 절 **정신물리학**

1 절대역과 차이역 22 기출

(1) 역치 : 역(閾, Threshold)은 경계의 의미로, 자극을 감지하는 것과 감지하지 못하는 것을 나눔

(2) 절대역

① 외부로부터의 물리적·화학적 자극을 느낄 수 있으려면 일정량 이상의 자극이 필요
② 절대역은 감각을 일으키는 최소한의 자극 강도를 말함

(3) 차이역 : 강도가 서로 다른 두 자극의 차이를 느낄 수 있는 최소한의 자극 강도

① 식별최소차(JND ; Just Noticeable Difference)라고도 함
② 기준이 되는 감각 자극으로부터 차이를 식별할 수 있는 최소한의 차이

2 베버(Weber)의 법칙 21 기출

(1) 자극의 변화는 기준이 되는 처음 자극 강도에 따라 감지 여부가 달라질 수 있다는 법칙

(2) 감각기가 변화된 자극을 감지하려면 기준 자극 강도에 비례하여 변화 강도도 커져야 함

(3) 기준자극 강도를 R, 변화된 자극을 △R이라 하면 R의 크기와 무관하게 차이역 값은 일정함

$$\triangle R / R = K(일정)$$

(4) 50의 자극이 55가 되었을 때 증가로 감지했다면, 자극이 100일 때는 110이 되어야 증가했음을 느낄 수 있음

3 페히너(Fechner)의 법칙

베버(Weber)의 법칙을 확대한 것으로, 감각 강도는 자극 강도의 대수에 비례한다는 법칙

$$S(감각의\ 강도) = K(상수)\log I\,(자극의\ 강도)$$

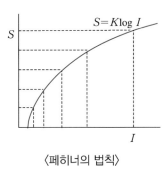

〈페히너의 법칙〉

제 2 절 감각

1 시각

(1) 눈의 구조

각막	눈 앞부분을 덮는 투명한 막으로, 눈에 빛을 받아들이는 역할 및 수정체와 더불어 빛을 굴절시켜 초점을 맞추는 기능을 담당
홍채	여닫는 움직임으로 동공을 통해 들어오는 빛의 양 조절
동공	빛이 들어오는 곳으로 홍채의 작용에 의해 크기가 변하면서 빛이 조절
수정체	외부로부터의 빛을 굴절시켜 상을 맺히게 하는 렌즈에 해당하는 기관
망막	외부에서 빛을 받아 상을 맺는 카메라의 필름과 같은 부분으로, 망막에 분포한 시세포와 시신경을 통해 자극이 전달되어 색과 명암 등을 식별하고 추상체와 간상체를 가짐
시신경	전기신호를 망막에서 대뇌로 전달

(2) 색의 지각 과정

① **색각(색 시각)** : 빛의 파장을 느껴 색채를 식별하는 감각

    ㉠ 빛이 물체에 닿아 파장 일부는 흡수됨

    ㉡ 반사된 파장은 눈을 통해 뇌에 전달되어 색을 인식

② **가시광선** : 색의 인지를 가능하게 하는 파동을 가진 빛으로, 망막의 시세포인 추상체가 780(빨강)~380(보라) 나노미터의 빛에 자극 받음으로써 색을 인지
③ 추상체와 간상체를 통해 들어온 빛의 자극은 쌍극세포·수평세포·아마크린세포에 의해 처리되며, 시신경을 통해 신경절 세포에서 뇌로 전달
④ 추상체는 세 종류로 나뉘어 각각 빨강·파랑·초록 파장에 반응
⑤ 간상체는 색의 명암에 반응

(3) 생리적 현상

① **명순응** : 눈이 밝음에 적응하는 현상으로, 눈부심이 사라지다 15분이 지나면 완전히 적응
② **암순응** : 눈이 어두운 곳에서 적응하여 점차 주위 사물이 보이는 현상으로, 암순응이 진행될수록 추상체에서 간상체로 기능이 옮겨감
③ **색의 항상성**
   ㉠ 색채의 항상성 : 환경 조건이 달라져도 주관적 색의 지각으로는 물체 색의 변화를 감지 못함
   ㉡ 명도의 항상성 : 환경 조건이 달라져도 물체에 대한 주관적 밝기는 변하지 않음
④ **대비 현상**
   ㉠ 색상대비 : 다른 색을 같이 볼 때 두 색이 서로 영향을 받아 다르게 보이는 현상
   ㉡ 명도대비 : 명도가 다른 두 색을 동시에 볼 때 같은 색의 명도가 다르게 보이는 현상
   ㉢ 채도대비 : 채도가 다른 두 색이 서로 영향을 주어 채도가 다르게 보이는 현상

(4) 색의 혼합

① **가산적 혼합**
   ㉠ 둘 이상의 색이 혼합되어 또 다른 색이 되는 현상으로, 혼합된 색은 밝기가 높아짐
   ㉡ 빛의 삼원색인 빨강·초록·파랑이 섞이면 백색이 됨
② **감산적 혼합** : 둘 이상의 색이 혼합되면 더 어두운 색이 나오는 현상 → 잉크, 물감 등

(5) 색 지각설

① **영-헬름홀츠(Young-Helmholtz)의 삼원색 이론**
   ㉠ 삼원색의 가산적 혼합으로 모든 색을 만들어낼 수 있다는 이론
   ㉡ 인간의 시각은 R(빨강)·G(초록)·B(파랑)를 인지하는 3개의 추상체와 시신경 섬유가 있어 이 세포들의 혼합이 뇌에 전달되어 색을 지각한다는 설
   ㉢ 컬러 인쇄·사진·TV 등에 응용
② **헤링(Hering)의 반대색설**
   ㉠ 색의 기본 감각으로 빨강-초록, 흰색-검정, 파랑-노랑이라는 3개의 대립적 쌍 가정
   ㉡ 대립적 쌍의 합성과 분해를 통해 색을 인식한다는 이론
   ㉢ 삼원색 이론에서 설명하지 못하는 잔상효과 설명 가능

(6) 형태에 대한 신경 처리

① 시각 인지 과정

외측슬상체	시각 처리의 중계소로서, 망막의 신경절 세포에서 출발한 시신경을 시각 처리 영역인 시각 피질로 연결	
선조 피질	• V1 영역이며 1차 시각 영역 • 후두엽 뒤에 위치하여 시각 정보를 1차적으로 수용하는 부위 • V1에 도착한 시각 정보는 기능에 따라 2개의 경로로 이동	
	복측(What) 경로	물체가 무엇인지 식별하는 경로로, 측두엽 아래쪽으로 이동
	배측(Where) 경로	물체가 어디에 있는지 식별하는 경로로, 두정엽으로 이동
선조 외 피질	• 선조 피질을 둘러싼 시각 연합 영역, 선조 피질에서 입력된 정보로 시각 정보 처리 • 형태・색・움직임 등의 식별이 이루어지고 V2・V3・V4・V5(MT)가 포함되어 있음	

② 시각 세포의 수용장 : 허블(Hubel)과 비젤(Wiesel)이 모양・움직임・방향과 같은 특정 정보를 독립적으로 처리하는 세포 발견

단순세포	특정 방위로 기운 막대나 모서리 모양에 선택적으로 반응
복합세포	특정 방향의 막대 자극이 특정한 방향으로 움직일 때만 선별적으로 반응
초복합세포	선분의 방위는 물론 크기도 함께 분석

2 청각

(1) 귀의 구조 21 기출

① 외이

ㄱ 귓바퀴 : 주로 피부와 연골로 이루어져 있고 소리를 모으는 역할

ㄴ 외이도 : 귓바퀴에서 고막으로 이어지는 통로로 소리를 증폭

② 중이

ㄱ 고막 : 외이와 중이의 경계에 있는 얇은 막이며, 음파를 받아 내이와 이소골에 전달

ㄴ 이소골 : 추골・침골・등골로 연결되어 고막으로 진동한 소리를 받아 내이로 전달

③ 내이 : 평형기관과 청각기관으로 이루어진 귀의 가장 안쪽 부분

ㄱ 달팽이관 : 소리의 진동을 달팽이 신경으로 전달하며, 내부는 림프액으로 차 있음

ㄴ 반고리관 : 평형감각(회전가속도)을 담당하는 기관

ㄷ 전정기관 : 달팽이관과 반고리관 사이에 위치하여, 운동・균형감각을 담당하는 평형기관

(2) 소리의 감지

① **음파** : 물체의 진동. 주로 공기 중 압력차로 발생하는 파동이며, 인간의 청각기관이 소리로 인식하는 범위를 말하는 경우가 많음

② **음의 3요소**

음의 크기 (음압)	• 음의 강약은 진폭 크기로 나타내며 그 단위는 데시벨(dB)임 • 인간이 들을 수 있는 최소 음은 20μ Pa이며, 85dB 이상의 소리에 장시간 노출되면 이명이나 난청이 생길 수 있고, 130dB 이상은 인간이 견딜 수 있는 음역을 초과함		
음의 고저	• 1초 동안의 진동 횟수에 따라 진동이 많을수록 높은 음. 단위는 헤르츠(Hz) • 인간의 가청 주파수는 20Hz~20,000Hz 정도 • 음의 고저 지각이론		
	파동론	베케시의 주장, 진동수에 따라 고저를 지각하는 부위가 다르다는 설	
	연사설	베버의 주장, 음파의 진동수에 비례하여 신경흥분의 빈도수가 달라짐	
음색	여러 가지 음의 혼합 속에서 청자가 느끼는 소리의 질 또는 경험을 말함		

③ **청각 경로** : 음파 → 외이 → 고막의 진동 → 중이 → 내이(달팽이관) → 달팽이관의 림프액 진동 → 기저막 → 유모세포 자극(전기 신호로 변환) → 달팽이 신경 → 대뇌

---

3 촉각 · 후각 · 미각

(1) 촉각

① 물체와 접촉했을 때 일어나는 피부감각으로, 자극 강도가 세거나 지속되는 경우를 압각이라 함

② **피부감각 수용기의 종류와 기능**

   ㉠ 메르켈 촉반 : 저강도 촉각 · 속도 감지와 지속적 접촉 · 두 점 분별 · 촉각 위치 파악 기능을 하며 손가락 끝 피부 표층에 존재

   ㉡ 파치니 소체 : 피하조직 깊은 곳에 위치, 모든 압력 변화와 진동 감지

   ㉢ 마이스너 소체 : 피부에 널리 분포, 특히 집중된 부분은 작은 자극에도 민감하며 손과 발바닥 · 생식기 표면 등에 존재

   ㉣ 루피니 소체 : 압력에 대한 반응이 무디며 지속적 피부의 변형과 온도 감지

(2) 후각

① 공기 중 화학물질 분자에 의해 비강 내 후세포가 자극을 받아 일어나는 감각

② **냄새의 지각**

   ㉠ 인간이 냄새를 지각하는 후각 수용기는 비강 윗부분 점막에 위치한 후각 상피에 있음

   ㉡ 냄새물질이 후각 수용기에 결합하면 활동전위로 바뀌어 뇌로 정보를 보냄

   ㉢ 화학감각으로 풍미를 감지하고 식욕을 돋우거나, 음식물 부패 · 가스 누출 등의 위험 탐지

   ㉣ 접촉감각인 미각에 비해 일반적으로 역치가 낮음

(3) 미각

① 음식물 속 가용성물질이 타액에 녹아 혀 점막에 있는 미뢰의 미각신경을 화학적으로 자극함으로써 일어남

② **기본 맛** : 단맛·쓴맛·신맛·짠맛의 네 가지

③ 냄새·온도·질감 등이 맛과 작용하면서 매운맛·감칠맛·떫은맛·금속 맛·알칼리 맛·아린 맛이라는 보조적인 맛이 나타남

④ **맛의 역치** : 일반적으로 쓴맛의 역치가 가장 낮고 단맛의 역치가 높음

제 3 절 ┃ 지각

1 ┃ 지각의 일반 원리

(1) 전경-배경 관계

① 인간은 시각 대상인 전경과 나머지 배경이라는 두 영역으로 시각 정보를 인식

② 창시자는 덴마크 심리학자 루빈으로, 형태주의 심리학에서 중요한 개념

③ 전경과 배경 개념은 다른 지각 경험에도 나타나는데, 특히 시각에서 두드러짐

④ **전경-배경의 성질**

㉠ 전경은 모양을 가지지만 배경은 그렇지 않음

㉡ 전경과 배경의 경계는 전경의 윤곽이 되며 배경은 윤곽을 가지지 않음

㉢ 전경이 앞에 있는 것처럼 인식되고 배경은 뒤에 있는 것처럼 보임

(2) 체제화 원리 21, 18 기출

① **근접성의 원리** : 근접한 각각의 요소를 하나의 형태로 인식(근접 요소가 단위로 체제화)

② **유사성의 원리** : 물리적 유사성을 가진 요소들을 묶어서 인식

③ **폐쇄성(폐합)의 원리** : 불완전한 형태를 이미지로 완성시켜 인식

④ **연속성의 원리** : 완만한 연속성을 가진 요소들을 하나의 형태로 인식

⑤ **공동행선의 원리** : 같은 방향과 주기로 움직이는 요소들을 하나의 형태로 인식

2 현 세계의 지각

(1) 지각(시각) 항상성 21 기출

① 거리·방향·조명 강도 등 근접 자극이 변해도 대상의 크기·모양·밝기·색·위치 등을 변하지 않는 것으로 인식

② 항상성의 종류

  ⊙ 크기의 항상성 : 물체가 가까이 있든 멀리 있든 같은 크기의 물체로 인식

  ⓒ 모양의 항상성 : 사물을 보는 위치가 달라도 같은 모양의 사물로 인식

  ⓒ 밝기의 항상성 : 백지는 밝은 곳에서든 어두운 곳에서든 하얀 것으로 인식

  ⓔ 색의 항상성 : 주변 광원이나 조명 강도 등 조건이 달라져도 같은 색으로 인식

  ⓜ 위치의 항상성 : 관찰자의 움직임으로 대상의 망막상이 함께 움직여도 같은 위치에 있는 것으로 인식

(2) 착시 : 대상의 모양·크기·방향·색 등이 어느 요인에 의해 실제와 다르게 지각되는 현상

① **기하학적 착시** : 크기(길이와 면적)·각도·곡선 등 평면도형의 기하학적인 관계가 객관적 관계와 다르게 보이는 현상

② **다의도형 착시** : 같은 도형이 두 가지 이상의 형태로 보이는 현상으로, '루빈의 잔'과 '네커의 정육면체'가 대표적

〈루빈의 잔〉

③ **역리도형 착시** : '펜로즈의 삼각형'과 같이 2차원 평면에 나타나는 부분적 특성은 해석이 가능하지만, 전체적인 3차원 형태로 지각했을 때 불가능해 보이는 도형

〈펜로즈의 삼각형〉

④ **대비 착시** : 같은 크기라도 큰 것이 인접했을 때와 작은 것이 인접했을 때 크기가 달라 보임

(3) 3차원 지각

① **단안 단서** 19 기출 : 한 눈으로 봤을 때 나타나는 깊이 지각의 여러 측면

상대적 크기	가까운 것은 크고, 멀리 있는 것은 작게 보이는 지각 현상
선형 조망	평행하는 선들이 멀리 있는 수렴점으로 보이는 현상
중첩	한 물체가 다른 물체를 부분적으로 가릴 때, 가리는 물체를 가려지는 물체보다 가까운 것으로 인식
결의 밀도	결의 간격이 넓을수록 가까운 것으로, 조밀할수록 멀리 있는 것으로 인식
상대적 높이	관찰자에게 가까운 물체는 시야의 낮은 곳, 멀리 있는 물체는 시야의 높은 곳에 있음

② **양안 단서** 18 기출

양안 시차	왼쪽과 오른쪽 눈이 물체를 볼 때 눈 사이의 거리만큼 서로 다른 시야를 갖는 현상으로, 이러한 시야 차이가 융합되어 대상을 입체적으로 볼 수 있음
폭주각	양안으로 어떤 대상물을 주시할 때 양안의 시선이 주시점과 이루는 각이며, 대상이 가까이 있을 때 커지고 멀어지면 작아짐
시선수렴	대상이 가까워질수록 두 눈이 가운데로 몰릴 때 발생하는 신경 근육의 신호에 대한 정보로 거리를 파악

(4) 운동 지각

① **실제운동** : 대상이 물리적으로 움직일 때 생기는 현상으로 운동의 지각이 성립하려면 운동에 따른 이동거리가 적당해야 하며 너무 빠르거나 느려서도 안 됨
② **가현운동과 유인운동**
  ㉠ 실제 움직임이 없는데도 움직이는 것처럼 느껴지는 심리 현상
  ㉡ β(베타)운동 : 광점 A와 B가 시간 간격을 두고 점멸하면 하나의 광점이 A → B로 움직인 것처럼 보이는 현상
  ㉢ 파이현상 : 연속되는 정지 화면이 가상 운동으로 지각되는 현상
  ㉣ 유인운동 : 두 대상 사이의 거리가 변화함에 따라 느껴지는 현상

ⓜ 자동운동 : 어두운 곳에서 정지된 광점을 응시하면 실제 움직임이 없음에도 그 광점이 불규칙적으로 움직이는 것처럼 느껴지는 현상

ⓑ 운동잔상 : 일정 방향으로 움직이는 물체를 한동안 본 후 다른 물체를 봤을 때, 그것이 앞서 본 것과 반대 방향으로 움직이는 것처럼 보이는 현상

✏ 연습 문제

다음 중 지각 항상성에 대한 설명이나 옳지 않은 것은?

① 근접자극이 변화하더라도 대상의 크기 등을 변하지 않는 것으로 인식하는 것을 말한다.
② 색의 항상성은 조명 강도 등 조건이 같을 때 같은 색으로 인식하는 것을 말한다.
③ 밝기의 항상성은 백지가 어느 곳에서든 하얀 것으로 인식되는 것을 말한다.
④ 모양의 항상성은 사물을 보는 위치가 달라도 같은 모양의 사물로 인식하는 것을 말한다.

[해설] 색의 항상성은 주변 광원이나 조명 강도 등 조건이 달라져도 같은 색으로 인식하는 것을 말한다.
[정답] ②

---

3 주의

(1) 의의
① 외부 환경·심적 활동의 여러 정보 중 특정 정보에 선택적으로 반응·집중하게 하는 의식작용
② 생리학에서는 뇌가 많은 정보 속에서 인지할 만한 정보를 선택하는 기능을 가리킴

(2) 선택적 주의
① 주의의 3요소

정보의 선택	• 감각기관에는 필요 이상으로 많은 정보가 입력되므로 취사선택해야 함	
	정보 선택	과제를 수행하는 데 필요한 정보를 선택하여 처리
	정보 배제	정신적 용량이 제한되어 있으므로 불필요한 정보는 걸러냄
주의의 범위 (Span of Attention)	• 사람이 한번에 지각할 수 있는 정보의 양을 뜻함 • 순간적으로 수많은 시각 정보(점·도형·문자 등)를 제시한 직후 인식 내용을 말하게 하여 그 양을 측정 • 주의의 범위가 좁을수록 정보 분석이 세밀해짐. 주의의 범위는 스트레스 및 각성 수준의 영향을 받음	
지속적 주의능력 (Vigilance)	주의력 지속의 경계 상태를 장시간 유지하는 능력으로, 각성 수준의 영향을 받음	

② 선택적 주의의 예

양분 청취법	• 둘 이상의 서로 다른 메시지 자극을 수검자에게 동시에 들려줌 • 둘 중 하나의 메시지만 듣고 따라하게 하여 수검자의 주의를 한쪽에 집중시킴 • 결과 : 주의하지 않은 쪽의 물리적 변화(목소리 변화 등)는 인지하나 의미는 인지하지 못함
칵테일파티 효과 19 기출	• 음성의 선택적 청취를 이르는 말로 선택적 주의의 대표적 예 • 여러 음성이 오가는 중에도 관심사·자신에 대한 언급 등을 선택해 들을 수 있음 • 많은 사람이 모인 곳에서 한 화자에 집중할 때 주위 대화를 선택, 걸러내는 능력
스트룹 효과	• 파란색 잉크로 적힌 '빨강'이라는 문자를 가지고 파란색을 말해야 할 때, 색명만을 명명할 때보다 　반응이 느려지는 현상 • 의미가 서로 다른 자극쌍이 동시에 제시된 후 어느 한쪽만의 반응을 요구할 때 두 개념 사이에서 　갈등하는 것

4 형태재인

문자·영상·음성 등 외부 정보를 내부에 저장된 지각 경험·기존 표상과 대조하여 식별하는 것

(1) 세부특징 분석론

① 특정 물체가 가진 기하학적 요소의 조합으로 대상을 인식한다는 이론

② 적은 수의 특징만으로 많은 사물 인식이 가능한 반면 복잡한 형태의 대상 설명은 어려움

(2) 종합에 의한 분석

① **형판 맞추기(Template Matching)** : 외부 정보를 정신 속 표상(형판)과 대조하여 일치하는지 비교하는 과정

② **단점** : 정보가 입력될 때마다 무수한 표상이 필요하며, 회전·확대·축소 같은 변화에 대응하는 유연성이 결여됨

제 6 장 학습과 기억

제 1 절 학습(Learning)

1 학습의 정의와 범위

(1) 학습의 일반적 정의

① 경험이나 연습의 결과로 발생하는 영속적·지속적인 행동 변화

② 학습자가 학습 목표 성취를 위해 학습 조건과 상호작용하는 과정이며, 상호작용은 학습 상황에서 보고 듣고 느끼고 말하는 등의 활동 모두를 포함

③ 후천적 변화 과정이며 주로 경험·훈련·연습 같은 외부자극이나 조건의 결과, 즉 환경에 의한 개인의 내적 변화

(2) 학자들의 정의

① **파블로프(Pavlov)와 손다이크(Thorndike)** : 자극과 반응의 결합

② **쾰러(Köhler)와 코프카(Koffka)** : 통찰에 의한 관계의 발견

③ **스키너(Skinner)** : 강화에 의한 조건화 과정으로서, 학습은 행동 변화 자체를 의미

(3) 학습의 범위

① **넓은 의미** : 경험이 개인의 지식·행동에 비교적 지속적 변화를 야기할 때 일어남

② **좁은 의미**

  ㉠ 학습자가 정해진 학습 목표를 달성하려는 상황에 참여하여 목표를 성취하는 활동을 하는 것

  ㉡ 학습 주체는 학습자이며, 학습 상황은 의도한 것으로, 바람직한 행동으로의 변화만을 말하는 등 제한이 있음

2 조건 형성 이론

(1) 파블로프(Pavlov) : 고전적 조건 형성 19, 18 기출

> • 개에게 먹이를 주기 전 종소리를 들려주면 나중에는 종소리만 들어도 침을 흘림(반응)
> → 개의 반응이 조건화 된 것
> • 조건과 함께 결과를 얻을 수 있는 경우를 반복적으로 경험하면 조건만 부여해도 결과를 얻었을 때
> 와 같은 반응을 함
> → 먹이는 '무조건 자극', 종소리는 '조건 자극'

① 인간이 환경 자극에 수동 반응하여 형성되는 반응 행동에 주목
② **조건 형성의 과정**

조건 형성 전	음식(무조건 자극, US) → 침 분비(생득적·무조건 반응, UR)
	학습 전 종소리(중성 자극, NS) → 침 분비 없음(반응 없음)
조건 형성 중	종소리(중성 자극, NS) + 음식(무조건 자극, US) → 짐 분비(무조건 반응)
조건 형성 후	종소리(조건 자극, CS) → 침 분비(조건 반응, CR)

③ **주요 개념**

소거	자극을 계속 주지 않을 때 반응 강도 감소
자발적 회복	소거가 상당 시간 지난 후 다시 조건 자극을 제공하면 일시적으로 조건 반응이 발생
자극 일반화	조건 형성이 되었을 때의 조건 자극과 비슷한 자극에도 조건 반응 발생
자극 변별	조건 형성 과정에서 조건 자극에만 먹이를 주고 그외 자극에는 주지 않을 때, 조건 자극과 다른 자극을 변별할 수 있게 됨
흥분의 법칙	조건 형성 전 중성 자극인 종소리와 무조건 자극인 먹이를 연결하여 조건 반응 유발
외부억제의 법칙	새로운 외부 자극은 잘 확립된 조건 반응의 양을 줄이거나 잘 소거된 조건 반응의 양을 늘리는 데 크게 작용
고차적 조건 형성	고전적 조건화 발생 후 두 번째 조건 자극을 첫 번째 조건 자극(앞의 고전적 조건화에 사용된)과 연합한 뒤 실험 반복하면 두 번째 조건 자극 역시 조건 반응 유발
체계적 둔감법	혐오스러운 느낌과 불안한 자극에 대한 위계목록을 작성하고, 낮은 수준 자극에서 높은 수준 자극으로 상상을 유도하여 혐오·불안에서 서서히 벗어나게 하는 것

(2) 스키너(Skinner) : 도구적(조작적) 조건 형성

> • 스키너 상자(Skinner Box) 쥐 실험 : 상자 속 지렛대를 누르면 먹이가 나오는 장치 고안
>
> | 먹이 : 무조건 자극, 정적 강화물 | 지렛대 : 조건 자극 |
> |---|---|
> | 먹이를 먹는 것 : 무조건 반응 | 지렛대를 누르는 것 : 조건 반응 |

① 파블로프의 고전적 조건 형성과 달리 행동 발생 이후의 결과에 관심
② **조작적 조건 형성**
  ㉠ 행동 결과에 따른 보상이 있으면 행동 재현이 쉽고, 반대 경우는 어렵다는 점을 강조
  ㉡ 보상에 의한 강화를 통해 반응 변화 유도 : 강화이론(Reinforcement Theory)
③ **주요 개념** 22 기출

소거	강화물을 계속 주지 않을 때 반응 강도 감소
토큰경제	바람직한 행동의 체계적 목록을 정한 후, 그 행동을 할 때 상응하는 보상(토큰)
타임아웃	특정 행동 발생을 억제하기 위해 이전 강화를 철회하는 일종의 벌
학습된 무력감	강제적이고 불가피한 불쾌 자극에 반복적으로 노출되면서 문제 해결을 위한 어떠한 노력도 소용 없다는 그릇된 부정적 인식이 자리 잡는 것

(3) 고전적 조건 형성과 조작적 조건 형성 비교

구분	고전적 조건 형성	조작적 조건 형성
자극-반응 계열	자극이 반응 앞에 옴	반응이 효과나 보상 앞에 옴
자극의 역할	반응 추출	반응 방출
자극의 자명성	특수 반응은 특수 자극을 일으킴	특수 반응 일으키는 특수 자극 없음
조건 형성과 과정	한 자극이 다른 자극을 대치	자극의 대치는 일어나지 않음
내용	정서적 · 부수적 행동 학습	목적 지향적 · 의도적 행동 학습

👆 **체크 포인트**

역조건 형성 18 기출
- 고전적 조건 형성 절차를 사용하여 이전 조건 형성의 원하지 않는 효과를 제거
- 상반된 다른 반응 자극을 연결하여 원래의 반응을 약화시키는 방법

✏️ **연습 문제**

다음 중 고전적 조건 형성의 주요 개념이 <u>아닌</u> 것은?

① 자극 변별
② 자극 일반화
③ 타임아웃
④ 자발적 회복

해설 타임아웃은 특정 행동 발생을 억제하기 위해 이전 강화를 철회하는 일종의 벌로, 조작적 조건 형성의 주요 개념 중 하나이다.

정답 ③

3 강화

(1) 개요

① 어떤 행동에 뒤따르는 결과가 그 행동을 다시 일으킬 가능성을 증가시킬 때 일어남

② 행동은 결과의 지배를 받으므로 행동이 좋은 결과를 가져왔을 때 행동이 더욱 반복됨

③ 강화 자극(보상)이 따르는 반응은 반복되는 경향이 있으며, 조작적 반응의 비율을 증가시킴

(2) 강화 계획 22, 21, 18 기출

계속적 강화		• 반응 횟수나 시간에 상관없이 기대하는 반응이 나타날 때마다 강화 • 반응의 빠른 학습이 이루어짐 • 지속성이 거의 없으며, 반응이 빨리 사라짐 예 아이가 공부를 열심히 하는 경우 TV 시청 허락
간헐적 강화	고정간격계획 (FI)	• 강화 사이의 간격을 정해 놓고 그 기간이 지난 후 첫 번째 행동을 강화 • 지속성이 거의 없으며, 강화 시간이 다가오면 반응률이 증가하나 강화 후 떨어짐 예 주급 · 월급 · 일당 · 정기적 시험
	변동간격계획 (VI)	• 시행 간격이 다르지만 평균적으로 확인 가능한 시간 간격이 지난 후 강화 • 느리고 완만한 반응률을 보이며, 강화 후에도 거의 쉬지 않음 예 평균 5분인 경우 2분, 7분, 15분 정도에 강화를 줌
	고정비율계획 (FR)	• 일정한 수의 반응이 일어난 후 강화를 주는 것 • 빠른 반응률을 보이지만 지속성 약함 예 옷 공장에서 옷 100벌을 만들 때마다 1인당 100만 원의 성과급 지급
	변동비율계획 (VR)	• 반응 행동에 변동적 비율 적용, 불규칙한 횟수의 행동이 나타난 후 강화 • 처음에는 강화 비율을 낮게 하였다가, 점진적으로 비율을 높이는 것이 효과적 • 반응률이 높게 유지되며, 지속성도 높음 예 자동 도박 기계

(3) 강화와 처벌 18 기출

① **강화** : 반응이 다시 발생할 빈도를 증가시키는 것 21 기출

정적 강화	유쾌 자극을 제시함으로써 행동의 빈도를 증가시키는 것 예 시험을 잘 보면 칭찬해 준다.
부적 강화	불쾌 자극을 소거하여 행동의 빈도를 증가시키는 것 예 시험을 잘 보면 청소를 면제해 준다.

② **처벌** : 이전의 부적 행동을 줄이는 것

정적 처벌	불쾌 자극을 제시함으로써 행동의 빈도를 줄이는 것 예 시험을 못 보면 꾸중을 한다(숙제의 양을 늘린다).
부적 처벌	유쾌 자극을 소거함으로써 행동의 빈도를 줄이는 것 예 시험을 못 보면 TV를 못 보게 한다.

(4) 강화물 : 행동 후에 제시되어 행동 빈도를 높이거나 줄이는 자극이며, 어떤 행동으로 얻을 수 있는 보수와 하지 않았을 때 받는 벌로 나뉨

정적 강화물	바람직한 행위의 빈도를 늘리려 할 때 주어지는 자극으로 보상에 해당	
부적 강화물	반응이 일어난 직후 제거되어 그 반응 빈도를 증가시키는 자극	
조건 강화물	1차 강화물	음식·스킨십 등 학습 없이도 생물학적 필요로 긍정 요소가 되는 것
	2차 강화물	조건 강화 자극으로, 본래 중성 자극이지만 1차 강화물과의 조합으로 강화 속성을 가지게 된 것 예 가사 일을 도왔을 때 칭찬·용돈 제시

4 사회학습이론(Social Learning Theory)

(1) 대표적 학자는 반두라(Bandura)

(2) 사회적 상황에서 이루어지는 학습 방법을 말함

(3) 대인행동 속에서 타인 행동을 모방하고 관찰하여 행동을 습득 혹은 수정·소거

(4) 행동이 외부 자극에 의해 통제된다는 행동주의와 달리 학습자의 인지 기능 역할 강조

(5) 관찰 학습(직접 강화 없이도 타인 행동 관찰만으로 행동을 학습) 과정 설명

(6) 주요 이론

① **관찰학습(모델링)**
  ㉠ 타인의 행동과 그 결과를 모델로 관찰, 관찰자의 행동에 변화가 나타나는 현상
  ㉡ 관찰자에 대한 직접적 강화보다 관찰 대상(모델)에게 주어지는 강화가 중요
  ㉢ 실제 그 행동을 하지 않더라도 대리 학습(Vicarious Learning) 가능
  ㉣ 대리 강화(Vicarious Reinforcement)
    • 모델에게 주어지는 강화에 의해 관찰자의 행동이 간접적으로 강화되는 것
    • 모델에게 주어진 보상이나 벌이 관찰자의 행동에서도 같은 기능을 함

② **관찰학습 과정**

주의집중 과정	관찰자가 모델의 행동에 주의를 집중하는 과정
파지 과정	관찰한 내용을 상징적 형태로 기억에 저장하는 과정
운동재생 과정	심상 및 언어로 기호화된 표상을 행동으로 전환하는 과정
동기화 과정	관찰을 통해 학습한 행동에 강화가 이루어져 동기화되는 과정

5 인지 학습

학습은 단순한 자극–반응의 연합뿐 아니라 복합적인 사고 과정을 포함

(1) 통찰 학습[쾰러(Wolfgang Köhler)]

① 통찰력에 의해 요소를 재구성하고 유의미한 관계로 파악하여 문제 해결에 이르는 학습 방법
② 침팬지가 상자를 쌓아 높은 곳의 바나나를 얻는 실험 등 통찰로 해결하는 학습 과정 연구

(2) 기호형태설[톨만(Tolman)]

① 학습은 경험에 의한 자극이 다른 자극에 대한 기호가 되어 목적 달성을 위한 행동을 촉발하는 지식을 얻는 것
② 유기체에게 자극은 결과를 기대하게 하는 수단–결과 관계를 성립시켜 이것이 인식 형태인 인지도를 그리게 함
③ **주요 개념**

목적적 행동주의	모든 행동은 목적을 지향한다고 가정, 즉 행동은 어떤 목적을 지향하여 단순한 '자극–반응'의 연합보다는 목적과 관련된 인지의 지배를 받음
잠재 학습	• 학습은 되어 있지만 보상이 주어질 때까지 행동에 나타나지 않고 잠재, 즉 유기체가 학습한 것을 발휘할 이유가 주어지기 전까지 잠재해 있는 것 • 강화는 학습에 영향을 주는 것 아니라 학습한 것의 수행에 영향을 줌
인지도 (Cognitive Map)	• 인간이 감각기관을 통해 느끼는 것과 그것을 토대로 한 추론 과정 • 인지를 이해 · 해석하기 위해 도식화하는 것을 '인지도를 만든다'고 표현

제 2 절 기억

1 개요

(1) 기억의 정의 : 과거 경험을 유지하고 후에 그것을 재현하는 과정 또는 작용

(2) 기억의 정보처리적 관점 22 기출

1단계	입력/부호화(Encoding)	자극 정보를 선택하여 기억 저장 가능 형태로 변환
2단계	저장 또는 응고화	감각기를 통해 들어온 정보를 단기 기억으로 저장하여 그중 일부는 장기 기억으로 보관하고, 장기 기억으로 응고되지 못한 정보는 상실
3단계	인출	장기 기억이 다시 단기 기억으로 옮겨져 과제 수행에 활용되며, 저장된 정보를 활용하기 위해 적극적으로 탐색 · 접근

(3) 기억의 발달 : 재인(Recognition)

① 이전과 같은 것을 경험했을 때 그것을 앞서 경험한 것과 같은 것으로 확인하는 것

② 영아기 초기부터 나타나는 초보적 기억 능력

③ 현재 지각하는 것이 친숙한 것인지 아닌지를 기억해내는 것

④ 유아기 때 두드러지게 발달하여 4세가 되면 매우 정확해짐

2 기억의 종류

(1) 감각 기억

① 시각·청각·후각 등 감각기관을 통해 들어온 정보를 순간적으로 저장하는 기억

② 정확하지만 매우 짧은 시간 동안 자극 저장(시각 1초, 청각 4초)

③ 용량에는 제한이 없지만, 투입 즉시 처리하지 않거나 새 정보 입력 시 정보 유실

④ **영상기억과 잔향기억으로 나뉨**

영상기억(Iconic Memory)	시각적 자극을 순간적으로 기억
잔향기억(Echoic Memory)	청각적 자극을 순간적으로 기억

(2) 단기 기억(작동 기억) : 기억의 일시적 저장소

① 현재 의식 중에서 능동적으로 정보를 처리하는 활동 중인 기억

② 감각기억에 들어온 환경에 관한 정보 중 일부만 이 단계로 전환

③ 감각기관으로 들어온 정보를 선택하여 처리 가능한 정보 수는 성인은 대략 5~9개

④ **정보를 일시 보존하는 저장소** : 용량이 적으며 성인은 10~20초 정도 정보 저장 가능

⑤ **관련 개념**

청킹 (Chunking)	• Chunk는 정보 처리의 심리적 단위이며, 단기 기억의 한계 용량은 7±2 • 자극·정보를 관련 있거나 유사한 것끼리 묶어서 기억하려는 경향 • 분리 항목을 더 큰 묶음으로 조합하여 기억의 효율성 도모 • 단기 기억 용량도 늘고 더 많은 정보를 기억할 수 있음
대치(代置)	단기 기억 용량이 찼을 때 새 정보 입력 시 가장 오래된 정보를 제거하고 자리를 내줌
전이	단기 기억에 일시 보존된 기억은 장기 기억으로 이행 혹은 새 정보로 대치·제거

(3) 장기 기억 `22` `기출`

① 감각 기억과 단기 기억 과정을 거쳐 장기적으로 저장되는 기억

② 사실상 정보의 무제한적·영구적 저장이 가능하여, 당장 사용하지 않아도 필요할 때 사용 가능

③ **의미 범주에 따른 체계화** : 다양한 항목을 범주화하여 저장하여 기억 용이

④ 관련 개념

주관적 체계화	서로 관련 없는 항목들을 의미를 가지는 특화 항목으로 묶어 기억	
시연(Rehearsal) 18 기출	단기 기억 망각을 방지하고, 장기 기억으로의 전환을 위해 기억해야 할 항목 반복·복창하여 기억력을 높이는 방법	
	보존적 시연	단기 기억을 망각으로부터 일시적으로 보존
	정교화 시연	단기 기억의 장기 기억 편입을 위한 항목 통합·구조화 과정

⑤ 분류

서술 기억 (선언적 기억)	의식적 회상이 가능한 경험과 지식에 대한 기억	
	일화 기억 18 기출	• 일상 경험(추억·사건 등)에 대한 자전적 기억으로, 이미지 형태로 부호화 예 어제 도서관에서 세 시간 공부했다. • 시간이 지날수록 망각되고 그 내용만이 의미 기억으로 남음
	의미 기억	• 사실적 정보에 대한 기억으로, 기억 속에 명제로 표상 • 말의 의미나, 사물 이름·교과 내용 등 일반·공통 지식의 기억 • 문제 해결 전략·사고 기술, 사실·개념·규칙 등 경험으로 습득
절차 기억	스포츠·악기 연주·기술 등 직접 체득한 기억으로, 반복과 연습으로 습득이 가능하며, 언어로 표현할 수 없는 비언어적인 기억	

🌊 체크 포인트

기억술(mnemonics): 더 많이 기억하기 위한 책략 18 기출

• 장소법(Method of Loci): 학습 항목을 장소나 그 장소에 놓인 대상의 배열과 연합시킴
• 약어(두문자어법, Acronym): 첫 자만 따서 외우는 등 원래 어형보다 간략히 만듦
• 연쇄기억술(Chain Mnemonics): 목록의 암기해야 할 요소 사이를 연관 지음
• 핵심단어법(Key Words): 한 단어가 지닌 이미지를 이용하여 다른 단어 기억
• 음운기억법(Metrical Mnemonics): 리듬 있는 가사를 만들어 기억
• 페그워드법(Pegword Method): 규격화된 단어 목록을 일종의 못(Peg), 즉 기준어로 사용, 각 기준어에 기억해야 할 사물을 심상으로 연결시켜 기억

---

3 심상(이미지)

내적 표상(Representation)으로 외부 자극 없이 경험한 것을 떠올리거나 새로운 상(像)을 만드는 것. 즉 머릿속에 그리는 영상

(1) 의식적 인지 활동으로 일어나는 이미지

① **기억 이미지** : 기억의 상기에 의해 일어나는 심상

② **상상 이미지** : 과거의 지각 경험이 주관에 의해 새로이 창출된 심상

③ **공상ㆍ백일몽** : 비현실적 내용을 머릿속에 그리는 것으로, 특히 백일몽은 현상에서 채워지지 않는 욕망에서 비롯된 공상의 일종

(2) 지각과 관련된 이미지

① **잔상(Afterimage)** : 어떤 자극을 응시한 후 다른 곳에 시선을 이동하거나 눈을 감았을 때 나타나는 흥분의 일시적 잔존

② **직관상(Eidetic Image)** : 과거에 본 인상이 재현되어, 대상이 보이는 것처럼 느껴지는 현상

(3) 환각적 이미지

① **환각** : 지각할 대상이 없는데도 마치 무언가를 보고 듣거나 만졌다고 체험하는 것

② **꿈** : 수면 상태에서 체험하는 이미지

4 망각 20 기출

개인의 장기 기억 속에 저장되었던 정보를 잃어버리는 현상으로 기억의 반대 현상이며, 경험ㆍ학습한 것을 상기ㆍ재생하는 능력이 일시적 또는 영속적으로 감퇴 및 상실됨

(1) 순행간섭 22 기출

① 인출 단서의 효율성 감소가 원인이며, 먼저 학습한 것이 나중에 학습한 것에 간섭

② 옛 기억이 끈질기게 기억으로 밀고 들어와 새 정보의 저장 방해

(2) 역행간섭 : 나중(최근)에 학습한 것이 먼저 학습한 것에 간섭 22, 18 기출

(3) 쇠퇴

① 사용되지 않는 정보는 시간 경과에 따라 망각될 확률이 높아짐

② 기억은 중추신경계에 어떤 변화를 일으켜 기억 흔적을 남기는데, 이 기억 흔적은 사용되지 않으면 시간 경과에 따라 신진대사 과정에 의해 점차 희미해지다가 결국 사라짐

5 이중기억이론

(1) **이중부호 모델**(Atkinson&Shiffrin, 1971) : 감각 기억에 일시 저장된 정보 중 필요 정보는 단기 저장소(Short-Term Memory)에 선택 저장되고, 시연·부호화(Encoding)를 통해 장기 저장소(Long-Term Memory)에 기억으로 남음

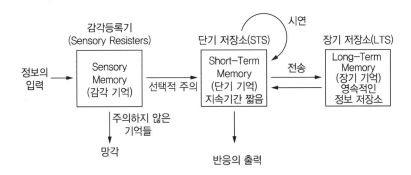

(2) **계열위치효과** : 리스트 형식의 정보 기억 시 위치(순서)에 따라 기억력 차이를 보임

① **초두효과** : 여러 정보 중 처음 접한 정보일수록 기억에 남는 위치효과

② **신근효과(최신효과)** : 여러 정보 중 가장 나중에 접한 최근 정보일수록 기억에 남음

(3) **기억상실증(건망)**

정도 분류	전 건망(Total Amnesia)	일정 기간 안의 모든 기억 상실
	부분 건망(Partial Amnesia)	일정 기간 중 기억하는 부분과 못하는 부분 혼재
시간 분류	역행성 건망(Retrograde Amnesia)	병을 앓고 회복한 뒤 이전의 일을 기억하지 못함
	순행성 건망(Anterograde Amnesia)	회복 후 새로운 기억을 기억하지 못함
원인 분류	기질적 건망(Organic Amnesia)	뇌손상·기능 이상에 의한 두부외상이나, 뇌혈관 장애 등에 따름
	심인 건망(Psychogenic Amnesia)	심리적 원인이며 심한 정서 반응 후 발생

(4) **크레이크(Craik)와 록하트(Lockhart)의 처리수준이론**(Levels of Processing Theory)

① 입력 정보를 기억으로 부호화할 때 그 처리 수준의 깊이가 얕은 것에서 추상적·연상적인 깊은 수준으로 갈수록 기억의 질이 높아진다는 이론

② '형태적 처리 → 음운적 처리(단기 기억) → 의미적 처리(장기 기억)' 순서로 부호화가 심화될수록 정보가 기억으로 잘 정착됨

③ 단기나 장기 기억으로 남을지는 어느 정도 깊이의 부호화 과정에서 처리되느냐에 따름

④ 영단어나 역사적 사건 등을 암기할 때 단어 철자나 음성을 반복 연습하는 것보다 의미를 생각하거나 일상 등과 관련지어 재구성하는 의미적 부호화 과정을 거칠 때 기억에 오래 남음

☑ **연습 문제**

다음 중 역행간섭에 관한 설명으로 옳은 것은?

① 최근에 학습한 것이 이전에 학습한 것에 간섭하는 것이다.

② 먼저 학습한 것이 나중에 학습한 것에 간섭하는 것이다.

③ 사용되지 않는 정보는 시간 경과에 따라 망각될 확률이 높아진다는 것이다.

④ 인출 단서의 효율성 감소가 원인이다.

[해설] ② · ④ 순행간섭, ③ 쇠퇴

[정답] ①

제 **7** 장   언어와 사고

제 **1** 절   언어

1 언어의 본질

(1) 언어의 기본 특징

음소(Phoneme)	말의 의미를 구별하는 음성의 최소 단위
형태소(Morpheme)	의미를 갖는 언어의 가장 작은 단위
문장	생각이나 감정을 말로 표현할 때 완결된 내용을 나타내는 최소 단위
형태론적 규칙	형태소들이 어떻게 조합되어 단어가 되는지에 관한 규칙
문법(Grammar)	의미 있는 내용을 만들기 위한 언어의 기본 단위의 결합 규칙
통사 규칙	단어들이 어떻게 결합하여 문장을 이루는지를 나타내는 규칙

(2) 의미론적 접근 방법 : 특정 언어 표현이 어떻게 특정 정보를 나타내는지 체계적으로 설명

   ① **의미론**

      ㉠ 성분 분석 : 변별적 의미 특징을 이용하여 말들의 상호 유사성과 차이점 제시

      ㉡ 심층 구조와 표면 구조

        • 심층 구조는 문장의 의미를 나타내고, 표면 구조는 발화되는 문장 형식임

        • 심층 구조가 같아도 표면 구조는 각기 다를 수 있음

        • 같은 표면 구조에 다른 심층 구조도 있을 수 있음

   ② **소쉬르** : 언어는 시니피에(Signifie, 개념)와 시니피앙(Signifiant, 기호)으로 구성

   ③ **촘스키의 생성 문법** : 인간이 문장을 생성하는 유한한 규칙을 가지고 무한한 문장을 만들어낼 수 있는 언어 능력이 있다는 것을 입증하고자 함

   ④ **개념의미론** : 표상과 그 대응물은 형식적 관계가 아니라 하나의 심적 작용으로 연결됨

   ⑤ **인지의미론** : 의미의 문제를 지각이나 의식에 관련지어 설명하는 의미 이론

2 언어의 획득과 발달

(1) 언어 획득(Language Acquisition)

① **촘스키(Chomsky)의 생득이론** : 언어는 환경보다 생물학적 요인에 더 영향을 받음

　㉠ 인간은 태어날 때부터 뇌에 '보편문법', 즉 '생득적 언어 습득 능력'이 프로그램화된 언어 습득 장치(LAD ; Language Acquisition Device)가 있음

　㉡ 적절한 환경만 제공되면 누구나 노력 없이 단기간(3~4세)에 언어(모국어) 습득 가능

　㉢ 언어 환경에 노출되면 자동으로 개별 언어의 문법을 흡수할 수 있음

② **스키너(Skinner)의 학습이론** : 언어 획득도 조작적 조건 형성 원리에 따름 `18` `기출`

　㉠ 조작적 조건화 통해 '자극-반응-강화'에 따른 언어 학습과 습득이 이루어짐

　㉡ 주위 사람들의 말을 정확히 모방했을 때 주변인의 강화를 받아 언어가 습득된다는 이론

　㉢ 영아 특유의 발화 중 부모가 비문법적인 것을 무시하고 문법적인 것을 강화

　　→ 언어도 다른 기술과 마찬가지로 강화·조성·소거 및 다른 조건 형성 원리에 따라 배우게 됨

🖐 체크 포인트

언어 획득의 행동이론에서 설명하지 못하는 특성
- 부모는 아이들이 문법적으로 발화하게 하는 데 많은 시간을 들이지 않음
- 아이들은 듣는 것 이상으로 많은 문법적 문장을 만들어 냄
- 아이들의 문법 실수는 먼저 익힌 문법 규칙의 과잉 일반화로 발생하는데, 시행착오와 강화만으로 언어를 익힌다면 과잉 일반화는 일어나기 어려움
- 부모는 아이의 말의 내용에 반응하는 것이지 문법의 옳고 그름을 따지지 않음
- 아이들은 스스로 문법적 문장을 생성하는 창조적 능력이 있으며 이것은 학습에 의한 것만은 아님

---

③ **피아제(Piaget)의 인지이론**

　㉠ 언어를 인지 발달에 따라 나타나는 상징적 표상으로 보았음

　㉡ 영아의 자기중심적 언어는 사고력 미숙으로 타인 입장에서 생각·추론할 수 없기 때문

④ 최근 많은 연구자가 생득설을 인정하면서도 '사회적 상호작용'에 의한 언어 활성화 인정

(2) 언어의 발달 : 어린이는 언어를 통해 타인과 친밀해지거나 사고하며 행동 조절 가능

① 어린이의 언어 발달 과정

<table>
<tr><td rowspan="3">옹알이기</td><td>생후 1~2개월</td><td colspan="2">의미 없는 발성 시작</td></tr>
<tr><td>생후 7~8개월</td><td colspan="2">옹알이가 가장 활발한 시기로, 음성 종류 풍부</td></tr>
<tr><td colspan="3">옹알이 : 모국어에 쓰는 발음은 강화되어 남고, 그렇지 않은 발음은 약해져 소실</td></tr>
<tr><td rowspan="4">한 단어
시기</td><td rowspan="4">생후 1년
무렵</td><td colspan="2">• 의미 있는 단어를 발음하는 첫말 획득
• 아빠·엄마·맘마 등 가족·음식에 관한 단어가 주로 첫말로 등장
• 첫말 등장 후 얼마 동안 한 단어로 다양한 내용을 전달하는 시기 지속
• 과잉확대와 과잉축소 경향</td></tr>
<tr><td>과잉 확대
(Overextension)</td><td>개 이외 모든 동물을 '멍멍이'라 부르듯 원래 쓰임보다 확장하는 경향</td></tr>
<tr><td>과잉 축소
(Underextension)</td><td>집에서 기르는 개만 '멍멍이'라 부르고 다른 개는 그렇게 부르지 않는 경향</td></tr>
<tr><td rowspan="3">두 단어
시기</td><td>18개월 무렵</td><td colspan="2">• 두 단어 조합함으로써 더 적절한 표현을 함
• 두 단어 시기 초기 : 조사 없이 필요 사항만 나열(전보식 문장)</td></tr>
<tr><td>3~4세</td><td colspan="2">• 세 단어 이상 조합하여 발화
• 어른과 간단한 대화 가능</td></tr>
<tr><td>5~6세</td><td colspan="2">중문·복문 등 복잡한 문장 구조를 가진 표현 구사</td></tr>
</table>

② 어휘 수 변화

<table>
<tr><td>12~18개월</td><td colspan="2">약 30~50개 어휘 사용 가능</td></tr>
<tr><td>2세</td><td>하나의 문장을 구성하는 단어 수와 종류 증가</td><td rowspan="2">익힌 문법적 형태소를 새로운 상황에 적용하는 과잉
일반화를 보이기도 함
예 drink의 과거형을 drinked로 표현</td></tr>
<tr><td>3세</td><td>과거·미래에 관한 기초 표현 가능</td></tr>
<tr><td>4~5세</td><td colspan="2">자기 의사를 정확하게 표현 가능</td></tr>
</table>

③ 의사소통 발달 단계

   ㉠ 1단계 : 자기중심적인 언어로 의사소통 기능 없음

<table>
<tr><td>반복</td><td>상대에게 의사를 전달하는 기능 없이 어떤 단어나 음절을 되풀이하는 것</td></tr>
<tr><td>독백</td><td>상대의 존재 여부와 관계없이 자신의 언어를 혼자 말하는 것</td></tr>
<tr><td>집단적 독백</td><td>여러 사람과 말하지만 자신의 이야기만 하며 상대 반응을 기대하지 않음</td></tr>
</table>

   ㉡ 2·3단계 : 질문·대답, 정보 교환 등 의사 전달이나 상호 공통 주제를 위해 뜻을 종합

체크 포인트

단어의 우월성(우월효과)

- 인간의 뇌는 철자를 하나씩 따로 읽지 않고 한 단어씩 통으로 읽기 때문에 같은 철자라도 단어 안에 있으면 더 정확히 인식할 수 있음
- 이미 학습하여 아는 단어는 그 배열이 잘못되었어도 그 의미를 바르게 알 수 있음
- 예를 들어, sleep이 sreep으로 잘못 표기되었어도 sleep으로 인지할 수 있음

제 2 절 사고

1 지식과 표상

(1) 명제와 명제 표상

① **명제(Proposition)** : 진위를 가릴 수 있는 지식의 최소 단위이며, 복잡한 지식은 명제의 결합으로 기술 가능

② **명제 표상** : 외부 대상에 의미를 부여하여 문장과 같은 언어 기호로 기술하는 표상. 의미 내용을 표면적 성질과 관계없이 추상적인 표상으로서 기술

(2) 범주 : 개개의 대상·사건의 공통 속성을 추상화·범주화하는 심적 표상

① **개념 형성**

㉠ 대상·사건을 추상화하여 그 특성을 어떤 범주에 속한 대상이나 사건으로 일반화하는 과정

㉡ 경험한 것을 기호화하여 새로운 개념을 만들어내는 정신작용

② **범주화** : 특정 기준에 따라 유사 속성을 가진 사물들을 하나로 묶는 것

(3) 범주화 이론

① **고전적 범주화 이론** : 범주는 필요충분조건에 따른 속성을 공유한 집합

㉠ 모든 구성원에게는 공통되는 속성이 있고, 범주에는 명확한 경계가 존재

㉡ 범주는 객관적·보편적 의미의 집합

예 아가씨 = 인간 + 성인 + 여성 + 미혼(성분 분석)

② **원형이론(Prototype Theory)**

　㉠ 범주는 전형적인 예와 그것과의 유사성에 의해 특징지어진다는 이론

　㉡ 사람들은 새로운 예시와 원형을 비교하여 범주 판단

　　• 범주화 : 원형을 중심으로 그 주변에 구성원들을 배치함으로써 전체를 구조화

　　• 범주 안의 구성원 사이에서도 속성의 차이 존재

　　• 범주를 나누는 기준 : 전형성에 비추어 더 많은 속성을 가지면 원형에 가까운 것으로, 적게 가지면 주변적인 것으로 파악

③ **가족 유사성(Family Resemblance)** : 가족 구성원들은 유사한 특성을 가지지만 모두 공통 속성을 공유하는 것은 아님(고전적 범주화에 대한 비판)

　例 스포츠의 종목들

2 문제 해결

(1) 정의 : 문제가 해결되지 않은 초기 상태(Initial State)에서 목표 상태(Goal State)로 변환하기 위한 인지적 처리

① **잘 정의된 문제** : 해결에 필요한 지식이 포함된 문제로 초기 상태·목표 상태·제어 조건 명확

② **잘 정의되지 않은 문제** : 위의 세 가지 인자 중 한 가지 이상이 결여된 문제

(2) 문제 해결 4단계(Polya)

① **문제 이해(조사·분석)** : '무엇이', '어떻게'를 명확히 하고 목표 달성을 위한 과제 도출

② **계획 수립** : 현재 상태와 목표 상태의 차이를 극복하기 위한 계획 수립

③ **계획 실행** : 실행을 위한 계획 세우고 실천

④ **결과 평가(반성)** : 기대한 결과와 비교·평가하고 미흡할 경우 새로운 대책 수립

3 문제 해결을 위한 사고 방법

(1) 추론 : 이미 가진 정보(규칙·과거 사례)를 바탕으로 새로운 결론을 도출하는 사고 과정

① **연역적 추론(Deductive Reasoning)**

　㉠ 일반 법칙을 개별적인 사례에 적용하여 특수한 결론을 도출하는 방법

　㉡ 삼단논법 : 두 개의 전제에서 하나의 결론을 끌어내는 방식

　㉢ 단점 : 선입관·편견 등으로 명제에 오류가 있을 경우 잘못된 결론이 나옴

② **귀납적 추론(Inductive Reasoning)**
  ㉠ 개별적이고 특수한 사례로부터 일반적·보편적 법칙을 찾는 방법
  ㉡ 단점 : 소수 사례 혹은 편향된 사례로 과잉 일반화를 범할 수 있음
③ **유추** : 새로운 사례를 접했을 때 과거에 경험한 유사 사례를 적용하여 추론하는 방법
  ㉠ 추론, 설명, 문제 해결, 창조, 의사결정 등 다양한 인지 활동에 쓰임
  ㉡ 유추의 기능
    • 전달 기능 : 이미 아는 지식에 바탕을 둔 유추는 학습자에게 설명을 제공함
    • 지식 획득·창조 기능 : 개념 변화·지식의 확대 및 구조화 촉진

(2) **통찰** : 시행착오를 거치며 점진적으로 해결책에 도달하는 것이 아닌 여러 정보를 통합하고 문제를 지각적으로 재구성함으로써 비약적 문제 해결에 도달
① **형태주의 심리학** : 개별적 자극 요소가 아닌 하나의 전체성을 강조하고 사고를 두 종류로 분류
  ㉠ 재생적 사고 : 과거에 문제를 경험한 사실을 활용하여 해결하려는 사고
  ㉡ 생산적 사고 : 모르던 새로운 관계성을 발견하는 사고로 창의성과 관계있음
② **기능적 고착**
  ㉠ 사물의 습관적 기능에 얽매여 그것의 잠재적 사용법을 활용하지 못하는 경향
  ㉡ 재생적 사고가 생산적 사고를 저해하는 경우에 해당

체크 포인트

언어와 사고(언어상대성 가설)
워프(Whorf)는 무지개 색을 한국인은 7개, 미국인은 6개로 보듯 같은 현상도 인지 차이를 보이는 예를 들며, 인간의 사고는 쓰는 언어의 영향을 강하게 받는다는 가설 주장

연습 문제

생각이나 감정을 말로 표현할 때 완결된 내용을 나타내는 최소의 단위는?
① 문법
② 음소
③ 문장
④ 형태소

해설 ① 문법 : 의미 있는 내용을 만들기 위해 언어의 기본 단위들이 어떻게 결합해야 하는지를 정하는 규칙
② 음소 : 말의 의미를 구별하는 음성의 최소 단위
④ 형태소 : 의미를 갖는 언어의 가장 작은 단위
정답 ③

제 1 절 지능

1 지능의 정의

(1) **넓은 의미** : 새로운 환경에 대한 적응 능력, 즉 새 과제 대처 능력과 정보 처리를 자동화하는 학습 능력

(2) **좁은 의미** : 수·말의 유창함이나 공간·언어·기억·추리 등의 추상적 사고 능력

(3) **학자의 정의**

① **터먼(Terman)** : 추상적 사고를 할 수 있는 능력
② **콜빈(Colvin)** : 환경에 적응하도록 학습하는 능력
③ **웩슬러(Wechsler)** : 자동적 행동·합리적 사고·환경의 효과적 처리 등 종합 능력
④ **비네(Binet)** : 방향 설정 후 이를 유지하는 경향성과 소망하는 바를 위한 순응 능력
⑤ **스턴(Stern)** : 사고를 작동시켜 새로운 요구에 의식적으로 적응하는 일반적 능력

2 지능에 관한 이론

(1) **스피어만(Spearman)의 2요인설** : 지능은 일반 요인과 특수 요인으로 구성

일반 요인(G요인)	모든 개인이 공통으로 가진 요인
특수 요인(S요인)	언어나 숫자 등 특정 영역에 대한 능력

(2) **서스톤(Thurstone)의 다요인설** 22 기출

① 지능은 일반 특성으로 설명되기보다 개별 능력으로 구성(스피어만의 2요인설 비판)
② **7가지 요인 제시** : 언어 이해·수리·공간 지각·지각 속도·기억·추리·단어 유창성

(3) 길포드(Guilford)

① 복합요인설(입체모형설)

㉠ 정보 인지·기억 처리뿐 아니라 아는 정보에서 새 지식을 생산하는 창조 능력에 주목

㉡ 지능 구조의 3차원적 입체 모형 제시

내용 차원	시각·청각·상징·의미·행동
조작 차원	평가·수렴적 조작·확산적 조작·기억(파지 및 저장)·인지
결과 차원	단위·분류·관계·체계·전환·함축

② 새로운 지능 모델

㉠ 종래 지능 검사로 측정할 수 없는 인간의 지적 영역이 있다고 주장

㉡ 지능과 함께 창의성에 주목하여 차이 정립

지능	추론과 관찰을 통해 문제 해결에 적절한 해법을 끌어내는 수렴적 사고 측정
창의성	새로운 사고방식이나 문제 자체를 생성하는 확산적 사고 필요

㉢ 수렴적 사고와 확산적 사고

수렴적 사고	아는 지식과 정보를 통한 문제 해결 능력으로, 성적과 깊은 관련
확산적 사고	이미 아는 지식·정보 외에 새롭고 다각적인 문제 해결 방식 창출 능력

㉣ 지능과 창의성의 관계

> • 지능이 높다고 반드시 창의성이 높지 않음 : 지능과 창의성은 전혀 다른 지적 능력
> • 높은 지능과 창의성은 비례하지 않음 : 넓은 지능 범위에서 창의성 높은 사람 분포
>   → 지능이 어느 정도 낮은 사람이라도 창의성이 있을 수 있음
> • 하지만 창의적 활동에 지능이 전혀 작용하지 않는다고는 할 수 없음
> • 지능에 의한 지식·기능이 뒷받침되지 않는 한 창의성은 성립하지 않음
>   → 창의성을 가지기 위해서는 평균 이상의 지능 필요

(4) 카텔(Cattell)과 혼(Horn)의 위계적 요인설 : 유동성 지능과 결정성 지능으로 구분

유동성 지능 (Fluid Intelligence)	• 생득적 지능으로, 유전·신경생리적 영향에 의한 발달 • 새로운 상황에 적응할 때 필요한 능력 • 기억력·추리력·추론 능력 등
결정성 지능 (Crystallized Intelligence)	• 환경적·문화적 영향에 의해 발달 • 경험 누적으로 형성되며 과거 학습 경험을 고도로 활용한 판단력

(5) 가드너(Gardner)의 다중지능이론

① 전통적 지능이론이 지능의 일반적 측면을 강조하는 데 반해, 가드너는 문제 해결 능력과 함께 특정 사회적·문화적 상황에서의 산물 창조 능력 강조

② 각 지능은 일반 지능 같은 단일 능력이 아닌 다수 능력으로 구성

③ 능력의 상대적 중요도는 서로 동일

④ **7가지의 독립된 지능으로 구분**

> • 언어 지능(Linguistic Intelligence)
> • 논리-수학 지능(Logical-Mathematical Intelligence)
> • 공간 지능(Spatial Intelligence)
> • 신체-운동 지능(Bodily-Kinesthetic Intelligence)
> • 음악 지능(Musical Intelligence)
> • 대인관계 지능(Interpersonal Intelligence)
> • 개인 내적 지능(Intra Personal Intelligence)

⑤ **다양한 지능의 존재 가능성**

> • 자연 탐구 지능(Naturalist Intelligence)
> • 실존적 지능(Existential Intelligence)
> • 도덕적 감수성(Moral Sensibility)
> • 성적 관심(Sexuality)
> • 유머(Humor)
> • 직관(Intuition)
> • 창의성(Creativity)

(6) 스턴버그(Sternberg)의 삼원지능이론 21 기출 : 개인의 내부 세계와 외부 세계에서 비롯되는 경험 측면에서 3가지 지능으로 구분

성분적 지능	새 지식을 획득하여 논리적 문제 해결에 적용하는 분석적 능력이자 정보 처리 능력
경험적 지능	직관력과 통찰력을 통해 새로운 문제를 신속하게 처리하는 능력으로서 정보 처리의 자동화 능력을 포함한 창의적 능력
상황적 지능	현실 상황에 대한 적응 및 환경과의 조화를 이루는 융통적·실용적인 능력으로서 자신에게 더 맞는 환경 선택에 요구되는 능력

3 유전과 환경이 지능에 미치는 영향

(1) 유전 요인

① **유전계수** : 개인 간 지능지수 차이에서 유전 요소가 차지하는 비율

② **지능의 유전계수**

㉠ 부모와 자식이 0.50, 일란성 쌍둥이는 0.90, 이란성 쌍둥이는 0.55

㉡ 100% 같은 유전자를 공유하는 일란성 쌍둥이는 각자 다른 환경에서 자라도 유사한 지능을 보이고 유전계수는 특정 집단에 따라 달라짐

→ 부유한 환경의 아동 간 지적 차이는 풍요로움이라는 공통 환경으로 유전계수가 높으며, 환경 차이가 다양한 집단은 유전계수가 낮음

㉢ 아동은 유전과 환경의 영향을 모두 고려할 수 있다는 점에서 유전계수 50%를 보임

㉣ 성인은 자아 발달로 환경 영향을 덜 받는다는 점에서 70%로 아동보다 높음

(2) 환경 요인

① 다른 환경에서 자란 일란성 쌍둥이가 지능검사에서 유사한 결과를 보이거나 양자가 길러준 부모보다 낳아준 부모의 지능과 유사함을 보이듯 지능에서 유전의 영향은 지배적

② 같은 가정에서 자란 일란성 쌍둥이가 지능 검사에서 더 유사한 결과를 보이는 등 양육·교육 같은 환경의 영향도 능력 발달에 영향을 준다는 사실이 여러 연구에서 밝혀짐

③ 많은 학자들이 유전인자가 지능의 상한과 하한의 잠재력을 결정하고 그 범위 안에서 환경적 요인이 작용하여 실제 개인이 발휘하는 지능이 정해진다고 봄

제 2 절　측정

1 능력 검사의 분류

(1) 적성 대 성취

① **적성**

㉠ 일반 지식이나 특수 기술을 습득·숙달할 수 있는 개인의 잠재력으로, 학업 성적·직업 적성 등 포함

㉡ 적성 검사 : 인지적 검사

• 개인의 특수 능력 또는 잠재력 발견하도록 하여 학업·취업 등 진로 결정에 정보를 제공하고, 이를 통한 미래의 성공 가능성을 예측

• 분류 : 크게 직업·진학·예술 적성 검사 및 준비도 검사(Readiness Test)로 구별

② **성취**

  ㉠ 측정 대상 : 개인의 현재까지 축적된 과거 경험

  ㉡ 성취도 검사 : 훈련(Training)이나 수업(Instruction) 등 체계화된 교수를 통해 학습된 기술 및 지식 측정

(2) 일반성 대 특수성(검사의 목적)

① **일반성**

  ㉠ 심리 검사는 개인은 물론 집단의 일반적 경향 파악

  ㉡ 특정 집단의 심리 성향이나 행동 양상 연구를 통해 그 집단의 특징을 기술하고 인과관계를 규명

② **특수성**

  ㉠ 미래 행동 예측 : 능력 검사 결과를 토대로 개인 간 상호 비교를 통해 특정 개인이 수행할 행동을 확률적으로 예측

  ㉡ 개성 및 적성 발견 : 진로 적성 및 학업 성취도의 객관적 제시로 개성과 적성을 발견하여 개인의 발전을 꾀함

2 좋은 검사의 요건

(1) 개인차의 예리한 변별

① **심리학적 측정(Psychological Measurement)**

  ㉠ 심적 현상을 수량적으로 관찰·정리하는 연구법 총칭

  ㉡ 지능·학력·적성·인격 등 심리 특성의 개인차 측정 수단으로, 심리검사법이라고 함

② **개인차의 정확한 측정 위한 조건**

  ㉠ 문제·과제 등 측정 재료를 미리 정함

  ㉡ 실시 방법을 미리 정함

  ㉢ 교시 방법을 미리 정함

  ㉣ 결과 처리 방법을 미리 정함

  ㉤ 결과가 객관적인 척도로 표시되어야 함(표준화)

(2) 표준화된 검사

① **표준화 검사** : 검사 실시부터 채점·해석까지의 과정을 단일화·조건화하여 검사의 제반 과정에서 검사자의 주관적 의도나 해석이 개입될 수 없도록 하는 것

② 검사의 표준화는 검사의 제반 과정에 대한 일관성 확보를 위한 노력

③ 검사 절차의 표준화
 ㉠ 검사 실시 상황이나 환경 조건에 대한 엄격한 지침 제공
 ㉡ 검사자의 질문 방식이나 수검자의 응답 방식까지 구체적으로 규정
 ㉢ 시·공간의 변화에 따라 검사 실시 절차가 달라지지 않도록 하는 것

(3) 신뢰도의 종류 18 기출

신뢰도	측정하고자 하는 현상을 일관되게 측정하는 능력, 즉 측정 도구를 응답자에게 반복 적용했을 때 일관된 결과가 나오는 정도
검사-재검사 신뢰도	• 동일한 측정 도구를 동일한 사람에게 시간차를 두고 두 번 조사하여 그 결과를 비교 • 신뢰도는 두 차례 점수에 대한 상관계수를 계산하여 평가
동형검사 신뢰도	• 새로 개발한 심리 검사의 유용성 판단을 위해 두 개의 유사 측정 도구를 만들어 각각 동일한 집단을 대상으로 차례로 실시하여 두 검사 간 상관계수를 구하는 방법 • 높은 신뢰도 계수를 얻을수록 그 검사의 신뢰도가 높다는 의미
반분신뢰도	• 검사를 한 번 실시한 후 이를 적절한 방법에 의해 두 부분의 점수로 분할하여 각각을 독립된 두 개의 척도로 사용함으로써 신뢰도를 계산 • 두 집단의 결과 비교하고 상관계수를 계산하여 신뢰도 측정
내적 합치도	• 한 측정 도구의 모든 문항 간 상관계수를 근거로 신뢰도 측정 • 이때 얻을 수 있는 값을 크론바흐(Cronbach)의 알파라고 함 • 반분법에서 두 부분의 상관관계를 각 질문의 상관관계로 연장한 것으로 볼 수 있음

(4) 타당도의 종류 22 기출

내용타당도	• 측정 도구(과제나 문항)가 측정하는 구성 개념 영역을 얼마나 잘 대표하는지에 관한 것 • 전문가의 검사를 받거나 검사 내용이 구성 개념의 전체 내용에서 뽑힌 만족할 만한 표본이라는 판정을 받으면 내용타당도가 있다고 판단
기준타당도	• 특정한 측정 도구의 측정값을 이미 타당도가 경험적으로 입증된 기준이 되는 측정 도구의 측정값(외적 준거)과 비교하여 나타난 관련성의 정도 • 기준타당도를 시제로 분류하면 동시타당도와 예언타당도로 나눌 수 있음 ┌─────────┬──────────────────────────────────────┐ │ 동시타당도 │ 검사 점수와 준거 점수를 동일한 시점에서 수집 │ │ 예언(예측)타당도 │ 검사 점수와 예측 행동 자료를 일정한 시간을 두고 수집 │ └─────────┴──────────────────────────────────────┘
구인(개념) 타당도	• 검사가 측정하려는 이론적 개념이 검사에서 실증되는 정도로 타당성 평가 • 다른 타당도보다 복잡하며 장기간에 걸친 자료 수집이 필요 • 검사 점수와 검사에서 측정하려는 변인과의 관계를 검토할 뿐 아니라 검사가 측정하고자 하는 영역과 직접적 관계가 없는 변인과의 관계도 검토

🖐 체크 포인트

상관계수 18 기출

• 두 측정 변인이 서로 얼마나 밀접하게 연관되어 있는지를 나타냄
• −1.0에서 1.0 사이의 값을 가짐
• 정/부 관계없이 계수가 커짐에 따라 한 측정치 값이 다른 측정치 값을 더 잘 예측한다고 봄

3 지능 검사

어떤 일이나 활동에 필요한 일반적 지능과 정신 능력을 측정(일반 능력 검사)

(1) 비네 검사(Binet Scale) : 1905년 프랑스의 비네(Binet)가 고안한 최초의 체계적 지능 검사

(2) 스탠포드-비네(Stanford-Binet) 검사

① 1916년 미국 스탠포드 대학에서 비네 방식을 미국 문화에 부합하도록 수정하여 제시
② 처음으로 지능지수(IQ ; Intelligence Quotient) 개념을 사용
③ 스탠포드-비네 검사에서 산출되는 지능지수를 비율 IQ라고 함
④ 비율 IQ 적용은 20세 이전 사람에게만 적합
⑤ 1986년 제4판이 출간되었으며, 5,000명을 대상으로 표준화가 이루어짐
⑥ 우리나라에서는 고대-비네 검사로 번안
⑦ **비율지능지수**
  ㉠ 수검자의 지적 능력으로, 정신연령(Mental Age)을 생활연령(Chronological Age)으로 나누고 100을 곱하여 산출

$$비율지능지수(IQ) = \frac{정신연령(MA)}{생활연령(CA)} \times 100$$

  ㉡ 단점
   • 생활연령의 지속적 증가에도 정신연령은 대략 15세 이후로 증가하지 않음을 간과하여 15세 이후 청소년이나 성인을 대상으로 하는 검사로는 부적합
   • 생활연령 수준에 따른 정신연령 범위의 증감폭을 고려하지 못하여 다른 연령대 대상자와의 비교 곤란

(3) 웩슬러(Wechsler) 성인용 지능 검사

① 스탠포드-비네 검사에서 적용하던 비율지능지수의 한계에 대한 인식에서 비롯
② **편차지능지수**
  ㉠ 개인의 어떤 시점 지능을 동일 연령대 집단에서의 상대적 위치로 규정한 지능지수
  ㉡ 개인의 지능 수준을 동일 연령대 집단의 평균치와 대조하면, 이탈 정도를 통해 상대적 위치가 나타나므로 개인의 점수를 동일 연령의 다른 사람과 직접 비교 가능

$$편차지능지수(IQ) = 15 \times \frac{개인점수 - 해당 \ 연령 \ 규준의 \ 평균}{해당 \ 연령 \ 규준의 \ 표준편차} + 100$$

  ㉢ 동일 연령을 대상으로 검사를 실시하여 평균 100, 표준편차 15를 적용·산출

③ K-WAIS-III : 11개 소검사

언어성 검사(Verbal)		동작성 검사(Performance)	
• 기본 지식	• 숫자 외우기	• 빠진 곳 찾기	• 차례 맞추기
• 어휘 문제	• 산수 문제	• 토막 짜기	• 모양 맞추기
• 이해 문제	• 공통성 문제	• 바꿔 쓰기	

④ WAIS-IV : 15개 소검사

구분	언어 이해	지각 추론	작업 기억	처리 속도
핵심 소검사	공통성 어휘 상식	토막 짜기 행렬 추리 퍼즐	숫자 산수	동형 찾기 기호 쓰기
보충 소검사	이해	무게 비교 빠진 곳 찾기	순서화	지우기

✏ 연습 문제

다음 중 한국형 웩슬러 지능검사(K-WAIS-IV)에 관한 설명으로 옳지 않은 것은?

① 편차지능지수를 사용한다.

② 언어 이해·지각 추론·작업 기억·처리 속도로 이루어져 있다.

③ 평균은 100, 표준편차는 12를 적용하여 산출한다.

④ 처리 속도 소검사에는 동형 찾기·기호 쓰기·지우기가 있다.

해설 평균은 100, 표준편차는 15를 적용하여 산출한다.

정답 ③

제 9 장 성격과 측정

제 1 절 성격

1 정의

(1) 성격(Personality)

① 한 개인을 특징짓는 통합되고 조직화된 행동

② 행동 특징·동기, 발달 과정 등에 의해 다른 개인과 구별되는 개인의 독특한 심리적 특징

③ 개인이 환경과의 상호작용을 통해 드러내는 독특하고 일관된 전체적 특징

④ 독특성·안정성을 특징으로 하며, 인성 내용을 포함

(2) 인격(Personality)

① 도덕적으로 옳은 행위를 하는 경향의 인품 좋은 사람을 가리킬 때 사용

② 심리학이나 정신의학 분야에서의 인격은 도덕적 가치판단을 포함하지는 않음

(3) 기질(Temperament)

① 성격과 비슷한 개념으로 혼동하기 쉬우나 기질은 정서적 특성을 띰

② 자극에 대한 감정적 반응 강도·경향, 신경계통이나 내분비 등에 관련된 유전 요소 강조

2 성격 결정 요인

(1) 유전자 결정론

① 태어나면서 가지는 유전자(체질·기질)에 따라 성격과 사회 적응성이 결정된다는 입장

② **문제점**: 학습·교육·대인관계·환경 등 후천적 요인을 과소평가하고, 개인의 자유의지와 도덕적 책임을 경시한다는 비판을 받음

(2) 환경 결정론

① 유전자 결정론과 반대로 후천적 환경 요인만으로 성격과 사회 적응성이 결정된다는 입장

② 선천적 성격과 능력을 경시하고, 현 시점에서의 환경·자극만으로 행동 생성·변화를 설명하려 함

(3) 유전적 요인과 환경적 요인의 상호작용설 : 현재 지지받는 이론으로, 성격은 선천적 유전과 기질을 바탕으로 후천적 경험과 인지 변용이 더해지며 단계적으로 형성된다는 이론

제 2 절   성격 연구 이론

1 특성이론(특질이론) : 주로 영국과 미국에서 발달

(1) 여러 상황에서 일관적으로 나타나는 행동 경향을 특성(Trait)이라고 함

(2) 특성을 인격을 구성하는 단위로 규정하여 각 특성의 조합으로 개인 성격을 기술하고 이해하는 방법

(3) 관련 이론

① **올포트(Allport)** 18 기출

  ㉠ 성격은 각 개인의 정신적·신체적 체계 안에서 변화·성장하는 하나의 체계로, 그 사람의 특징적 사고와 행동을 결정해주는 역동적 조직

  ㉡ 아동기에서 청소년기에 걸친 고유자아의 발달 단계를 7단계로 제시

  ㉢ 성격의 일관성을 강조하며, 생의 초기부터 아동·성인으로 성장함에 따라 더욱 뚜렷해짐

  ㉣ 성격이 인생에 미치는 영향력에 따라 다음과 같이 구분함

주특성 (Cardinal Trait)	소수만 가지며, 개인의 모든 행위를 지배하는 강력한 동기
중심특성 (Central Trait)	• 개인의 사고와 여러 행동에 널리 영향을 주는 성격의 핵심 • '다정하다', '쌀쌀맞다'와 같은 중심어로 규정
이차특성 (Secondary Trait)	일관적이지만 행동에 강력한 영향을 미치지 못하며 제한된 상황에 적용

② **카텔(Cattell)**

  ㉠ 특성 차원을 찾아내는 방법으로 통계학적 요인 분석 방법 사용

  ㉡ 표면특성과 원천특성으로 구분

표면특성(Surface Trait)	겉으로 보이는 구체적 행동 중 일관성·규칙성을 보이는 것
원천특성(Source Trait)	행동의 기저에 있는 더 안정적 특성

ⓒ 16성격 요인 검사(16PF ; Sixteen Personality Factor Questionnaire) : 성격 특성과 연관된 4,500개 개념에서 최소 공통 요인을 추출하여 16개 요인 발견

③ **아이젱크(Eysenck)** 21 기출 : 요인 분석법을 사용하여 성격 특성을 다음 요인으로 설명

내향성-외향성(Introversion-Extraversion)	개인의 각성 수준을 나타냄
신경증적 경향성(Neuroticism)	정서적 예민성 · 불안정성을 나타냄
정신병적 경향성(Psychoticism)	공격성 · 충동성 · 반사회성을 나타냄

④ **코스타와 맥크레이(Costa&McCrae)** : 성격의 5요인 모델(Big Five) 22, 18 기출

ⓐ 성격의 주요 특질을 설명하는 5요인을 통해 성격을 더 포괄적으로 이해하려는 시도

ⓑ 성격이 사람의 일생을 통해 거의 변하지 않는다는 사실을 보여줌

ⓒ 성격 차이는 정도의 문제일 뿐 질적 문제가 아니라는 입장에서 성격의 양적 측정 중시

ⓓ 양적 측정 : 성격 특질을 상세히 파악하고, 개인차 비교에 용이하나 개인의 독자성 파악에는 부적합

ⓔ 성격의 5요인

요인명	내용
신경증	불안 · 적대감 · 우울 · 자의식 · 충동 · 심약성
외향성	온정 · 사교성 · 자기 주장 · 활동성 · 자극 추구 · 긍정적 감정
개방성	상상 · 심미 · 감정 개방 · 행동 개방 · 사고 개방 · 가치 개방
수용성	신뢰 · 정직 · 이타심 · 순응성 · 겸양 · 동정
성실성	능력감 · 질서 · 충실성 · 성취 동기 · 자기 통제 · 신중성

2 현상학적 이론

(1) 현대 카운슬링의 아버지라 불리는 로저스(Rogers)로 대표되는 성격이론

(2) 인간에게는 주관적 현실 세계만 존재함

(3) 모든 인간의 행동은 개인이 세계를 지각하고 해석한 결과라고 봄

(4) 인간은 자신의 삶의 의미를 능동적으로 창조하며 주관적 자유를 실천함

(5) 자기실현 경향, 즉 미래 지향성은 인간의 가장 기본적인 동기임

(6) 주요 개념

현상학적 장 (Phenomenal Field)	타인이 모르는 개개인의 경험적 세계 또는 주관적 경험으로, 특정 순간에 개인이 지각하고 경험하는 모든 것
자기개념 (Self Concept)	자기 자신을 대상(객체)으로 보고 현재 자신이 어떤 존재인지 의식화·개념화한 것
자기일치 (Self Congruence)	• 자기개념과 유기체적 경험(실제의 경험)이 일치된 상태 • 자기일치가 달성되면 자기개념에 대한 위화감 해소, 일상생활과 대인관계에 의욕적
자기실현 (Self Actualization)	인간은 자기실현 과정을 통해 삶의 의미를 찾고 주관적 자유를 실천함으로써 점진적으로 완성

🖐 체크 포인트

현상학의 영향을 받은 인간중심 상담(내담자 중심 요법)
• 1940년대 초 미국의 로저스가 창안했으며, 인본주의 심리학에 근간을 둔 비지시적 상담
• 인간은 중요한 일을 스스로 결정하고, 문제를 해결할 수 있는 능력이 있다는 점 강조
• 인간의 삶은 수동적이 아닌 능동적인 과정
• 인간은 합목적적·전진적·건설적·현실적 존재인 동시에 신뢰할만한 선한 존재
• 자기개념(자신에 대한 이미지)과 불일치하는 체험을 했을 때 인간은 혼란스러워 하는데, 이러한 자기 불일치 상태에서 자기일치로 바꾸는 것이 치료의 목적
• 상담자의 기본 태도
  - 일치성과 진실성
  - 공감적 이해와 경청
  - 무조건적 배려 또는 존중

---

3 개인심리이론[아들러(Adler)]

(1) 무의식이 아닌 의식이 성격의 중심이며, 성적 동기보다 사회적 동기에 의해 동기화

(2) 인간 행동과 발달을 결정하는 것은 보편적 열등감과 이를 극복하려는 권력에의 의지, 즉 '우월의 요구'임 **18 기출**

(3) 주요 개념

열등감과 보상	열등감은 동기 유발의 근거로 작용하여 보상을 위한 노력·연습으로 이어짐
우월을 향한 노력	우월은 모든 인간의 선천적 기본 동기로서, 열등감을 보상하려는 욕구에서 나옴
사회적 관심	이상적 공동사회를 달성하려는 성향, 개인의 목표를 사회적 목표로 전환하는 것
생활양식	인생 목표·자아개념·성격·문제 대처 방법·행동·습관의 독특한 형태 등 삶에 전반적으로 적용되어 상호작용하는 통합 양식
창조적 자아	자아의 창조적인 힘이 인생 목표와 목표 추구 방법 결정하며 사회적 관심을 발달시킴
가상적 목표	개인의 궁극적 목적은 가상의 목표이며, 이는 미래에 실재하는 어떤 것이 아닌 현재의 행동에 영향을 미치는 미래에 대한 기대로서의 이상을 의미
가족형상	가족성원 간 관계·정서적 유대·가족 크기·성적 구성·출생 순위 등은 개인의 성격 형성에 지대한 영향을 미침

제 3 절 성격의 측정

1 성격 검사의 정의

개인의 선천적·후천적 요소의 상호작용으로 나타나는 일관된 특징으로서의 성격(Personality)을 측정하는 것

2 자기보고법(질문지법)

(1) 성격·행동에 관한 질문에 답하게 하여 그 결과를 일정 기준에 따라 정리하는 방법

(2) 특징

① 미리 설정된 선택지에서 해당하는 것을 고르는 방법과 자유롭게 기술하는 방식이 있음
② 한 번에 많은 대상자에게 실시할 수 있으며 결과 정리가 간편함
③ 실험자의 주관적 해석이 들어가기 어려움
④ 대상자가 회답을 의도적으로 왜곡할 우려가 있거나, 독해 능력에 문제가 있을 경우 부적절함

(3) 유형

MMPI	• 미네소타 다면적 인성 검사(Minnesota Multiphastic Personality Inventory) • 가장 널리 쓰이고 가장 많이 연구된 객관적 성격 검사 • 대표적 자기보고식 검사로서, 실시·채점·해석이 용이하고 시간과 노력을 절약할 수 있음 • 피검자는 각 문항에 '그렇다' 혹은 '아니다'의 두 가지 답변 중 하나 선택 • 550개 문항 중 16개의 문항이 중복(총 566개의 문항으로 구성) • 중복된 16개 문항은 수검자의 반응 일관성을 확인하기 위한 지표로 사용
Y-G	• Yatabe-Guilford 성격 검사 • 길포드의 인격특질이론을 바탕으로 일본의 야타베[矢田部]가 작성 • 인지분석에 따라 12개 하위척도를 선정하고, 척도마다 10문항씩 모두 120문항으로 구성 • '네', '아니오', '잘 모르겠음'으로 응답하며, 시행이 간편하고 다면적 성격 진단 가능 • 검사 결과를 의도적으로 왜곡하는 피검자의 허위반응에 취약
EPPS	• Edwards Personal Preference Schedule 성격 검사 • 에드워즈가 머레이(Murray)의 사회적 욕구이론을 바탕으로 작성 • 수검자의 특징적 욕구나 취향을 측정하는 검사 • 15가지 특성 측정: 달성·추종·질서·현시·자율·친화·내면 인지·구호·지배·내벌(內罰)·양호·변화·지구·이성애·공격 • 사회적으로 바람직한 내용을 동등하게 포함한 한 쌍의 항목 중 하나를 강제로 응답하게 하여 수검자가 실제 자신보다 긍정적 응답을 하는 사회적 바람직성 편향 제어 가능
MBTI	• 마이어스-브릭스 성격 유형 검사(Myers-Briggs Type Indicator) • 인간의 건강한 심리에 기초를 두어 만들어진 심리 검사 도구 • 성격의 선천적 선호성을 알려주는 검사로서, 성격 유형을 총 16가지로 분류·제시

3 투사법

(1) 인간의 심리가 투사되는 현상을 이용하여 개발한 성격 검사 기법

※ 투사(Projection): 무의식적 충동·감정·사고·태도를 다른 대상에 돌려, 긴장을 해소하는 방어기제

(2) 불완전한 그림·형태·언어를 제시한 후 수검자의 반응을 해석하고, 행동·성격의 무의식적 부분을 파악

(3) 잉크 자국이나 무의미한 형상·그림·사진 같은 애매한 자극에 대한 피검자의 자유로운 반응을 분석·해석하여 성격 측정

(4) 심층·무의식을 다루므로 질문지법에서 얻을 수 없는 다양한 의외의 반응 파악 가능

(5) 장점

① 개인의 전체적·역동적 성격, 의식뿐 아니라 무의식까지 파악 가능
② 일정 방향으로 고의적으로 반응이 왜곡되는 것을 막을 수 있음

(6) 단점

① 결과의 해석이 용이하지 않으며 검사자의 높은 전문성과 경험·통찰력을 요구

② 수검자와 개인 면담으로 이루어지는 경우가 많아 실시에 시간과 비용이 많이 듦

(7) 유형

주제통각 검사 (TAT)	• 수검자가 동일시할 수 있는 인물·상황을 그림으로 제시하고 반응 양상 분석·해석 • 그림에 대한 반응을 통해 수검자의 성격·정서·갈등·콤플렉스 등 이해하고, 내적 동기와 상황에 대한 지각 방식 등에 대한 정보 획득 가능 • 가족관계 및 남녀관계 같은 대인관계 상황에서의 욕구 내용 및 위계·원초아(Id)·자아(Ego)·초자아(Super Ego)의 타협구조 등 파악 가능
로르샤흐 검사 (Rorschach Test) 22 기출	• 스위스 정신과 의사 로르샤흐가 고안한 인격 검사 • 잉크를 무작위로 흘린 좌우대칭 그림을 제시하고 그에 대한 수검자의 반응 측정 • 검사 과제가 성격의 어떤 경향을 보는지 알 수 없으므로 응답을 왜곡하기 어려움 • 수검자의 지적·정서적 측면이나 충동의 통제 능력·대인관계 특징 등 다각적 측면 파악 • 주관적 검사로서, 신뢰도·타당도가 검증되지 않아 객관성 측면에서는 부적합
바움 테스트 (Baum Test)	• 본래 감춰진 심층 의식을 그림을 통해 구체화함으로써 성격이나 심리 상태 파악 • 다양한 연령층과 언어 표현이 곤란한 사람의 지적 능력·발달 진단 등에도 활용 가능 • 심리 상담·직업 적성·정신 장애 및 지적 장애 조기 발견, 심리 요법 효과 측정 등에 폭넓게 쓰임 • 내면적 갈등이나 무의식의 바람을 회화로 표현하여 감정 정화(카타르시스) 효과를 얻는 예술 요법(Art Therapy) 요소
HTP 검사	• 집, 나무, 사람(House-Tree-Person)을 그린 그림을 통해 검사 • HTP의 투사적 상징 | 집	가정생활 등 개인생활의 물리적 환경과 가족 관계에 대한 태도
나무	대인관계·타인에 대한 감정·신체상(Body Image)·자기상(Self Image)
사람	더욱 의식화된 자아상이며, 때로는 양육자	

체크 포인트

그 밖의 검사 유형 18 기출

• 성취 검사 : 특정 영역에서의 성취도 측정과 개인의 학력·학습 정도 측정이 대표적

• 적성 검사 : 특정 직업이나 학업에 대하여 적합한 소질을 가지는지를 측정하는 검사

• 태도 검사 : 특정 자극에 보이는 개인의 정서적 반응이나 가치판단 등을 나타내는 태도(Attitude) 측정

태도 척도	• 어떤 사물이나 현상에 대한 개인의 행동을 측정하는 데 쓰이는 척도 • 서스톤 척도, 거트만 척도, 리커트 척도 등
태도 검사 문항	• 질문 내용에 대한 방향성(예/아니오)이나 강도(강함/약함) 등으로 제시 • 용어나 문장 표현에 따라 응답자의 응답에 변화를 보이기도 함

• 정서 검사 : 심리적 감정·기분 등을 측정하는 검사로, 우울증이나 ADHD(주의력 결핍 과잉 행동 장애) 판정 등에 사용

☑ 연습 문제

다음 중 Y-G(Yatabe-Guilford) 성격 검사에 대한 설명으로 옳지 않은 것은?

① 길포드의 인격특질이론을 바탕으로 일본의 야타베[矢田部]가 작성하였다.

② 피검자는 '그렇다' 혹은 '아니다'의 두 가지 답변 중 하나를 선택한다.

③ 인지 분석에 따라 12개 하위척도를 선정한다.

④ 검사 결과를 의도적으로 왜곡하는 피검자의 허위반응에 취약하다.

[해설] 미네소타 다면적 인성 검사(MMPI), Y-G 성격 검사는 '네', '아니오', '잘 모르겠음'으로 응답한다.

[정답] ②

1 욕구좌절(Frustration)

욕구로 동기화된 목적이 다른 조건(장애)에 의해 저지되어 대신할 목표를 설정하거나 요구 수준을 낮췄음에도, 당초 목표를 포기할 수 없어 욕구불만이 지속되고 불쾌·불안·긴장을 느끼는 상태

	외적 원인	내적 원인
결핍	욕구만족 대상이 본래 없는 것 예 식량 결핍·친구의 탐나는 물건 등	욕구만족에 필요한 기능이 결여된 것 예 신체적 결함·능력 결여 등
상실	욕구만족 대상을 잃는 것 예 애인과의 이별·실직 등	욕구만족에 필요한 기능을 잃는 것 예 질병·부상 등
갈등	외적 장애로 심리적 갈등이 발생하는 것 예 우천으로 야외 활동이 취소된 경우	양심·자기억제로 인해 본래 욕구 사이에 갈등 발생

2 갈등

(1) 상반되거나 양립할 수 없는 목표를 동시에 추구하여, 여러 욕구 중 어느 것을 선택할지 고민
(Conflict Situation)

(2) 4가지 형태[레빈(Lewin)]
　① **접근–접근 갈등** : 양자 모두 매력적이나, 한쪽을 선택하면 다른 한쪽을 단념해야 하는 상황
　　예 집에서 취미생활을 할 것인가, 야외에 나가 기분전환을 할 것인가
　② **회피–회피 갈등** : 양자 모두 바람직하지 않지만 한쪽을 피하려면 다른 한쪽을 선택하지 않을 수 없는 상황
　　예 어머니께 야단맞고 싶지 않으나, 방 정리는 하기 싫은 상황
　③ **접근–회피 갈등** : 동일 대상에 긍정요소와 부정요소가 함께 있거나 긍정 대상에 도달하기 위해 부정적인 것을 거쳐야 하는 상황
　　예 주사를 맞지 않으면 감기가 낫지 않는 것 **18 기출**

④ **다중접근-회피 갈등** : 접근-회피 갈등의 확장으로서, 두 선택 대상에 각각 다른 장단점이 있을 때 대상을 하나 선택해야 하는 상황

㉠ 비싼 새 집을 살지 값싼 중고 집을 살지 고민하는 경우

✏ 연습 문제

갈등의 4가지 형태 중 접근-회피 갈등에 관한 설명으로 옳은 것은?

① 양자 모두 매력적이지만, 한쪽을 선택하면 다른 한쪽을 단념해야 하는 상황
② 양자 모두 바람직하지 않지만 한쪽을 피하려면 다른 한쪽을 선택하지 않을 수 없는 상황
③ 동일 대상에 긍정요소와 부정요소가 함께 있는 경우 부정적인 것을 거쳐야 하는 상황
④ 두 선택 대상이 각각 다른 장점과 단점이 있는 경우 하나의 대상을 선택해야 하는 상황

[해설] ① 접근-접근 갈등, ② 회피-회피 갈등, ④ 다중접근-회피 갈등
[정답] ③

---

3 **스트레스** : 환경 자극으로부터 발생하는 긴장 또는 피로 상태

(1) 스트레스 요인[스트레서(Stressor)] : 스트레스의 원인이 되는 자극

물리 · 생물 · 화학적 요인	소음, 진동, 온도, 습도, 날씨, 악취 등
사회적 요인	사회적 역할(성역할 · 직무 · 부모 등), 인간관계 등
신체적 요인	생리적 욕구, 발열, 통증, 피로감 등
심리적 요인	두려움, 불안, 초조함, 열등감 등

(2) 일반 적응 증후군[셀리에(Selye)] : 신체가 스트레스를 받는 유해 상황에서 자신을 방어하려는 일반화된 시도로, 3단계로 나타남

1단계	경고 반응	단기적 반응으로, 힘 극대화 및 활성화와 투쟁-도피 반응 준비
2단계	저항	스트레스원에 대한 적응으로, 지속 시 질병 단계 발현
3단계	소진	저항 능력의 고갈되어 질병이 발생하거나 사망 가능

> ### ✋ 체크 포인트
>
> **불안(프로이트)**
> - 현실 불안(Reality Anxiety) : 객관적 불안(Objective Anxiety)이라고도 함. 외부 세계의 실제 위협 지각으로 발생하는 감정적 체험을 말함
> - 신경증적 불안(Neurotic Anxiety) : 자아(Ego)가 본능적 충동인 원초아(Id)를 통제하지 못할 경우 발생할 수 있는 불상사에 대해 위협을 느낌으로써 나타남
> - 도덕적 불안(Moral Anxiety) : 양심에 의한 두려움과 연관됨. 자아(Ego)가 초자아(Super Ego)의 처벌 위협을 받는 경우 발생함

제 2 절 적응 방법

1 직접 대처(Coping)

스트레스 요인이 스트레스로 발전하지 않도록 해결하는 행동양식

(1) 문제중심 대처(적극행동형) 18 기출
① 원인을 명확히 하고 정보를 수집하고 해결책을 고안하여 환경 및 자신을 적극 변화시키려는 노력
② 외부 환경을 다루고 환경 자체나 상호작용 방식 변경에 초점을 두는 전략
③ 자기 절제적 대처 : 적절한 시간이 오기까지 행동을 자제하고 기다림
④ 타인으로부터 도구적 지원 : 개인의 행동이 스트레스원에 영향을 미칠 수 있다고 믿을 때 흔히 사용되며, 타인의 구체적 조언·도움·정보를 구함
⑤ 유형
   ㉠ 경험에 비추어 해결 방법 모색
   ㉡ 계획 수립·실행
   ㉢ 상황을 바꿔 자신에게 유리한 조건 만듦
   ㉣ 문제해결을 위해 적극적으로 행동
   ㉤ 여러 가지 문제 해결 방법 시도
   ㉥ 바라는 바를 이루기 위해 노력
   ㉦ 스스로를 바꾸어 문제 해결
   ㉧ 전문가 상담을 받고 지시에 따름

(2) **정서중심 대처** : 스트레스 요인보다 그로 인한 부정적 정서를 경감

    ① 불쾌한 체험을 경험으로 삼고, 잘 될 것이라 믿으며 지나치게 걱정하지 않음

    ② 타인의 고무·도덕적 지지·동정·이해를 구하고, 상황과 타협하여 직면 상황에서 좋은 면을 찾음

    ③ 최선이 아니라도 차선을 받아들이고, 스트레스원에서 주의를 돌려 다른 활동(스포츠 등)을 해 봄

(3) **사회적 지지** : 친구와 상담하여 공감과 이해를 구하거나, 문제 해결에 도움을 줄 사람에게서 정보 습득

(4) **회피** : 다른 사람에게 화풀이하거나 먹는 것으로 긴장을 풂. 고비만 넘기면 괜찮을 것으로 생각하고 문제를 회피하지 못한 것을 후회함. 문제의 원인이 되는 사람에게 화를 냄

2 방어기제(프로이트)

불안이나 내적·외적 위험 및 스트레스 요인 인식에서 마음을 지키는 심리 과정

퇴행	곤란한 상황에 직면했을 때 과거 미숙했던 행동으로 돌아가는 것	도피형
부정	의식화되는 경우 감당하기 어려운 고통·욕구·충동·현실을 무의식적으로 부정	
동일시	자기가 좋아하거나 존경하는 대상과 자기 자신을 같은 것으로 인식	
격리	고통스러운 기억에 동반된 부정적 감정을 의식에서 격리하고 무의식 속에 억압	
도피	갈등 상황을 회피하여, 불안·긴장·공포로부터 자신을 지키려 함 예 약물 남용	
반동형성	무의식적 소망·충동을 본래 의도와 달리, 반대되는 방향으로 바꾸는 것	대체형
주지화	불안을 일으키는 감정을 의식화하지 않고 이성적으로 접근하여 정서 혼란 방지	
승화	성·공격 추동 등 사회적 용납 불가 욕구를 사회적으로 허용되는 형태로 표출	
치환 18 기출	전위(전치), 어떤 대상에게 느낀 감정을 보다 덜 위협적 다른 대상에게 표출하는 것 예 상사에게 질책 받고 부하에게 화풀이	
보상	어떤 분야에서 능력을 발휘하고 인정받음으로써, 다른 분야에서의 실패·약점을 보충하여 자존심을 고양시키는 것 예 나폴레옹 콤플렉스	
억압	죄의식·괴로운 경험·수치스러운 생각 등을 의식에서 무의식으로 밀어내는 것	기만형
투사	사회적 인정이 불가한 행동·생각을 다른 사람의 것인 양 생각, 남 탓하는 것	
합리화	핑계 대거나 다른 것에 책임을 전가하여 자신의 정당성 확보	

제 3 절 심리 장애 유형 18 기출

1 국제적 분류

(1) WHO(세계보건기구), 국제질병 분류(ICD ; International Classification of Diseases) 10차 개정판(ICD-10)

F00~F09	증상성·기질성 정신 장애
F10~F19	정신활성물질 사용에 의한 정신 및 행동 장애
F20~F29	조현병, 분열형 및 망상 장애
F30~F39	기분[정동] 장애
F40~F48	신경증성, 스트레스 관련 및 신체형 장애
F50~F59	생리적 장애 및 신체적 요인과 관련된 행동 증후군
F60~F69	성인인격 및 행동 장애
F70~F79	정신지체
F80~F89	정신발달 장애
F90~F98	소아기 및 청소년기에 흔히 발생하는 행동 및 정서 장애
F99~F99	특정 불능 정신 장애(위의 분류에 속하지 않는 모든 장애)

(2) 미국정신의학회(APA), 정신질환 진단 및 통계 편람(Diagnostic and Statistical Manual of Mental Disorders) 최신판 DSM-5

1	신경발달 장애	10	급식 및 섭식 장애
2	조현병 스펙트럼 및 기타 정신병적 장애	11	배설 장애
3	양극성 및 관련 장애	12	수면-각성 장애
4	우울 장애	13	성 관련 장애
5	불안 장애	14	성격 장애
6	강박 및 관련 장애	15	파괴적, 충동조절 및 품행 장애
7	외상 및 스트레스 관련 장애	16	신경인지 장애
8	해리 장애	17	물질 관련 및 중독 장애
9	신체 증상 및 관련 장애	18	기타 정신 장애

2 심리적 장애(Mental Disorder)

(1) 개념

① 내적·심리적 갈등과 외부 스트레스를 처리하는 과정의 어려움에서 발생하는 긴장으로 인한 심리적 장애

② 자신과 타인의 삶을 파괴하는 심리에 따른 이상행동

③ **준거** : DSM-5에서 분류한 심리적 장애

④ **기준**

    ㉠ 통계적 기준 : 심리 검사 등에서 설정한 통계 기준의 정상 범위에서 벗어나는 행동

    ㉡ 사회적 기준 : 사회 규범에서 일탈하여 용인될 수 없는 행위로서, 문화·지리 특성에 따라 기준 상이

    ㉢ 주관적 기준 : 개인의 심리 고통 정도로 정상과 비정상 구분 가능 ㉐ 우울증·불안 장애 등

    ㉣ 전문적 기준 : 심리학적 평가·정신과적 진단 방법에 의한 판단으로서, 객관적 기준에 따르고 전문적 교육과 훈련에 시간과 노력 필요

(2) 접근 모형 18 기출

① **의학적 접근** : 정신 장애도 신체적 질환에 따른 증상

② **정신분석적 접근** : 심리역동성 모델

    ㉠ 정신 장애는 무의식의 내적 갈등의 상징적 표출

    ㉡ 의식과 무의식의 갈등·상호작용에 따른 정신세계의 역동성 혹은 불균형 상태가 정신질환이나 부적응의 원인

③ **행동주의적 접근** : 정신 장애는 경험·학습에 따른 결과이며 우울증·불안·두려움 등도 학습 원리를 통해 수정 가능

④ **인본주의적 접근** : 인간은 본래 선하고 자아실현을 추구하는 능동적 존재로서, 자신의 문제를 스스로 직시하고 긍정적 방향으로 대체해 가도록 이끌어야 함

(3) 유형(DSM-5)

① **불안 장애** : 대상 없는 공포 감정으로, 자기통제가 불가능하며 과민하면 사회생활에 장애 `22` `기출`

특정공포증	• 예상치 못한 상황이나 특정 대상에 공포심이 드는 것 • 상황형·자연환경형·혈액주사상처형·동물형으로 유형 구분
광장공포증	광장·공공장소 및 급히 빠져나갈 수 없는 상황·장소에 혼자 있는 것에 공포
사회공포증 (사회불안 장애)	다른 사람의 평가를 지나치게 의식하거나 주목을 끄는 행동에 극한 불안과 고통을 느껴 사회적 장면을 회피하고, 결과적으로 일상·사회생활에 지장 초래
공황 장애	• 일상생활 속에서 갑작스런 공포와 불안감에 휩싸임 • 호흡 곤란·떨림·발한·가슴 통증·어지러움 등 호소
분리불안 장애	애착 대상으로부터 분리될 때 혹은 분리될 것으로 예상될 때 느끼는 불안의 정도가 일상생활을 위협할 정도로 심하고 지속적인 경우
선택적 함구증 (무언증)	다른 상황에서는 말을 할 수 있음에도, 특정한 사회적 상황에서 지속적으로 말을 하지 못함
범불안 장애	• 이유 없는 불안·걱정이 반 년 이상 계속되는 상태 • 피로, 집중력 저하·불안감과 초조감 및 긴장 상태·수면 방해 등의 증상

② **강박 및 관련 장애** : 손을 너무 자주 씻는 등 하나의 생각·행동에 집착하고 되풀이하는 증상으로, 하위 유형은 강박·신체이형·수집광(저장)·발모광(모발 뽑기)·피부 뜯기 등
③ **신체 증상 및 관련 장애** : 심리적 원인으로 나타나는 신체 증상이며, 하위 유형은 신체 증상·인위성(허위성)·질병불안(건강염려증)·전환 장애 등

질병불안(건강염려증)	사소한 신체 증상을 과대 해석하여, 큰 병에 걸렸다 믿는 등 과도한 건강 집착
전환 장애	심리적 스트레스로 팔다리를 못쓰거나 눈이 보이지 않는 등 신체 감각이 기능하지 못하는 증상

④ **외상 후 스트레스 장애(PTSD ; Post Traumatic Stress Disorder)** : 전쟁·재난·사랑하는 이의 죽음 등 과거 충격적 경험이 이후 삶에 반복 재생되어 고통을 느끼는 질환
⑤ **해리성 장애(Dissociative Disorder)** : 충격적 사건 경험 후 나타나는 방어기제로 볼 수 있으며, 의식·기억·지각·자기동일성 와해·기억상실·다중인격·빙의 현상 등이 나타남

3 성격 장애 18 기출

(1) 어린 시절부터 발전하여 청소년기나 초기 성인기에 공고화된 병리적 정서·사고·행동

(2) 극단적 편향이나 일탈 성향·행동으로 자신 및 타인에게 심각한 악영향을 끼치고 정상 생활에 지장을 초래

(3) DSM-5 : 질적으로 명확히 구분되는 성격 범주 가정으로, 3개 범주-총 10개 성격 장애로 분류

A군	사회적으로 고립된 성격 장애	
	편집성(증)	타인의 언행이 자신을 향한 악의·비판으로 차 있다고 해석
	조현(분열)성	타인에게는 전혀 관심을 보이지 않고 자신만의 세계에 몰두
	조현(분열)형	기이한 사고와 행동으로 사회적 부적응 초래
B군	감정·정서적으로 불안정하고 극적 성격 특성의 성격 장애	
	반사회적	양심의 가책이 결여되어 타인을 무시하거나 타인의 권리 침해 행동을 반복
	연극성	자신이 늘 주인공이기를 바라며 칭찬받기 위해 지나치게 노력
	경계성(선)	타인에게 버림받는 것을 두려워하며 만성적 공허감을 느끼고 분노 조절이 어려우며 자기파괴적 행동을 함
	자기애성	자신의 능력을 과대평가하며 타인을 질투하고 거만한 행동을 함
C군	자신감이 결여되고 불안해하는 특성의 성격 장애	
	회피성	타인의 거부와 실패를 두려워하여 대인관계나 사회 참여 회피
	의존성	주체성 결여와 보살핌에 대한 극단적 욕구로 타인에게 의지하며 예속적·복종적
	강박성	완벽주의·엄격한 기준·자아비판 등에 집착하고 논리와 지성 중시

체크 포인트

수면-각성 장애
수면에 이상이 있는 경우로서, DSM-5 분류 기준의 하위 유형은 불면 장애·과다수면 장애·기면증·호흡관련 수면 장애·일주기 리듬 수면-각성 장애·사건수면·하지불안 증후군 등이 있음

수면 유형

렘(REM) 수면 18 기출	• 안구의 빠른 운동(Rapid Eye Movement) • 수의 근육 정지 • 깨어 있을 때와 비슷한 패턴의 뇌파 관찰 • 대개 꿈을 꾸는 단계 • 빠르고 불규칙적인 심장박동과 호흡
비렘(non-REM) 수면	• 1단계 : 수면 상태로 들어가는 단계(수면 중 움찔하는 경험, 선잠) • 2단계 : 심장박동 및 체온 감소, 환경에 덜 반응(수면의 약 50%) • 3단계 : 깊은 수면 상태

4 정신병(Psychosis)

넓은 개념은 정신 기능 이상으로 일상 · 사회생활에 지장을 초래하는 병적 상태이며, 좁은 개념은 정신 장애의 극히 일부를 지칭함

(1) 원인 19 기출

① **내인성** : 뇌 기능 이상으로 보며, 조현병(정신분열증)과 우울증 등 원인이 불분명함
② **외인성** : 신체 질환이 원인이 되는 정신병

기질성	뇌 이상에 의한 것	알츠하이머병
증상성	뇌 이외의 신체 질환에 의한 것	갑상선기능항진증에 따른 조울증
중독성	체내에 약물 · 독물 투여로 인한 것	알코올 · 각성제 등에 의한 정신 장애

③ **심인성** : 스트레스에 취약하여 정신 질환을 일으키기 쉬운 환자 성질에 따른 것으로, 심인 반응 · 신경증 · 심신증 등으로 불림

(2) 종류

① **조현병(정신분열증)** 18 기출
　ⓐ 발병률은 1%에 가깝고, 환자는 10대 · 20대 등 젊은 층이 많음
　ⓑ 환각(환청) · 피해망상 · 대인기피 등 일상 · 사회생활에 심각한 지장 초래
　ⓒ 원인은 불확실하나, 도파민(신경전달물질) 과다 분비로 인한 뇌기능 장애와 사회생활에서 오는 스트레스와 같은 사회적 요인 등이 있음
② **조울증(양극성 장애)** : 기분이 들뜨는 조증과 가라앉는 우울증이 반복되는 질환
　ⓐ 정상인에 비해 감정 기복이 크며 기분이 고양되었을 때는 자기 통제 곤란
　ⓑ 우울증일 때는 자기혐오에 빠지거나 장래를 비관하며 심한 경우 자살 시도
　ⓒ 뇌의 신경전달물질 이상으로 발병하는 것으로 알려져 있으며, 주로 약물 치료를 시행
③ **우울증** : 각종 스트레스로 우울 · 의욕 저하 상태가 장기간 계속되는 질환
　ⓐ 시간이 경과하면서 평상심으로 돌아가지만 스트레스가 과도할 경우 우울증 발병 가능
　ⓑ 원인은 뇌 신경전달물질(세로토닌, 노르아드레날린) 작용 악화와 유전 · 환경 · 신체 요인
　ⓒ 같은 스트레스에도 우울증으로 발전하는 사람은 대체로 성실 · 근면하고 주위 평판이 좋은 사람일 가능성 크며, 성장 배경 · 교육 환경 등에서도 원인을 찾을 수 있음

🖐 체크 포인트

신경증과 정신병의 차이

구분	신경증	정신병
원인	심인성	뇌 구조나 신경전달물질 이상 분비 등 기질성
치료	심리 요법	약물 치료
증상	불안과 공포에 시달리면서도 현실 감각 유지	현실 분별 능력 결여로 정상적 대화 어려움

제 4 절 심리 치료법

삶의 다양한 영역에서 심리적 고통·부적응을 경험하는 내담자(환자)와 사고·감정·행동·대인관계에 대한 심리학적 전문 지식을 갖춘 치료자 사이에서 벌어지는 협력적 상호작용

인지 치료법	• 합리적–정서 치료도 해당 • 내담자의 정서적 불편함 혹은 행동문제 관련 역기능적 사고 탐색 • 상담자가 내담자와 협력하여 역기능적 사고를 수정하고 정서적 불편함 또는 행동문제 해결
게슈탈트 치료법	• 내담자 스스로의 자각을 최우선으로 다룸 • 상담자와 내담자 관계에서 일어나는 지금–여기의 경험을 중심으로 내담자의 변화 유도
체계적 둔감법 22 기출	• 행동 치료 기법의 하나 • 특정 자극이나 상황에 강한 불안·공포를 나타내는 사람을 치료하기 위해 사용 • 문제되는 불안·공포와 양립할 수 없는 근육이완(과 같은 반응)을 문제되는 자극과 연합시켜 점점 더 강한 불안·공포를 일으키는 자극을 심상으로 유발시킴
정신분석 치료법	• 내담자의 무의식을 의식화 • 원초아와 초자아·바깥 현실의 요구를 효과적으로 중재하도록 자아 기능 강화 • 상담자는 내담자가 인지적 통찰이 아닌 정서적 통찰을 하도록 도움 • 깊은 수준에서의 변화가 일어나도록 돕는 치료법

📝 연습 문제

다음 방어기제 중 퇴행에 관한 설명으로 옳은 것은?

① 용납할 수 없는 생각·감정·기억 등을 의식에서 몰아낸다.
② 자신을 억압하는 생각과 감정을 다른 사람이 가진 것처럼 전가한다.
③ 어떤 대상에 대한 느낌이나 반응을 덜 위협적인 다른 대상에게 전이한다.
④ 곤란한 상황에 직면했을 때 과거의 미숙했던 행동으로 돌아간다.

해설 ① 억압, ② 투사, ③ 치환
정답 ④

제11장 사회적 행동

제 1 절 사회적 영향

1 태도와 태도 변화

(1) 태도 : 어떤 대상에 대해 일정 방식으로 반응하는 경향으로, 후천적 여러 경험·학습을 통해 형성 (Allport)되며, 인간 행동을 예측·설명하기 위해 고안된 가설적 구성 개념

① **기능** : 사회생활 적응에 필요한 태도의 여러 가지 기능[독일의 심리학자 카츠(Katz)가 제시]

㉠ 적응 기능 : 보상은 극대화, 벌은 최소화하는 행동으로 환경에 적응하게 하는 기능

㉡ 자아방어 기능 : 바람직하지 않은 모습을 식시하는 고통과 외부의 위협으로부터 자아를 보호하는 기능

㉢ 가치표현 기능 : 개인의 가치체계를 표현하고 자기개념의 타당성을 확인하며 자존감을 높이는 기능

㉣ 지식 기능 : 많은 정보를 간편하게 요약하는 선택적 지각으로, 복잡한 사회를 이해하고 효과적 대처 판단 기능

② **구성요소**

㉠ 인지(Cognitive Component) : 경험과 학습을 통해 얻은 지식·개념·신념

㉡ 감정(Affective Component) : 대상에 대한 정서적 반응으로, 좋고 싫음 등 단순한 평가

㉢ 행동(Behavioral Component) : 어떤 대상에 특정 행동을 하려는 경향으로 수용-거절, 접근-회피 등 구체적으로 보이는 움직임

③ **인지부조화이론** : 감정·신념 등 인지요소가 다른 인지요소와 대립하여 심리적 긴장을 유발할 때 이러한 부조화로 말미암은 불쾌감 회피를 위해 자신의 행동·태도와 새로운 인지요소 중 어느 한쪽을 부정하여 모순을 제거하고자 하는 경향

㉠ 현재 모습은 과거 경험의 연장이므로 과거 행동을 부정하여 인생을 부정하기보다 새로운 사실을 부정하려는 경향을 보이며, 부조화에서 오는 불쾌감은 신념 크기에 비례

㉡ 흡연으로 인한 폐암 위험 인지 시 행동과 사실의 모순을 극복하고자 담배를 끊거나 폐암에 대한 정보를 부정함. 종교 신봉자는 무신론에, 참전용사는 반전론에 인지적 부조화 발생

㉢ 미국 포로의 귀화 예화 : 6·25 전쟁에서 많은 미군이 북한의 포로가 되어 전향을 강요당했을 때, 처음에는 모두 거부했지만 학대에 못 이겨 전향서를 쓰는 사람이 생겨났음. 이 중 상당수가 인지부조화로 인해 스트레스를 받자, 자신이 좋아서 전향한 것처럼 느껴 미국으로 돌아가지 않았음

④ 인지적 균형이론[하이더(Heider)]
　㉠ 태도 간에 불균형이 생기면 균형을 찾기 위해 태도를 변화시킨다는 이론에 기반함
　㉡ P-O-X 이론이라고도 하며 개인(P)과 타인(O) 및 대상(X)간의 감정적 3자 관계에서 균형관계란 자신이 좋아하는 사람과 태도가 일치하고 좋아하지 않는 사람과는 불일치하는 관계
　㉢ 균형관계(+가 홀수 개)에 있으면 긴장하지 않고 편안함
　㉣ 불균형 상태는 편하지 않기 때문에 균형을 회복하려는 압력이 작용함

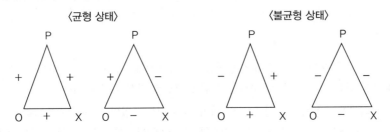

〈+는 긍정적 감정, -는 부정적 감정〉

(2) **태도 변화(Attitude Change)** : 지속적 행동의 준비 상태인 태도가 학습·경험을 통해 단기적·장기적으로 변화하는 것
① 설득은 언어를 수단으로 한 표적 인물에 대한 태도 변화 시도(설득 커뮤니케이션)
② 설득 효과에 영향을 주는 요인 18 기출

신빙성	• 일반적으로 송신자(설득자)가 신빙성(전문성)을 가질 경우 설득 효과 큼 • 송신자의 신빙성이 낮아도 나중에 설득 효과가 커지기도 함. 이는 시간이 흐르면서 송신자의 신빙성에 대한 기억과 설득 내용에 대한 기억 분리 때문임(슬리퍼 효과)
일면 메시지와 양면 메시지	• 수신자에게 정보가 없을 때 일면 메시지(긍정 메시지만 제시)가 효과적 • 수신자에게 여러 지식·정보가 있을 때 양면 메시지(긍정·부정)가 효과적
적당한 공포 유발	적당한 공포 환기는 효과적일 수 있으나 정도가 지나치면 수신자의 반감이나 정보에 대한 거부로 이어질 수 있음
설득 의도의 유무	설득하려는 송신자의 의도를 수신자가 명확히 인식할 경우 이에 대한 반발심으로 태도 변화를 일으키기 어려워짐

③ 승낙을 얻어내는 방법 22 기출

문간에 발 들여놓기 효과 (Foot in the Door)	작은 요청부터 시작하여 그보다 큰 본래 목적을 승낙시키는 방법
면전에서 문 닫기 효과 (Door in the Face)	• 먼저 누구나 거절할만한 요청을 하여 거절당한 후에 본래 목적을 요청하여 승낙시키는 방법 • 송신자가 먼저 양보를 보여 수신자도 양보하지 않을 수 없는 분위기를 만들어 승낙할 가능성을 높이는 것
낮은 공 기법 (Low Ball Technique)	좋은 조건을 달아 승낙하게 한 뒤 이유를 들어 그 조건을 거두어도 수신자는 일단 승낙한 사안을 번복하기 어렵게 됨

2 동조 20, 19 기출

(1) 개념

① **동조** : 타인이나 집단 기준 · 가치관 · 기대에 순응하여 행동하는 것

② **동조현상** : 다수 의견이 어느 한 방향으로만 쏠리는 현상을 뜻하는 사회심리학 용어

③ **동조압력** : 직장 · 학급 등 특정 집단에서 의사결정을 할 때 소수 의견을 가진 이에게 암묵적으로 다수 의견에 따를 것을 강요하는 것

④ **자기검열** : 아무도 강제하지 않지만 다수 의견에 반하여 따르는 위협을 피할 목적으로 자기 의견을 스스로 검열하는 행위

(2) 관련 실험

① **애쉬(Asch)의 실험**

> • 8명을 대상으로 〈보기〉를 주고 〈보기〉의 선분과 같은 길이의 선분을 선택지에서 고르게 함
> • 8명 중 진짜 피험자는 오직 1명, 나머지 7명은 일부러 오답을 고르게 함
> • 답은 자명하지만 7명 전원이 오답을 내자 피험자도 이에 동조하여 오답을 냄

② **결과** : 다수가 일치된 행동을 보일 때 소수에게 통일성 압박이 발생하여 동조가 쉽게 일어남

(3) 동조 원인

① 다수 의견을 따르지 않을 시의 귀속집단의 배제 · 징벌을 피하려는 자기방어적 의식 작용

② **규범의 영향** : 규범은 집단 안에서 적절하다고 받아들여지는 행동이나 태도 기준으로, 타자의 반응과 기대를 의식하여 승낙을 얻거나 거절을 피하기 위해 동조

③ **정보의 영향** : 타자의 정보를 자신의 의견이나 판단 근거로 받아들이는 동조

④ 가족 · 애인 같은 친밀한 사이에서도 동조가 발생하며, 이는 소중한 사람에게 거부당하고 싶지 않은 승인 욕구 · 친화 욕구와 관련 있다고 할 수 있음

(4) 동조 유형

① **표면적 동조** : 그 상황만을 모면하고자 본심을 감추고 다수자에게 동조

② **내면적 동조** : 다수자와 친밀한 타인의 주장 · 행동을 받아들여 찬동

(5) 동조 행동이 일어나기 쉬운 사람

① 자신보다 다른 사람의 능력이 뛰어나다고 느끼는 사람

② 친화 동기가 높고, 자신에 대한 확신과 자신감이 부족한 사람

③ 집단에서의 지위가 낮거나 자신 이외에 같은 의견을 가진 이가 없는 사람

(6) 다수의 동조 행동 형성 시 소수를 제압하는 집단역학(Group Dynamics) 작용

3 복종

권위자의 명령 등 사회적 압력에 굴하여 자기 생각과 다른 방향으로 변용하는 것

(1) 권위에 대한 복종

① '합법적 권위가 다른 사람을 위해하라 명령했을 때 따를 것인가'를 알아보고자 함

② **밀그램(Milgram)의 복종 실험(1974)**

> 연구자(합법적 권위자)가 피실험자들에게 다른 피실험자(사실은 도우미)가 철자 암기 퀴즈에서 실수를 하면 전기충격을 가하라고 명령한 뒤 피실험자들의 반응을 관찰

③ **결과** : 대부분 자신의 의지로 다른 사람을 위해하지는 않지만, 권위자가 명령하면 맹목적으로 따를 수 있음을 보여 줌

(2) 복종의 원인

① 권위자가 내리는 처벌에 대한 두려움 또는 권위자에게 책임 전가(명령에 따랐을 뿐)

② 흰 가운이나 박사 같은 직함 등은 권위자라는 확신이 들게 하여 복종을 성립하게 함

③ 개인에게 책임을 지우거나 권위자의 권위에도 한계가 있음을 명확히 하면 복종을 억제할 수 있음

제 2 절 사회적 지각

1 인상 형성(Impression Formation)

용모·몸짓·목소리 등 제한된 특성을 통합하여 타인의 인물됨을 전반적으로 평가하는 것

(1) 인상 형성의 정보통합이론 : 각각의 특성을 통합하여 인상을 설명하는 법칙

① 가산법칙 : 상대에 대한 특성 하나하나가 단순 합산되어 인상이 규정된다는 법칙

② 평균법칙 : 특성의 단순 합산이 아닌 평균치에 의해 인상이 규정된다는 법칙

③ 가중 평균법칙 : 특성 중 특정 정보가 인상 형성에 큰 비중을 차지한다는 법칙

(2) 인상 형성의 형태주의 이론

중심특성과 주변특성	• 전반적 인상 형성에 여러 성격 특성이 균등하게 작용하지는 않음 • '온화한', '차가운' 등 중심적 기능을 하는 중심특성과 그렇지 않은 주변특성으로 나뉨
초두효과	• 첫인상에서 받은 정보가 그 사람의 전체적 인상으로 굳어지는 효과 • 이후 다른 정보가 나타나도 이미 형성된 인상에 맞추어 달리 해석
신근효과	가장 마지막에 얻은 정보가 인상 판단에 큰 역할을 하는 것

(3) 인상 형성의 왜곡 또는 편향

후광효과 (Halo Effect)	하나의 특성에 대한 좋고 나쁨의 평가가 그 사람의 다른 측면에 대한 평가에 영향을 주는 것
부정적 편향 (Negative Bias) 18 기출	한 사람을 평가하는 데 긍정적 정보와 부정적 정보가 함께 있을 때 부정적인 쪽이 전체적 인상을 좌우하는 것
피그말리온 효과 (Pygmalion Effect)	기대가 사람의 성장과 능력 발휘에 영향을 주는 효과로, 특히 학생에 대한 교사의 기대와 같은 교육적 장면에서 나타남
고정관념 (Stereo Type)	특정 집단이나 대상을 단순화·획일화하여 고착된 개념이나 이미지로, 실제를 정확하게 반영하지 않아 감정적이거나 왜곡된 요소가 포함됨

2 귀인 20 기출

타인의 행동에 관한 외부 단서인 간접 정보를 통해 행동의 원인을 추론하는 인지 과정

(1) 와이너(Weiner)의 귀인이론(Attribution Theory)

① 성공 혹은 실패의 원인을 개인이 어떻게 인지하는지에 따라 동기가 결정된다고 가정
② **원인 소재 차원**: 원인을 행위자의 내면에 두는지 외적 요인에 두는지의 차원
  ㉠ 내적 귀인: 행동의 원인을 당사자의 내적 요인(능력·노력)에 두는 것
  ㉡ 외적 귀인: 행동의 원인을 외적 요인(과제의 난이도·운·곤란한 환경)에 두는 것
③ **원인의 안정성 차원**: 원인이 변동할 수 있는 것인지 항상성을 가진 것인지의 차원
  ㉠ 안정적인 원인: 능력·학습 과제의 난이도
  ㉡ 불안정적인 원인: 운·노력
④ **통제가능성 차원**: 행동 주체의 의지와 노력으로 원인을 변화시킬 수 있는지, 능력·과제의 어려움·운과 같이 스스로 통제할 수 없는지의 차원

⑤ 귀인과 각 차원의 관계

원인의 위치 안정성	내적 원인	외적 원인
안정	능력	과제의 어려움
불안정	노력	운

(2) 켈리(Kelley)의 공변원리

① 3가지 기준

ⓐ 일관성 : 때와 상황에 관계없이 그 사람의 반응이 일관되어 있는가?

ⓑ 특이성 : 그 사람이 다른 상황(대상)에 대해서 다르게 반응하는가?

ⓒ 일치성 : 다른 사람들도 그 사람과 같은 반응을 하는가?

② 3가지 다 높으면 대상에 원인을 두는 외부 귀인, 일관성만 높으면 행위자에 원인을 두는 내부 귀인

(3) 귀인의 편향

근본적(기본적) 귀인 오류 21 기출	사회적 행동의 원인을 추측할 때 상황·환경 같은 외적 요인은 충분히 고려하지 않고 귀인이 행위자의 특성이라는 내적 요인에만 치우치는 경향
이기적 편향 (자기 고양 편파)	성공은 자신의 내부 귀인으로 실패는 외부 귀인으로 돌려 환경이나 다른 사람을 탓하는 편향으로, 자존심을 지켜야 하는 상황에서 주로 나타남
행위자-관찰자 편향	자신이 행위자일 경우와 관찰자일 경우 귀인을 보는 것, 즉 동일 행동에 대해 타인의 행동은 내적 원인으로 행위자 자신의 행동은 외적 원인으로 파악
확증편향	자신의 가치관·기대·신념·판단에 부합하는 확증적 정보만 선택적으로 인지하고, 일치하지 않는 정보는 무시하는 편향된 현실 인식 방식

제 3 절 사회적 관계

1 대인매력(Interpersonal Attention) 22 기출

친교 대상자 선택 요인으로, 주위 사람이 자신에게 느끼는 긍정적(호의·존경 등) 태도

(1) 친숙성

① 단순접촉효과(Mere Exposure Effect) : 접촉 횟수가 많을수록 호감이 가는 현상

② 초면에 긴장하지만 대면 횟수가 거듭될수록 긴장감이 사라지고 점차 좋은 인상 형성

(2) **근접성** : 시간 · 비용 · 수고 등의 부담이 덜 가는 가까운 사람과 더 쉽게 친해짐

(3) **유사성** : 외모 · 출신지 · 생활 양식 · 가치관 등이 비슷한 사람과 친해지고 싶은 경향

(4) **보상** : 부족한 점을 채워 주는 사람에게 호감을 느끼고, 욕구를 저지하거나 행동을 방해하는 사람에게 혐오감을 느낌

상호성 원리	• 자신에게 호의를 갖거나 긍정적으로 평가하는 타인을 좋아하는 경향 • 인간은 인정받고 싶은 욕구가 있으므로 이를 충족해 주는 사람에게 호감을 가짐
자존이론	자신감을 잃고 실의에 빠졌을 때 자신을 인정해 주는 사람에게 끌림
득실이론	• 처음에는 호의적이지 않다가 나중에 호의를 보이는 사람을 더욱 좋아함 • 처음에는 호의적이다가 나중에 호의를 보이지 않는 사람을 더욱 싫어함

(5) **신체적 매력**
 ① 보통 첫 만남에서 키나 얼굴 같은 신체적 특징과 옷차림 · 말투 등 외모의 매력에 주목
 ② **겉맞추기 원리(Matching Principle)** : 월스터(Walster)의 연애 관계에 관한 가설
  ㉠ 배우자 선택 시 자신의 외모와 비교하여 적정 수준의 짝을 선호한다는 이론
  ㉡ 이유 : 자신보다 외모가 뛰어나면 거절당할 가능성이 높아 현실 수준의 이성 선택

(6) **인격적 매력** : 긍정 · 배려 · 다정한 사람과 완벽한 사람보다는 조금은 실수하는 사람을 선호하는 경향

2 친교관계 형성과 유지

(1) **자기개방(Self-Disclosure)** : 자기의 정보를 알리는 행위
 ① 생각과 느낌을 알리는 데서 시작하며, 어떤 사람인지 모르면 다가가도 될지 알 수 없음
 ② **자기개방의 상호성**
  ㉠ 개인 정보를 꾸밈없이 보이면 상대방도 그에 상응하는 자기개방으로 돌려주는 경향
  ㉡ 초면에는 업무나 공통 지인 등의 이야기로 상대에 대한 정보를 수집하다가, 만남 횟수를 늘리며 더 깊은 자기개방을 함으로써 친분을 쌓음

(2) **사회적 침투이론(Social Penetration Theory)** : 알트만(Altman)과 테일러(Taylor)
 ① 관계 진전은 두 사람의 상호작용이 성격 주변부로 스며들어 서로 상대의 중심으로 침투하는 과정
 ② '지향 단계 → 탐색적 감정 교환 단계 → 감정 교환 단계 → 안정적 교환 단계'를 거침

(3) **사회교환이론(Social Exchange Theory)** : 대인관계는 보수와 비용 교환으로 이루어짐

① 보수는 교제에서 얻는 모든 자극을, 비용은 교제에 드는 시간과 수고로움을 의미

② Give&Take 같은 비즈니스적 이해관계에 따라 인간관계 성립

제 4 절 집단과정

1 지도력

목적 달성을 위해 주로 지도자가 집단 활동에 영향력을 행사하는 과정

(1) **특질이론(Traits Theory)** : 탁월한 지도력은 지도자의 특성에서 나온다는 개념

① 뛰어난 지도자들의 공통 자질이나 특성 탐구가 연구 목적

② 나이 · 신장 · 체중 등 외모와 성격 특성이 유능한 지도자를 가리는 개인적 자질

③ **한계** : 지도자 특성과 지도력 발휘 사이의 상관관계를 충분히 설명할 수 없음

(2) **행동이론(Behavioral Theory)** : 지도력은 타인에게 영향을 주는 사람의 공통 행동 유형

① 집단의 생산성과 구성원의 만족을 높이는 지도력 규명이 연구 초점

② 지도력을 과제 달성과 인간관계의 두 가지 기능 측면에서 설명

③ **리커트(Likert)의 관리모형(미시간 연구)**

착취적 권위형	• 부하를 신뢰하지 않으며 의사결정에 참여시키지 않음 • 리더와 부하의 상호관계는 거의 이루어지지 않음 • 조직의 통제기능은 상부에 집중	철저한 과제 지향
온정적 권위형	• 부하를 어느 정도 신뢰하며 정해진 범위에서 결정권 부여 • 대부분의 의사결정 · 목표 설정은 상부에서 이루어짐	과제 지향
협의형	• 부하를 상당히 신뢰하며 쌍방향 소통이 이루어짐 • 기본 방침이나 큰 틀에서의 결정권은 상부에 있음 • 구체적 문제는 부하에게 권한 위임	과제 지향 = 인간관계 지향
민주주의형	• 부하를 전적으로 신뢰하며 의사결정에 조직 전체의 참여 인정 • 조직에서의 평가와 통제는 모든 계층에서 이루어짐	인간관계 지향

④ **오하이오 대학 연구**

구조 주도 행동	조직이 확실한 성과를 낼 수 있도록 부하를 지도·관리
배려 행동	업무를 공정히 평가하고 모든 부하를 평등하게 다루며, 부하와 우호적 관계를 맺음

⑤ **아이오와 대학 연구**

전제형 리더십	단기적으로는 높은 생산성을 올릴 수 있으나 장기적으로는 구성원 간 불신감이 형성되므로 효과적이지 않음
민주형 리더십	단기적으로는 전제형 리더십보다 생산이 낮으나 구성원 간 우호적 분위기가 조성되어 결속력이 올라가므로 장기적으로는 생산성을 높일 수 있음
방임형 리더십	리더가 집단이 행하는 활동에 관여하지 않으므로 조직의 결속력·구성원의 사기·업무의 양과 질 등이 가장 낮음

(3) 상황적합이론 : 모든 상황에 적합한 지도력은 없으며, 조직 특성과 상황마다 필요한 지도력이 다름

① **상황이론[피들러(Fiedler)]** : 지도력을 좌우하는 요인
  ㉠ 리더와 부하 사이의 대인관계 상황
  ㉡ 업무 수행 절차의 구조화 정도
  ㉢ 리더의 업무상 권한 크기

② **리더십상황이론[허시(Hersey)와 블랜차드(Blanchard)]** : 부하의 업무 성숙도·의욕 정도에 따라 적절한 리더 분류

지시적	업무 지향↑ 관계 지향↓	구체적으로 지시·감독 → 부하의 성숙도 낮은 경우
설득적	업무 지향↑ 관계 지향↑	결정 사항을 이해시키고 의문점에 대응 → 부하가 능력은 다소 부족하나 의욕이 있는 경우
참여적	업무 지향↓ 관계 지향↑	쌍방향 소통 및 의사결정 참여 → 부하가 능력은 있으나 의욕이 떨어지는 경우
위임적	업무 지향↓ 관계 지향↓	업무 수행 책임을 부하에게 위임 → 부하의 능력·의욕이 모두 높아 자립성을 갖춘 경우

2 집단과 작업

(1) 집단의 형성 : 집단은 공동 목표를 공유하는 둘 이상의 상호의존적 개인의 집합체

① **집단의 특징**
  ㉠ 상호 영향력을 주고받는 둘 이상의 개인으로 구성, 집단은 규범·가치관에 있어 동일성을 가짐
  ㉡ 구성원은 공동 목표를 공유하고 집단은 이를 달성하기 위해 형성됨
  ㉢ 구성원은 외부 사람들과 구별된 집단의 일원으로 인식함

② 집단의 구성 요소

집단 응집성	• 집단이 구성원들에게 매력을 느끼게 하여 일원으로 남게 하는 동기부여 정도 • 집단 응집성이 높을수록 집단 규범 구속력이 강화되어 성과가 올라감	
집단 목표와 리더십	집단 목표	집단이 바람직한 상태로 정한 목표
	리더십	집단 목표를 달성하기 위해 원조하는 행위
집단 압력	구성원들의 사고·지향·행동 등을 유사하거나 동일하게 하는 힘	
집단 규범	구성원들이 공유하는 판단 기준으로, 명확한 집단 규범에는 강한 집단 압력이 따름	

③ 집단 형성 이유

　㉠ 집단목표를 달성하는 활동을 함으로써 개인의 목표와 가치를 실현할 수 있음

　㉡ 목표 달성을 위한 원조를 얻음으로써 혼자 작업하는 것보다 좋은 성과를 얻을 수 있음

　㉢ 혼자서는 얻기 힘든 지식·정보 입수, 신변 안전·사회적 정체성 확보 가능

(2) 집단과 개인

① **사회적 촉진** : 타인이 자극이 되어 같은 작업을 혼자 할 때보다 능률이 오르는 현상

　㉠ 타인이 개인의 추동수준(Arousal Level)을 높여 과업 수행 능력 촉진

　㉡ 같은 작업을 하는 타인은 물론 단지 누군가가 보고 있다는 이유로 사회적 촉진 발생(관찰자 효과)

② **사회적 억제**

　㉠ 학습되지 않거나 복잡한 작업을 수행하는 데 있어 타인에 의해 능률이 떨어지는 현상

　㉡ 익숙하지 않은 과제일 경우 타인에게 자신의 능력을 평가받는다는 부담감이 원인이 되어 작업 수행 능력이 낮아지며 억제가 일어나기 쉬움

③ **사회적 태만** 18 기출

　㉠ 사람들이 집단에서 공동 과제를 수행할 때, 혼자 수행할 때보다 덜 노력하는 것

　㉡ 같은 작업을 하는 타인이 많을수록 한 사람이 수행하는 작업량이 감소하는 현상

　㉢ 원인

책임 분산	집단에 요청·명령 시 개인의 책임감이 축소되며, 집단 규모가 클수록 심함
개인 공헌도 측정 곤란	집단이 클수록 자신이 집단의 성적에 얼만큼 공헌하는지에 대한 확인이 곤란해지므로 의욕 저하
노력의 무가치성	노력이 집단에 기여하지 못한다는 사고가 동기부여를 떨어뜨림
맞추려는 경향	집단으로 과제 수행 시 다른 구성원의 의욕 정도를 판단 후 이에 맞추려함

④ **군중심리**

익명성	• 군중 속 한 사람이 되어 자기의식이 약화되는 현상으로, 책임 소재 불분명 • 냉철한 사람도 군중 속에서는 분위기에 휩쓸려 타인의 생각과 감정에 따라 행동
일체감	자신과 같은 생각을 공유한 사람들이 다수 모이면 흥분하고 용기가 생김
예	• 좋은 예 : 스포츠 관람 시 무리 속에 섞여 평소에는 창피해하던 화려한 응원전 펼침 • 나쁜 예 : 폭도·약탈·집단린치 등

⑤ **몰개인화** : 집단소속·익명성·책임감 상실·흥분 등으로 정체를 상실하여 개인이 자신의 가치나 행동에 주의를 덜 기울이고 비전형적 행동을 하는 상태

(3) 집단 의사결정 : 합의를 통한 공통 결정으로, 구성원 간 합의 형성을 위한 직접적 상호작용을 전제로 함

① **집단사고**
  ㉠ 집단 합의 과정에서 불합리하거나 위험한 의사결정이 이루어지는 것
  ㉡ 의견일치를 추구하는 과정에서 다른 구성원의 비판적 사고를 차단하고, 극단적 낙관주의와 타 집단의 멸시·편견으로 집단의결의 질 저하

② **집단극화**
  ㉠ 구성원들이 모여 토의를 거치면 개개인의 경향·감정·의견이 동일한 방향으로 치우쳐 집단 전체가 극단화되는 현상
  ㉡ 집단극화가 일어나기 쉬운 상황

정보의 영향	토의 과정에서 자기 이외의 시각 및 정보를 접하여 의견이 더욱 강화됨
사회적 비교	• 개인은 집단에서 두드러지기 위해 기존 생각을 더욱 강화하여 극단화됨 • 극단적 의견이 긍정 평가로 이어지면 집단의 극단화 가능성 높음
모험이행 (Risky Shift)	개개인은 신중하나 여럿이 모여 의견을 나누면서 대담하고 과격한 결론에 이르는 현상
신중적 이행 (Cautious Shift)	개인이 단독으로 결정할 때보다 집단 토의를 거치면서 더 신중한 결정을 하는 현상

③ **브레인스토밍** : 기존 사고방식에서 벗어난 독창적 아이디어 창출을 위해 집단 기능을 이용하는 집단 사고법으로, 집단 아이디어가 오가는 과정에서의 연쇄반응과 발상의 촉진을 기대함

3 집단구조

집단 구성원 사이에 안정된 상호작용이 이루어지는 형태

(1) 집단구조의 형성 과정
① 서로를 커뮤니케이션 대상으로 인식하고, 시간·장소를 공유한다는 자각이 이루어져야 함
② 상대와의 공통점을 발견하고 목표를 공유함
③ 우리의식 형성과 집단의 일원이고자 하는 동기부여가 이루어져야 함
④ 동료의식 형성과 역할 결정 및 역할기대에 따른 안정된 상호작용이 이루어져야 함

(2) 역할구조

① **지위** : 개인이 사회나 집단에서 차지하는 특정한 위치

② **역할** : 집단이나 사회에서 어느 지위에 부여된 가치·행동양식·태도 등

③ **역할기대** : 조직이나 타인이 역할에 어울리는 행동양식을 예상·요구하는 것

④ **역할갈등** : 여러 역할 중 대립·모순된 역할기대 사이에서 내적 갈등에 빠지는 것

(3) 커뮤니케이션 구조 : 집단 내 정보 전달과 의사소통 회로를 도식화한 구조

① 구성원의 중심성과 주변성 차이를 기준으로 분류한 네 가지 커뮤니케이션 유형에 따라 과제 해결의 효율성과 구성원의 만족도가 좌우된다는 개념

② **의사소통 구조 유형**

수레바퀴형	• 정보전달이 중심인물(지도자)에게 집중되는 구조 • 문제 해결의 효율성은 높으나 문제가 복잡할 경우 유효하지 않고 다른 구성원들이 불만을 갖기 쉬움	
사슬형	직속 상관과 부하 사이에만 의사소통이 이루어지므로 전체적으로 소통 효과가 낮고 파벌이 형성되기 쉬움	
Y형	• 수레바퀴형과 같이 확실한 중심인물(지도자)은 없지만 구성원 대부분을 대표할 수 있는 인물이 있을 때 나타나는 구조 • 대표 인물을 통해 팀원 간 의사소통이 가능함	
원형	• 모든 구성원이 대등한 입장에서 의사소통 • 업무 효율이 비교적 낮지만 구성원 만족도는 높음	

(4) 친교구조

① 일반적으로 하나의 집단에는 공식 집단과 비공식 집단이 존재
② 공식 집단은 목표·직무·역할 등이 명확하며, 비공식 집단은 자연발생적·개인적 친교 바탕
③ 비공식 집단의 인간관계와 교류는 공식 집단의 활동과 업적에 영향을 끼침
④ 사회측정법(Sociometry)
　　㉠ 비공식 집단 내 대인관계로부터 그 집단의 역동성을 분석
　　㉡ 구성원간 수용과 거부의 선택을 통해 측정
　　㉢ 소시오메트릭 테스트 : 한 구성원이 집단 내 다른 구성원 중 누구를 배척하는지 조사하여 그 상호관계를 소시오그램으로 도식화

✏ 연습 문제

다음 중 동조현상에 관한 설명으로 옳지 않은 것은?

① 자기검열은 자기 의견을 내는 것에 심적 두려움을 느껴 침묵하는 것을 말한다.
② 동조현상은 다수 의견이 어느 한 방향으로만 쏠리는 현상을 뜻한다.
③ 동조압력은 집단에서 다수 의견에 따를 것을 강요하는 것을 말한다.
④ 동조는 타인이나 집단 기준·가치관·기대에 순응하여 행동하는 것을 말한다.

해설 자기검열은 아무도 강제하지 않지만 다수 의견에 반하여 따르는 위협을 피할 목적으로 자기 의견을 스스로 검열하는 행위를 말한다.

정답 ①

SD에듀와 함께, 합격을 향해 떠나는 여행

제 **2** 편

적중모의고사

교육이란 사람이 학교에서 배운 것을 잊어버린 후에 남은 것을 말한다.

– 알버트 아인슈타인 –

제한시간: 50분 | 시작 ___시 ___분 - 종료 ___시 ___분

➜ 정답 및 해설 187p

01 구성주의 학파에 대한 설명으로 옳지 <u>않은</u> 것은?

① 자연과학의 주제인 외적 경험과 구별되는 내적 경험을 연구하였다.

② 심리학은 의식에 대한 개인의 주관적 관찰 및 분석이라고 주장하였다.

③ 의식을 요소의 집합이 아닌 하나의 흐름으로 파악하였다.

④ 최초로 내성법(Self-Observation)을 사용하였다.

02 다음 중 신행동주의 학자는?

① 스키너

② 베르트하이머

③ 코프카

④ 피아제

03 뉴런에 대한 설명으로 옳은 것은?

① 수상돌기는 다른 신경세포로 전기신호를 내보내는 역할을 한다.

② 축색은 핵을 포함한 부분이며 뉴런의 본체이다.

③ 뉴런은 다른 뉴런과 정보를 주고받는 특수한 세포이다.

④ 수초는 정보를 다른 뉴런 혹은 내분비선으로 전달한다.

04 시냅스의 정보 전달 과정으로 옳지 <u>않은</u> 것은?

① 시냅스의 정보 전달 방식은 화학적 전달로, 뉴런과 뉴런 접합부로 정보를 주고받는다.

② 종말단추에 이른 활동전위는 소낭 속 신경전달물질이 시냅스에 분비되도록 자극한다.

③ 신경전달물질은 수용기와 접촉하여 새로운 활동전위가 생성된다.

④ 사용하지 않는 시냅스는 강화되는 반면, 많이 사용하는 시냅스는 소멸된다.

05 신경계에 대한 설명으로 옳은 것은?

① 자율신경계는 내장을 제어한다.

② 자율신경계는 골격근을 제어한다.

③ 체성신경계는 비수의적인 운동을 관장한다.

④ 혈압을 상승시키는 것은 체성신경계의 기능이다.

06 다음 중 부교감신경계가 작용하는 상황으로 옳지 <u>않은</u> 것은?

① 수면

② 호흡 억제

③ 동공 축소

④ 스트레스

07 다음 중 발달의 개념으로 옳지 <u>않은</u> 것은?

① 출생에서 사망에 이르기까지 전 생애에 걸쳐 계속적으로 일어나는 변화 과정이다.
② 경험·훈련에 관계없이 인간의 내적 또는 유전적 기제의 작용에 의해 나타난다.
③ 지적·정서적·사회적·신체적 측면 등 전인적인 측면의 변화이다.
④ 인간발달에 의한 변화는 양적·질적 변화와 상승적·하강적 변화로 나타난다.

08 발달의 형성 요인에 대한 설명으로 옳지 <u>않은</u> 것은?

① 게젤(Gesell)의 성숙이론은 후천적 환경 요인만 성격·지성·능력 등을 결정한다고 주장한다.
② 인간의 모든 유전적 잠재성은 46개 염색체에 의해 결정된다.
③ DNA는 뉴클레오티드로 구성되어 있으며 핵산을 형성하는 유전물질이다.
④ 현재 유력한 이론은 상호결정론이다.

09 피아제의 인지발달이론에서 말하는 '동화'에 대한 설명으로 옳은 것은?

① 개인을 환경 자극에 맞춰 수정하여 결과적으로 유기체의 특성을 환경에 적응하도록 하는 기제
② 환경 자극을 자신이 지니고 있는 개인의 행동이나 체계 속으로 흡수 및 통합하려 하는 기제
③ 동화와 조절의 결과, 조직화된 유기체의 각 구조들이 균형을 이루는 것
④ 어떤 개념 또는 사물의 가장 중요한 측면이나 특징을 인식하고 표현하는 능력

10 다음 중 피아제의 인지 발달 4단계에 대한 설명으로 옳은 것은?

① 감각운동기 – 자신과 외부 대상을 구분하지 못한다.
② 형식적 조작기 – 구체적 사물을 중심으로 한 이론적·논리적 사고가 발달한다.
③ 구체적 조작기 – 추상적인 사고가 발달한다.
④ 전조작기 – 자아중심과 비가역성을 극복한다.

11 매슬로우의 욕구 5단계 중 가장 높은(다섯 번째) 욕구 단계는?

① 자아실현의 욕구
② 애정과 소속에 대한 욕구
③ 안전에 대한 욕구
④ 생리적 욕구

12 다음 중 추동감소이론에 대한 설명으로 옳은 것은?

① 물을 마시거나 음식을 섭취함으로써 갈증과 배고픔이라는 상태를 경감 또는 해소시키는 행위를 일컫는 이론이다.
② 너무 낮거나 높지 않은 적당한 자극 상태 유지를 위해 지루함 또는 과도한 자극을 피하는 행동, 즉 인간이 행복감을 느끼는 정신적 자극의 단계를 말한다.
③ 어떤 행동을 할 때 그 대상이 진정한 가치가 있고, 그것을 실천함으로써 더 나은 결과를 기대할 수 있다는 믿음이 생기면 비로소 동기부여가 된다고 본다.
④ 인간을 하위 욕구가 충족되면 상위 욕구를 이루고자 하는 존재로 본다.

13 학습된 무력감의 수정 중 '안정성'에 관한 내용으로 옳은 것은?

① 원인이 안정적이라고 인식하면 무력감에서 탈피할 수 있다.
② 원인이 일반적인 것인지, 해당 문제에 한정된 것인지에 대한 인식이다.
③ 원인이 장시간에 걸친 안정적인 것인지, 시간에 따라 변화하는 것인지에 대한 조건이다.
④ 원인이 일반적이라고 생각할수록 무기력감과 의욕 저하에 빠지기 쉽다.

14 다음 중 심리적 동기에 대한 설명으로 옳지 않은 것은?

① 생리적 기반보다 학습에 의해 형성되는 동기이다.
② 호기심·자극추구·성취동기·통제동기·작업동기 등이 있다.
③ 외재적 동기의 인간 형태는 수동적이다.
④ 내재적 동기의 교육관은 강제와 관리(당근과 채찍)이다.

15 다음 중 정신물리학과 관련이 있는 것은?

① 베버와 페히너
② S-R 이론
③ 추동감소이론
④ 최저가설수준이론

16 눈의 구조에서 안구의 앞 검은자 부위를 덮는 막으로, 빛이 굴절되고 안구를 보호하는 역할을 하는 부위는?

① 수정체
② 망막
③ 각막
④ 홍채

17 다음 중 음의 3요소에 대한 설명으로 옳지 않은 것은?

① 음의 강약은 진폭 크기로 나타내며 그 단위는 데시벨(dB)이다.
② 음의 고저는 1초 동안의 진동 횟수에 따르며 진동이 적을수록 높은 음이다.
③ 인간의 가청 주파수는 20Hz~20,000Hz 정도이다.
④ 음색은 여러 가지 음의 혼합 속에서 청자가 느끼는 소리의 질을 말한다.

18 다음 중 두 대상 사이의 거리가 변화함에 따라 느껴지는 운동 지각 현상은?

① β(베타)운동
② 파이현상
③ 유인운동
④ 운동잔상

19 파블로프의 개 실험에서 고전적 조건 형성의 과정으로 옳지 <u>않은</u> 것은?

① 조건 형성 전 : 음식(무조건 자극) → 침 분비(무조건 반응)
② 조건 형성 전 : 종소리(무조건 자극) → 침 분비 없음(반응 없음)
③ 조건 형성 중 : 종소리(중성 자극) + 음식(무조건 자극) → 침 분비(무조건 반응)
④ 조건 형성 후 : 종소리(조건 자극) → 침 분비(조건 반응)

20 다음 중 시행 간격이 다르지만 평균적으로 확인 가능한 시간 간격이 지난 후 강화하는 방법은?

① 변동간격계획(VI)
② 변동비율계획(VR)
③ 고정간격계획(FI)
④ 고정비율계획(FR)

21 장기 기억의 분류로 바르게 짝지어진 것은?

① 일화 기억 − π = 3.14159⋯
② 의미 기억 − 어제 친구와 도서관에서 공부했다.
③ 서술 기억 − 기타의 주법
④ 절차 기억 − 유리 세공하는 법

22 다음 중 반두라의 사회학습이론에 해당하지 <u>않는</u> 것은?

① 학습자의 인지 기능 역할 강조
② 정적 강화물
③ 모델링
④ 대리학습(Vicarious Learning)

23 다음 중 학자와 주장한 내용이 바르게 연결된 것은?

① 피아제 : 언어는 시니피에(Signifie), 즉 개념과 시니피앙(Significant), 즉 기호로 구성되어 있다고 보았음
② 촘스키 : 보편문법이라는 인간 고유의 생득적이고 보편적인 언어 능력을 해명하였음
③ 소쉬르 : 언어 획득도 조작적 조건 형성 원리에 따른다고 보았음
④ 스키너 : 언어를 인지 발달에 따라 나타나는 상징적 표상으로 보았음

24 다음 중 '가족 유사성'에 대한 설명으로 옳지 <u>않은</u> 것은?

① 범주화 이론 중 하나이다.
② 범주는 전형적인 예와 그것과의 유사성에 의해 특징지어진다는 이론이다.
③ 가족 구성원이라도 모두 공통 속성을 공유하는 것은 아니다.
④ 고전적 범주화에 대한 비판으로 나온 이론이다.

25 어린이의 언어 발달 과정 중 핵심 단어의 나열만으로 의사를 전달하는 시기는?

① 두 단어 시기
② 한 단어 시기
③ 옹알이 시기
④ 세 단어 시기

26 지능에 대한 학자의 정의로 옳지 <u>않은</u> 것은?

① 웩슬러(Wechsler) : 자동적 행동·합리적 사고·환경의 효과적 처리 등 종합 능력
② 비네(Binet) : 방향 설정·이를 유지하는 경향성·소망하는 바를 성취하기 위한 순응 능력
③ 터먼(Terman) : 환경에 적응하도록 학습하는 능력
④ 스턴(Stern) : 사고를 작동시켜 새로운 요구에 의식적으로 적응하는 일반적 능력

27 다음 중 반분신뢰도에 대한 설명으로 옳은 것은?

① 얻을 수 있는 값을 크론바흐(Cronbach)의 알파라 한다.
② 피험자에게 번호를 부여하고 짝수 군과 홀수 군으로 나누는 방법이 있다.
③ 동일한 측정 도구를 동일한 사람에게 시간 차를 두고 두 번 조사하여 그 결과를 비교한다.
④ 피험자를 우등생 집단과 그렇지 않은 집단으로 나눈다.

28 웩슬러 지능 검사의 특징으로 옳은 것은?

① 아동용 검사가 따로 있다.
② 비율지능지수를 사용한다.
③ 집단용 검사이다.
④ 정신연령은 대략 15세 이후로 증가하지 않음을 간과하였다.

29 다음 중 올포트의 성격이론에 대한 설명으로 옳지 <u>않은</u> 것은?

① 성격은 각 개인의 정신적·신체적 체계 안에서 변화하고 성장하는 하나의 체계이다.
② 성격은 그 사람의 특징적 사고와 행동을 결정해 주는 역동적 조직이다.
③ 아동기에서 청소년기에 걸친 고유자아의 발달 단계를 7단계로 제시하였다.
④ 성격을 표면특성과 원천특성으로 구분하였다.

30 다음 중 무의식에 대한 설명으로 옳지 <u>않은</u> 것은?

① 평소에는 의식의 영역에 있지 않지만 노력으로 의식화할 수 있다.
② 무의식은 숨겨진 기억 및 마음 깊숙한 곳의 본능과 욕망을 의미한다.
③ 무의식은 영유아기 때부터 억압된 의식·욕구·감정을 말한다.
④ 무의식의 문제는 로르샤흐 잉크반점 검사나 TAT와 같은 투사법 검사가 이용된다.

31 다음 중 미네소타 다면적 인성 검사의 설명으로 옳지 <u>않은</u> 것은?

① 피험자가 의도적으로 오답을 하는 경향을 통제하는 허위척도(L척도)를 가진다.
② 12개의 하위척도에 각각 10문제씩 120문항으로 구성되어 있다.
③ 대표적 자기보고식 검사로, 실시·채점·해석이 용이하다.
④ 피검자는 각 문항에 '그렇다' 혹은 '아니다'의 두 가지 답변 중 하나를 선택한다.

32 투사적 검사에 해당하는 것을 〈보기〉에서 모두 고르면?

ㄱ. 기질 및 성격 검사(TCI)
ㄴ. 마이어스-브릭스 성격 유형 검사 (MBTI)
ㄷ. 16성격 요인 검사(16PF)
ㄹ. 문장 완성 검사(SCT)

① ㄱ, ㄴ, ㄷ
② ㄱ, ㄷ
③ ㄴ, ㄹ
④ ㄹ

33 동일한 대상이 긍정적·부정적 요인을 모두 가지거나, 긍정적 요인을 가진 목표에 도달 하기 위해서 부정적 요인을 가진 영역을 통 과해야 할 경우 발생하는 갈등은?

① 회피-접근 갈등
② 접근-회피 갈등
③ 접근-접근 갈등
④ 회피-회피 갈등

34 심리적 장애의 원인과 그로 인한 질환 연결 이 바르지 <u>않은</u> 것은?

① 내인성 - 정신분열증
② 심인성 - 공황 장애
③ 내인성 - 조울증
④ 외인성 - 신경증

35 핑계를 대거나 다른 것에 책임을 전가하여 자신의 정당성을 확보하는 방어기제는?

① 합리화
② 승화
③ 부인
④ 반동형성

36 이상심리에 관한 정신분석이론의 내용으로 옳지 <u>않은</u> 것은?

① 프로이트(Freud)는 이상행동 원인을 어 린 시절 경험과 무의식적 갈등에 의한 것 으로 본다.
② 쾌락의 원리에 기초한 것은 원초아(Id) 이다.
③ 초자아가 자아를 적절히 통제하지 못함으 로써 신경증적 불안이 발생한다.
④ 불안에서 벗어나기 위해 '방어기제(Defense Mechanism)'를 사용한다.

37 다음 사례와 가장 관련 깊은 것은?

올해 초등학교에 입학한 철이는 등교 때 마다 엄마와 헤어지기 싫다고 떼를 쓰며 학교에 가지 않으려고 한다. 또한 심한 두통을 지속적으로 호소한다.

① 범불안 장애
② 사회공포증
③ 공황 장애
④ 분리불안 장애

38 다음 중 '태도'에 대한 설명으로 옳지 <u>않은</u> 것은?

① 어떤 대상에 대해 일정 방식으로 반응하는 경향이다.

② 선천적으로 타고난 행동 경향을 말한다.

③ 인간 행동을 예측·설명하기 위해 고안된 가설적 구성 개념이다.

④ 독일의 심리학자 카츠(Katz)는 태도의 여러 기능을 설명하였다.

40 다음 중 '인지부조화이론'에 대한 설명으로 옳지 <u>않은</u> 것은?

① 감정·신념 등의 인지요소가 다른 인지요소와 대립하여 심리적 긴장을 유발하는 것이다.

② 인지부조화로 인한 불쾌감 회피를 위해 자신의 행동·태도와 새로운 인지요소 중 어느 한쪽을 부정하여 모순을 제거하고자 하는 경향이다.

③ 종교 신봉자는 무신론에, 참전용사는 반전론에 인지적 부조화를 일으킨다.

④ 부조화에서 오는 불쾌감은 신념의 크기와는 관계가 없다.

39 성취행동에 대한 귀인 유형 중 안정적이면서 내부적인 것은?

① 노력

② 과제 난이도

③ 능력

④ 운

제한시간: 50분 | 시작 ___시 ___분 – 종료 ___시 ___분

⬏ 정답 및 해설 191p

01 다음 중 행동주의적 접근으로 옳은 것은?

① 외부의 자극과 그에 따른 반응의 관계를 이해하고자 한다.
② 인간의 인지 활동을 다룬다.
③ 생리반응을 통해 인간의 마음과 행동을 연구한다.
④ 잠재능력이나 자아실현 같은 인간의 건전한 측면을 강조한다.

02 심리학의 대상을 관찰 가능한 객관적 행동에 두어야 한다고 한 학자는?

① 베르트하이머
② 왓슨
③ 분트
④ 프로이트

03 뇌의 부위와 그 기능의 연결이 옳지 <u>않은</u> 것은?

① 대뇌변연계 – 정동행동이나 성행동·섭식 등 본능적인 기능을 한다.
② 연수 – 호흡과 순환기(심장)를 제어한다.
③ 간뇌 – 평형 기능 등 신체의 세밀하고 다양한 운동 기능을 담당한다.
④ 중뇌 – 안구의 운동과 청각에 관여한다.

04 다음 중 시상하부의 기능에 해당하는 것은?

① 체온 조절
② 기억
③ 정동반응
④ 성장 호르몬 분비

05 공포 기억 형성·학습·조절에 중요한 역할을 하는 것은?

① 편도체
② 소뇌
③ 시상하부
④ 해마

06 다음 중 대뇌피질 각 영역의 기능에 관한 설명으로 옳지 <u>않은</u> 것은?

① 측두엽 – 손상되면 안구가 정상적인 기능을 하더라도 시력을 상실하게 된다.
② 후두엽 – 망막에서 들어오는 시각 정보를 분석·통합하는 역할을 담당한다.
③ 전두엽 – 현재의 상황을 판단하여 상황에 적절한 행동을 계획하고 부적절한 행동을 억제하는 등 전반적으로 행동을 관리하는 역할을 한다.
④ 두정엽 – 공간 지각 및 운동 지각·신체의 위치 판단 등을 담당한다.

07 피아제의 인지 발달 4단계 중 전조작기의 특성으로 옳은 것은?

① 현재의 세계만을 인식한다.
② 가설-명제적 사고가 가능하다.
③ 상징놀이를 한다.
④ 자아중심성에서 벗어나 타인의 시점을 이해할 수 있게 된다.

08 콜버그의 도덕성 발달 단계 중 가장 높은 단계에 있는 것은?

① 물리적·신체적인 벌과 복종에 의한 도덕성
② 대인관계의 조화를 위한 도덕성
③ 보편적 도덕 윤리를 지향하는 도덕성
④ 법과 질서를 준수하는 도덕성

09 다음 내용과 가장 관련 깊은 것은?

> 영아가 2세 정도 되면 사라져서 볼 수 없고 들을 수 없었던 어떤 대상의 이미지를 생각할 수 있게 되며, 그 이미지를 활용하여 간단한 문제를 해결할 수도 있다.

① 가역성
② 대상영속성
③ 조작성
④ 보존성

10 발달 연구 방법 중 두 가지 이상의 시점에서 동일한 분석 단위를 장기간에 걸쳐 추적·연구하는 방법은?

① 횡단적 방법
② 종단적 방법
③ 시기차이법
④ 사례연구법

11 매슬로우의 욕구 5단계와 관련된 내용으로 옳은 것은?

① 애정과 소속에 대한 욕구 – 신변의 안전과 수입의 안정을 확보하고자 한다.
② 안전에 대한 욕구 – 개성을 살리고 인간으로서 성장하고 싶어한다.
③ 자아실현의 욕구 – 주위 사람들로부터 주목받고 칭찬받고 싶어한다.
④ 생리적 욕구 – 배고픔과 갈증을 해결하고자 한다.

12 심리적 동기의 유형 중 내재적 동기에 해당하는 내용을 〈보기〉에서 모두 고르면?

보 기

> ㄱ. 부모님에게 칭찬을 받고 싶음
> ㄴ. 훌륭한 사람이 되고 싶음
> ㄷ. 그것을 하고 있으면 무척 즐거움
> ㄹ. 더욱 새로운 것을 알고 싶음
> ㅁ. 선생님에게 꾸중을 듣기 싫음

① ㄱ, ㅁ
② ㄴ, ㄷ, ㄹ
③ ㄴ, ㅁ
④ ㄷ, ㄹ

13 다음 중 성취 동기에 대한 설명으로 옳은 것은?

① 자신이 노력한 결과에 대하여 알고 싶어 한다.
② 동료를 선택할 때 친밀감을 고려한다.
③ 자신의 성취 가능성을 부정적으로 본다.
④ 달성하기 어려운 높은 목표를 설정한다.

14 셀리그먼(Seligman)의 실험을 통해 설명할 수 있는 이론은?

① 고전적 조건 형성
② 학습된 무력감
③ 도구적 조건 형성
④ 깊이 지각의 발달

15 다음 중 시각 인지 과정에 대한 설명으로 옳지 않은 것은?

① 선조 피질 : 망막의 신경절 세포에서 출발한 시신경을 시각 처리 영역인 시각 피질로 연결한다.
② 선조 피질 : V1 영역이며 1차 시각 영역이다.
③ 선조 외 피질 : 선조 피질에서 입력된 정보로 시각정보를 처리한다.
④ 선조 외 피질 : V2·V3·V4·V5(MT)가 포함되어 있다.

16 다음 중 '헤링의 반대색설'에 대한 설명으로 옳은 것은?

① 빨강(R)·초록(G)·파랑(B)을 각각 수용하는 시세포의 조합으로 나타낼 수 있다.
② 기본색의 가산적 혼합으로 모든 색을 만들어 낼 수 있다.
③ 사진·TV 등에 응용된다.
④ 대립적인 쌍의 합성과 분해를 통해 색을 인식한다는 이론이다.

17 다음 중 '선형 조망'에 대한 설명으로 옳은 것은?

① 가까운 것은 크고, 멀리 있는 것은 작게 보이는 지각 현상
② 평행하는 선들이 멀리 한 점의 소실점을 향해 뻗어 있는 것처럼 보이는 현상
③ 한 물체가 다른 물체를 부분적으로 가릴 때, 가리는 물체를 가려지는 물체보다 가까운 것으로 인식하는 현상
④ 결의 간격이 넓을수록 가까운 것으로, 간격이 조밀할수록 멀리 있는 것으로 인식하는 현상

18 한 물체가 다른 물체를 가릴 때 가린 물체가 가려진 물체보다 가깝게 지각되는 것은?

① 양안 시차
② 중첩
③ 결 기울기
④ 선형 조망

19 다음 강화와 벌에 대한 내용 중 바르게 짝지어진 것은?

① 정적 처벌 – 불쾌 자극 제시, 행동 빈도 증가
② 정적 강화 – 유쾌 자극 제시, 행동 빈도 증가
③ 부적 강화 – 유쾌 자극 소거, 행동 빈도 감소
④ 부적 처벌 – 불쾌 자극 소거, 행동 빈도 증가

20 다음 중 아동이 사회적 상황에서 타인의 행동 관찰로 행동을 학습할 수 있다고 주장한 학자는?

① 반두라(Bandura)
② 왓슨(Watson)
③ 파블로프(Pavlov)
④ 게젤(Gesell)

21 다음 중 기억과 연관된 내용으로 옳지 <u>않은</u> 것은?

① 감각 기억은 정보를 최초로 저장한다.
② 작동 기억은 일시적인 저장소로서의 역할을 한다.
③ 절차 기억은 일상 경험(추억·사건 등)에 대한 자전적 기억이다.
④ '청킹(Chunking)'은 분리된 항목들을 보다 큰 묶음으로 조합하는 것이다

22 '역조건 형성'에 대한 설명으로 옳지 <u>않은</u> 것은?

① 조작적 조건 형성 절차를 사용한다.
② 이전 조건 형성의 원하지 않는 효과를 제거한다.
③ 상반된 다른 반응 자극을 연결한다.
④ 원래의 반응을 약화시키는 방법이다.

23 다음 중 '아이들은 스스로 문법적 문장을 생성하는 창조적 능력이 있으며 이것은 학습에 의한 것만은 아니다.'라는 비판을 받는 언어 발달 이론은?

① 촘스키(Chomsky)의 생득이론
② 피아제(Piaget)의 인지이론
③ 소쉬르의 시니피에(Signifie)와 시니피앙(Signifiant)
④ 스키너(Skinner)의 학습이론

24 말의 의미를 구별하는 음성의 최소 단위는?

① 문장
② 문법
③ 음소
④ 형태소

25 시행착오를 거치며 해결책에 도달하는 점진적 문제 해결이 아닌, 여러 정보를 통합하여 문제를 지각적으로 재구성함으로써 비약적 문제 해결에 도달하는 추론은?

① 연역적 추론
② 귀납적 추론
③ 통찰
④ 유추

26 처음으로 지능지수(IQ) 개념을 사용한 검사는?

① Binet Scale
② Stanford-Binet
③ K-WISC-III
④ K-WISC-IV

27 다음 중 한국판 웩슬러(Wechsler) 성인용 지능 검사에 대한 설명으로 옳지 않은 것은?

① K-WAIS-III는 11개의 소검사를 진행한다.
② K-WAIS-III 소검사로는 언어 능력 검사와 수학 능력 검사가 있다.
③ K-WAIS-IV는 15개의 소검사를 진행한다.
④ K-WAIS-IV 소검사로는 언어 이해・지각 추론・작업 기억・처리 속도가 있다.

28 신뢰도가 높은 검사에 관한 설명으로 옳지 않은 것은?

① 신뢰도는 측정 도구를 응답자에게 반복 적용했을 때 일관된 결과가 나오는 정도를 말한다.
② 검사-재검사 신뢰도는 검사를 한 번 실시한 후 두 부분의 점수로 분할하여 측정한다.
③ 동형검사 신뢰도는 각각 동일한 집단을 대상으로 차례로 실시하여 두 검사 간 상관계수를 구하는 방법이다.
④ 내적 합치도는 한 측정 도구의 모든 문항 간 상관계수를 근거로 신뢰도를 측정한다.

29 다음 중 아이젱크의 성격이론에 대한 설명으로 옳지 않은 것은?

① 성격의 주요 특질을 설명하는 5요인을 통해 성격을 더 포괄적으로 이해하려 하였다.
② 내향성-외향성(Introversion-Extraversion)은 개인의 각성 수준을 나타낸다.
③ 신경증적 경향성(Neuroticism)은 정서적 예민성・불안정성을 나타낸다.
④ 정신병적 경향성(Psychoticism)은 공격성・충동성・반사회성을 나타낸다.

30 다음 중 '현실 불안'에 대한 설명으로 옳은 것은?

① 실제로는 위험하지 않음에도 필요 이상으로 느끼는 공포감
② 위험의 실체를 인지함으로써 발생하는 감정적 체험
③ 남녀 성기의 차이에 관심이 많은 유아들에게 나타나는 불안
④ 죄의식이나 부끄러움

31 다음 중 아들러(Adler)의 개인심리이론의 특징에 해당하지 <u>않는</u> 것은?

① 인간이 가상의 목표를 가진다고 보았다.
② 인간을 책임감 있는 존재로 보았다.
③ 열등감과 보상을 개인 발달의 동기로 보았다.
④ 무의식을 성격 발달의 중심으로 보았다.

32 투사적 검사와 객관적 검사의 특징에 관한 설명으로 옳은 것은?

① 투사적 검사는 객관적 검사에 비해 채점과 해석이 간단하다.
② 객관적 검사는 투사적 검사에 비해 검사자에게 상당한 전문성이 요구된다.
③ 투사적 검사에 비해 객관적 검사에서 수검자는 자신의 상태를 은폐하기 쉽다.
④ 객관적 검사는 투사적 검사에 비해 검사자극이 모호하다.

33 갈등을 4가지 형태로 분류한 학자는?

① 설리번
② 반두라
③ 아들러
④ 레빈

34 '미운 자식 떡 하나 더 준다.'와 관련된 방어기제는?

① 부정
② 반동형성
③ 억압
④ 퇴행

35 다음 중 조울증에 관한 설명으로 옳은 것은?

① 일상생활 속에서 갑자기 호흡 곤란·떨림·가슴 통증 등을 호소한다.
② 하나의 생각에 집착하여 무의미한 행동을 되풀이한다.
③ 성실하고 책임감이 강한 사람일수록 걸리기 쉽다.
④ 기분이 들뜨거나 때론 침울해지는 양극성 장애이다.

36 프로이트(Freud)의 정신분석이론에서 '신경증적 불안'의 내용에 해당하는 것은?

① 양심의 가책과 관련된 불안을 말한다.
② 외부의 현실적 위험을 두려워하는 불안을 말한다.
③ 본능적인 충동이 나쁜 행동을 불러일으킬까 두려워하는 불안을 말한다.
④ 죄책감과 관련된 불안을 말한다.

37 수면 유형 중 비렘(non-REM) 수면에 대한 설명으로 옳지 <u>않은</u> 것은?

① 1단계는 수면 상태로 들어가는 단계(수면 중 움찔하는 경험·선잠)이다.

② 2단계는 심장박동 및 체온이 감소하고, 환경에 덜 반응(수면의 약 50%)한다.

③ 3단계는 깊은 수면 상태이다.

④ 대개 꿈을 꾸는 단계이다.

38 다음 중 동조의 원인을 바르게 설명한 것은?

① 집단의 정보를 자신의 의견이나 판단의 근거로 삼기 때문이다.

② 소수가 다수에 대하여 동조할 것을 암묵적으로 압박하기 때문이다.

③ 권력자로부터 자신의 입장이나 안전을 지키기 위해서이다.

④ 권위와 권력을 가진 사람으로부터의 요청이 작용하기 때문이다.

39 다수가 같은 작업을 함으로써 개개인의 평가가 이루어지지 않을 경우, 혼자 수행할 때보다 최선을 다하지 않게 되는 현상은?

① 사회적 억제

② 사회적 태만

③ 사회적 촉진

④ 몰개인화

40 하나의 특성에 대한 좋고 나쁨의 평가가 그 사람의 다른 측면 평가에 영향을 주는 것은?

① 후광효과

② 부정적 편향

③ 피그말리온 효과

④ 고정관념

제한시간: 50분 | 시작 ___시 ___분 – 종료 ___시 ___분

⬒ 정답 및 해설 195p

01 '인간의 행동은 무의식에 의해 동기화된다.'
라고 주장한 학파는?

① 정신분석학
② 생리심리학
③ 행동주의
④ 인지심리학

02 인간의 일반 법칙을 연구하는 기초심리학의
한 분야는?

① 발달심리학
② 임상심리학
③ 범죄심리학
④ 교육심리학

03 다음 중 '분리 뇌'에 대한 설명으로 옳지 않은
것은?

① 사고와 수술로 대뇌의 좌우반구를 연결하
는 뇌량이 절단된 상태를 말한다.
② 좌뇌에 정보가 전달된 뒤 그 정보가 우뇌
로 전달되지 못한다.
③ 두 개의 대뇌반구가 서로 정보를 주고받
지 못하는 상태를 말한다.
④ 대뇌 반구의 전문화에 대한 결정적 증거
를 제공한다.

04 좌반구 측두엽 청각피질 근처에 위치한 영역
의 손상으로, 타인의 말을 이해하는 기능에
장애가 생기는 실어증은?

① 브로카 실어증
② 전도성 실어증
③ 전실어승
④ 베르니케 실어증

05 다음 중 중추신경계에 대한 설명으로 옳지
않은 것은?

① 정보를 기억·판단하여 음성·운동·반
사 등의 명령을 내린다.
② 뇌는 신경세포가 모여 신경활동의 중추를
이루는 기관이다.
③ 척수는 중추신경과 말초신경 사이에서 정
보전달을 중계하거나 반사기능을 한다.
④ 반사중추에서 생성된 전기신호는 구심로
를 지나 실행기로 전달된다.

06 다음 중 대뇌의 구조 중 전두엽이 담당하는
것은?

① 운동 기능과 감정 조절 기능
② 정서적 경험과 기억 담당
③ 공간 및 운동 지각과 신체 위치 판단
④ 시가 정보 분석 및 통합 역할 담당

07 콜버그의 도덕성 발달 단계에서 인습적 수준에 해당하는 단계는?

① 개인적 · 도구적 도덕성
② 민주적 · 사회계약적 도덕성
③ 대인관계적 도덕성
④ 보편윤리적 도덕성

08 피아제의 인지 발달 단계 중 가설 설정 및 검증 · 연역적 사고가 가능한 시기는?

① 감각운동기
② 전조작기
③ 구체적 조작기
④ 형식적 조작기

09 종단적 연구와 횡단적 연구에 관한 설명으로 옳지 <u>않은</u> 것은?

① 종단적 연구는 검사 결과상 비교불능으로 연구 도중 사용하던 도구를 변경할 수 없다.
② 종단적 연구는 초기와 후기의 인과관계를 규명하는 주제에 용이하다.
③ 횡단적 연구는 연령에 따른 성장의 특성을 밝혀 일반적인 성향을 파악한다.
④ 횡단적 연구는 한 대상에게 반복적으로 같은 도구를 사용하므로 신뢰성에 문제가 있다.

10 다음 내용과 가장 관련 깊은 것은?

> 아이는 수 · 길이 · 넓이 · 부피 등을 차례나 형태를 바꾸어 여러 방법으로 보여주어도 그것이 변하지 않는다는 것을 알게 된다.

① 적응
② 보존 개념
③ 가역성
④ 대상영속성

11 다음 중 '정서'에 대한 설명으로 옳지 <u>않은</u> 것은?

① 기쁨 · 슬픔 · 분노 · 불안 같은 일과성(一過性)의 강렬한 감정 상태 또는 감정 체험이다.
② 도피 또는 공격 등 특정 행동의 동기가 된다.
③ 요소로는 주관적 의식 체험 · 생리적 변화 · 표정과 행동의 신체적 표출 등이 있다.
④ 시냅스의 전달 과정은 정서에 중요한 역할을 한다.

12 다음 중 개를 이용한 실험으로 학습된 무력감을 발견한 학자는?

① 제임스
② 셀리그먼
③ 왓슨
④ 캐논

13 다음 중 '생리적 결핍으로 배고픔과 목마름 등의 상태'를 일컫는 말은?

① 각성
② 인지
③ 추동
④ 본능

14 매슬로우의 욕구 5단계 중 안전에 대한 욕구의 다음 단계는?

① 생리적 욕구
② 자아실현의 욕구
③ 자기존중(존경)의 욕구
④ 애정과 소속에 대한 욕구

15 다음 중 '미각'에 대한 설명으로 옳지 않은 것은?

① 음식물 속 가용성 물질이 타액에 녹아 혀 점막에 있는 미뢰의 미각신경을 화학적으로 자극함으로써 일어난다.
② 기본 맛은 단맛·쓴맛·신맛·짠맛 네 가지이다.
③ 냄새·온도·질감 등이 맛과 작용하면서 매운맛·감칠맛 등의 보조적인 맛이 나타난다.
④ 일반적으로 단맛이 역치가 가장 낮고 쓴맛이 역치가 높다.

16 다음 중 '운동잔상'에 대한 설명으로 옳은 것은?

① 어두운 곳에서 정지된 광점을 응시하면 실제 움직임이 없음에도 그 광점이 불규칙적으로 움직이는 것처럼 느껴지는 현상
② 두 대상 사이의 거리가 변화함에 따라 느껴지는 운동현상
③ 연속되는 정지된 화면이 가상 운동으로 지각되는 현상
④ 일정 방향으로 움직이는 물체를 한동안 본 후 다른 물체를 봤을 때, 그것이 앞서 본 것과 반대 방향으로 움직이는 것처럼 보이는 현상

17 '시각 세포의 수용장'에 대한 설명으로 옳지 않은 것은?

① 허블(Hubel)과 비젤(Wiesel)이 발견하였다.
② 모양·움직임·방향 같은 특정 정보를 독립적으로 처리하는 세포이다.
③ 단순세포는 특정 방위로 기운 막대나 모서리 모양에 선택적으로 반응한다.
④ 복합세포는 선분의 방위는 물론 크기도 함께 분석한다.

18 다음 중 지각의 체제화 원리에 대한 설명으로 옳지 않은 것은?

① 근접성의 원리 : 근접한 각각의 요소를 하나의 형태로 인식
② 유사성의 원리 : 같은 방향과 주기로 움직이는 요소들을 하나의 형태로 인식
③ 폐쇄성(폐합)의 원리 : 불완전한 형태를 이미지로 완성시켜 인식
④ 연속성의 원리 : 완만한 연속성을 가진 요소들을 하나의 형태로 인식

19 학습에 관한 설명으로 옳지 <u>않은</u> 것은?

① 학습은 경험이나 연습의 결과로 발생되는 비교적 영속적·지속적인 행동의 변화이다.

② 학습에는 가치·태도·정서 반응의 습득도 포함된다.

③ 학습은 주로 유전적 요인에 의한 변화로서 개인의 외적 변화를 의미한다.

④ 학습에 의한 변화가 반드시 즉각적인 행동으로 나타나는 것은 아니다.

20 다음 내용과 가장 관련 깊은 학자는?

> 일정한 자극에 의해 일반적으로 유발되는 반사를 처음에는 그것과 아무 관계가 없던 중성 자극과 연합시킴으로써 그 중성 자극이 조건 반응을 유발시킨다.

① 에릭슨(Erikson)

② 스키너(Skinner)

③ 피아제(Piaget)

④ 파블로프(Pavlov)

21 다음 상황에 해당하는 개념은?

> 스키너의 상자에서 쥐는 계속 움직이면서 환경 탐색을 하다가 우연히 지렛대를 눌러 먹이가 먹이통에 떨어지는 것을 보고, 지렛대를 누르는 행동을 계속하게 된다. 이때 먹이로 인하여 지렛대를 누르는 행동이 증가된다.

① 조작적 조건화

② 고전적 조건화

③ 모방

④ 소거

22 기억의 정보 처리 단계 중 '입력/부호화(Encoding)'를 바르게 설명한 것은?

① 감각기를 통해 들어온 정보를 단기 기억으로 저장하고 일부는 장기 기억으로 보관한다.

② 장기 기억이 다시 단기 기억으로 옮겨져 과제 수행에 활용된다.

③ 자극 정보를 선택하여 저장 가능한 형태로 변환하는 과정이다.

④ 기억의 정보 처리 단계 중 2단계에 해당한다.

23 어린이의 언어 발달 과정 중 '옹알이기'에 대한 설명으로 옳지 <u>않은</u> 것은?

① 모국어에 쓰는 발음은 강화되어 남고, 그렇지 않은 발음은 약해져 소실된다.

② 생후 1~2개월에는 의미 없는 발성을 시작한다.

③ 생후 7~8개월에는 옹알이가 가장 활발한 시기로, 음성 종류가 풍부하다.

④ 의미 있는 단어를 발음하는 첫말을 획득하는 시기이다.

24 다음 내용에 해당하는 유아의 단어 의미에 관한 현상은?

> '개'라는 단어를 자기 집 개에게만 축소해서 적용한다.

① 신속표상대응

② 상호배타성의 원칙

③ 과잉 확대

④ 과잉 축소

25 다음 중 '유추'에 대한 설명으로 옳은 것은?

① 일반 법칙을 개별적인 사례에 적용하여 특수한 결론을 도출하는 방법
② 개별적이고 특수한 사례로부터 일반적·보편적 법칙을 찾는 방법
③ 기존에 습득한 사례를 바탕으로 새로운 상황에서의 문제를 해결하는 것
④ 여러 정보를 통합하여 문제를 지각적으로 재구성함으로써 비약적 문제 해결에 도달하는 것

26 다음 중 성격 검사가 <u>아닌</u> 것은?

① TAT
② K-WISC-IV
③ Rorschach Test
④ Baum Test

27 동시타당도와 예언(예측)타당도를 포함하는 타당도는?

① 내적 합치도
② 구인타당도
③ 기준타당도
④ 내용타당도

28 K-WAIS-IV의 소검사 중 처리 속도 요인에 해당하는 것을 〈보기〉에서 모두 고르면?

> **보기**
>
> ㄱ. 동형 찾기
> ㄴ. 기호 쓰기
> ㄷ. 무게 비교
> ㄹ. 빠진 곳 찾기

① ㄱ, ㄴ
② ㄱ, ㄴ, ㄷ
③ ㄴ, ㄷ, ㄹ
④ ㄷ, ㄹ

29 다음 중 현대 카운슬링의 아버지라 불리는 로저스(Rogers)의 주장으로 옳지 <u>않은</u> 것은?

① 인간은 자신의 삶을 능동적으로 창조한다고 보았다.
② 주관적 자유를 실천해 가는 인간의 긍정적인 측면을 강조하였다.
③ 카운슬링 역할은 성장과 가능성 촉진에 있다고 보았다.
④ 인간은 성적 동기보다 사회적 동기에 의해 동기화된다고 보았다.

30 웩슬러 성인용 지능 검사 4판(WAIS-IV)의 핵심 소검사에 해당하지 <u>않는</u> 것은?

① 기호 쓰기
② 공통성
③ 빠진 곳 찾기
④ 토막 짜기

31 심리적 감정·기분 등을 측정하는 검사로, 우울증이나 ADHD(주의력 결핍 과잉 행동 장애) 판정 등에 사용하는 검사는?

① 정서 검사
② 성취 검사
③ 적성 검사
④ 태도 검사

32 사회적으로 바람직한 내용을 동등하게 포함한 한 쌍의 항목 중 하나를 강제로 응답하게 하여 수검자가 실제 자신보다 긍정적으로 응답하는 사회적 바람직성 편향을 제어할 수 있는 검사는?

① EPPS(Edwards Personal Preference Schedule 성격 검사)
② Y-G(Yatabe-Guilford 성격 검사)
③ Rorschach Test(로르샤흐 검사)
④ TAT(주제통각 검사)

33 마음을 가다듬거나 사고를 바꿈으로써 스트레스에 대처하는 정서 중심 대처 방법은?

① 계획을 수립하여 실행에 옮긴다.
② 상황과 타협하여 현상의 좋은 점을 찾는다.
③ 문헌을 조사하거나 인터넷에서 정보를 얻는다.
④ 전문가의 상담을 받는다.

34 갈등 상황을 회피하는 것으로서, 불안·긴장·공포로부터 자신을 지키려 하는 방어기제는?

① 도피
② 투사
③ 반동형성
④ 합리화

35 다음 중 정신병의 종류에 대한 설명으로 옳지 않은 것은?

① 조현병(정신분열증)은 기분이 고양되었을 때는 자기 통제가 곤란하다.
② 조현병(정신분열증)은 마음의 병으로 발병률은 1%에 가깝다.
③ 조울증(양극성 장애)은 기분이 들뜨는 조증과 가라앉는 우울증이 반복되는 질환이다.
④ 우울증은 각종 스트레스로 우울·의욕 저하 상태가 장기간 계속되는 질환이다.

36 심리 치료법 중 게슈탈트 치료법에 대한 설명으로 옳은 것은?

① 상담자와 내담자 관계에서 일어나는 지금-이곳 경험을 중심으로 내담자의 변화를 이끈다.
② 내담자의 정서적 불편함 혹은 행동문제 관련의 역기능적 사고를 탐색한다.
③ 특정 자극이나 상황에 강한 불안·공포를 나타내는 사람을 치료하기 위해 사용한다.
④ 원초아와 초자아, 그리고 바깥 현실의 요구를 효과적으로 중재하도록 자아 기능을 강화한다.

37 '신체 증상 및 관련 장애'에 대한 설명으로 옳지 <u>않은</u> 것은?

① DSM-5에서 분류한 범주에 속한다.
② 심리적 원인으로 다양하게 나타나는 신체적 증상이다.
③ 하위 장애로는 신체 증상 · 인위성(허위성) · 질병불안(건강염려증) · 전환 장애 등이 있다.
④ 손을 지나치게 자주 씻는 등 하나의 생각과 행동에 집착하고 되풀이하는 증상을 보인다.

38 실험을 통하여 '다수가 일치된 행동을 보일 때 소수에게 통일성 압박이 발생하여 동조가 쉽게 일어나는 것'을 밝힌 학자는?

① 애쉬
② 페스팅거
③ 로젠버그
④ 와이너

39 외모 · 출신지 · 생활 양식 · 가치관 등이 비슷한 사람과 친교를 맺고 싶어하는 경향은?

① 인지적 균형이론
② 이기적 편향
③ 유사성
④ 상호성 원리

40 다음 중 사회측정법(Sociometry)에 대한 설명으로 옳지 <u>않은</u> 것은?

① 공식 집단의 위계 상황을 조사한다.
② 집단의 역동성을 분석하는 방법이다.
③ 구성원 간 수용과 거부의 선택을 통해 측정한다.
④ 대표적인 방법으로 소시오메트릭 테스트가 있다.

제한시간 : 50분 | 시작 ___시 ___분 - 종료 ___시 ___분

↪ 정답 및 해설 199p

01 다음 중 프로이트(Freud) 정신분석이론의 주요 특징에 해당하지 않는 것은?

① 역사적·문화적 배경 강조
② 무의식의 탐구
③ 정신적 결정론
④ 과거 경험의 중요성

02 다음 중 인지심리학에 대한 설명으로 옳지 않은 것은?

① 정보 처리 관점에서 인간의 인지 활동을 연구한다.
② 컴퓨터 발달에 따라 정보과학 개념이 심리학에 도입된 것이다.
③ 행동 이해를 위해 인간의 정신 과정과 기억 구조를 과학적으로 분석한다.
④ 의식을 요소의 집합이 아닌 하나의 흐름으로 파악한다.

03 다음 중 뉴런의 구조에 대한 설명으로 옳은 것은?

① 수상돌기 : 뉴런의 본체이며 유기체의 유전 정보를 담은 핵이 위치한다.
② 세포체 : 말단부위는 축색종말로 나뉘어 다른 뉴런과 근육 및 내분비선에 정보를 전달한다.
③ 시냅스 : 뉴런과 뉴런의 간극으로서 정보 전달이 이루어지는 부위
④ 축색 : 다른 뉴런으로부터 정보를 수용하여 이를 세포체에 전달한다.

04 뉴런의 축색을 둘러싼 절연물질로, 백색 지방질로 구성되어 있고 뉴런의 에너지 효율성을 증대하는 것은?

① 수초
② 축색
③ 세포체
④ 수상돌기

05 감각기관으로부터 전달되는 정보를 중계하여 대뇌피질로 전달하는 역할을 하는 것은 무엇인가?

① 시상
② 뇌량
③ 시상하부
④ 뇌하수체

06 뇌의 구조 중 다음과 같은 기능을 하는 곳은?

> 체온ㆍ혈당량ㆍ삼투압을 조절하여 항상성 유지

① 대뇌
② 간뇌
③ 중뇌
④ 소뇌

07 콜버그(Kohlberg)의 도덕성 발달 단계에서 '후인습적 수준'의 내용에 해당하지 않는 것은?

① 원만한 대인관계 유지
② 생명 존중
③ 인간의 존엄성
④ 절대적 가치

08 피아제(Piaget)의 인지 발달 단계 중 보존 개념이 획득되는 시기에 해당하는 것은?

① 감각운동기
② 전조작기
③ 구체적 조작기
④ 형식적 조작기

09 다음 사고방식에 해당되는 피아제(Piaget)의 인지발달 단계는?

> • 자신이 좋아하는 TV프로그램을 아빠가 재미없어하는 것을 이해하지 못한다.
> • 같은 양의 주스가 넓은 유리잔에 담겨 있을 때보다 좁고 긴 유리잔에 담겨 있을 때 양이 더 많다고 말한다.
> • 해가 지는 것은 해님이 잠을 자러 가기 때문이라고 생각한다.

① 감각운동기
② 전조작기
③ 구체적 조작기
④ 형식적 조작기

10 프로이트의 정신 구조에서 초자아(Super Ego)에 대한 설명으로 옳은 것은?

① 선천적으로 타고나는 성격의 가장 원초적인 부분이다.
② 욕구의 충동인 원초아를 현실 원칙에 맞게 조율하는 기능을 한다.
③ 성격의 조직적ㆍ합리적ㆍ현실 지향적 체계이다.
④ 어린 아이는 부모의 꾸중과 칭찬 속에서 행동의 옳고 그름을 배운다.

11 다음 중 '동기'에 대한 설명으로 옳지 <u>않은</u> 것은?

① 일정한 방향으로 행동을 일으키고 지속시키는 과정 또는 기능이다.
② 저변에 욕구가 존재한다.
③ 논리적 사고의 원동력이다.
④ 행동 방향을 결정하는 심리적 요인이다.

12 자극이 자율신경계의 활동과 정서 경험을 동시에 일으킨다고 주장한 학자는?

① 제임스-랑게
② 플루칙
③ 샤흐터
④ 캐논-바드

13 매슬로우(Maslow)의 욕구이론에 관한 설명으로 옳지 <u>않은</u> 것은?

① 하위 욕구는 생존에 필요하고 상위 욕구는 성장에 필요하다.
② 단계별 욕구는 동시다발적으로 일어난다.
③ 인간은 선천적으로 자아실현 욕구를 갖고 있다.
④ 욕구 강도와 중요성에 따라 5단계의 위계로 구분된다.

14 제임스-랑게(James-Lange) 이론에 대한 설명으로 옳지 <u>않은</u> 것은?

① 자극이 먼저 신체 반응을 일으키고 이것이 정서 경험을 구성한다는 이론이다.
② 정서 경험에서 생리적 변화를 중요한 촉진제로 보았다.
③ 심장박동·혈압 같은 자율신경계 변화가 대뇌에 정보로 전달되어 정서 경험을 유발한다.
④ 정서에 있어 중추신경계 역할을 중시함으로써 중추기원설이라고 한다.

15 체제화의 원리 중 '불완전한 형태를 이미지로 완성시켜 인식하는 원리'는?

① 근접의 원리
② 폐합의 원리
③ 연속의 원리
④ 공동행선의 원리

16 다음 중 선택적 주의의 3요소에 대한 설명으로 옳지 <u>않은</u> 것은?

① 정보의 선택은 필요 이상으로 많은 정보가 입력되므로 취사선택하는 것이다.
② 정보의 선택 중 정보 배제는 과제 수행에 필요한 정보를 선택하여 처리하는 것이다.
③ 주의의 범위는 사람이 한 번에 지각할 수 있는 정보의 양을 뜻한다.
④ 지속적 주의능력은 각성 수준의 영향을 받는다.

17 헬름홀츠가 제시한 삼원색에 들어가는 색은?

① 빨강
② 하양
③ 검정
④ 노랑

18 다음 중 '망막'에 대한 설명으로 옳지 <u>않은</u> 것은?

① 외부에서 빛을 받아 상을 맺는 부분이다.
② 망막에 분포한 시세포와 시신경을 통해 자극이 전달된다.
③ 색과 명암 등을 식별한다.
④ 여닫는 움직임으로 동공을 통해 들어오는 빛의 양을 조절한다.

19 학습의 정의에 관한 스키너(Skinner)의 기본 입장과 일치하는 것은?

① 학습은 행동을 매개하는 과정이다.
② 학습은 행동의 변화 자체를 의미한다.
③ 학습은 행동의 변화에 선행되어 나타난다.
④ 학습과정은 행동의 변화를 통해 추론되어 야 한다.

20 강화 계획에 관한 설명으로 옳은 것을 〈보기〉에서 모두 고르면?

> **보기**
>
> ㄱ. 계속적 강화 계획은 습득된 새로운 행동이 소거되지 않게 하는 데 가장 효과적이다.
> ㄴ. 변동비율계획의 경우 처음에는 강화 비율을 낮게 하였다가 점진적으로 비율을 높이는 것이 효과적이다.
> ㄷ. 학습자의 숙제 행동을 일관성 있게 유지시키기 위해서는 정해진 요일보다 임의의 요일에 숙제 검사를 하는 것이 낫다.
> ㄹ. 슬롯머신과 같은 도박은 강화 시기를 예측할 수 없는 변동 간격 강화에 의한 행동이므로 오래 유지되는 경향이 있다.

① ㄱ, ㄹ
② ㄴ, ㄷ
③ ㄷ, ㄹ
④ ㄴ, ㄷ, ㄹ

21 감각 기억에 관한 설명으로 옳은 것은?

① 정보의 저장 용량이 매우 제한되어 있다.
② 정보가 일단 유입되면 영구적으로 기억된다.
③ 이미 알고 있는 정보와 연결되어야 저장된다.
④ 정보의 대부분을 시각적·청각적으로 부호화한다.

22 조작적 조건 형성의 주요 개념에 대한 설명으로 옳지 <u>않은</u> 것은?

① 토큰경제 : 바람직한 행동의 체계적 목록을 정한 후, 그 행동을 할 때 얻는 그에 상응하는 보상(토큰)
② 체계적 둔감법 : 강제적이고 불가피한 불쾌 자극에 반복 노출되면 문제 해결을 위한 어떠한 노력도 소용없다는 그릇된 부정적 인식이 자리 잡는 것
③ 타임아웃 : 특정 행동 발생을 억제하기 위해 이전 강화를 철회하는 일종의 벌
④ 소거 : 강화물을 계속 주지 않을 때 반응 강도가 감소하는 것

23 어린이의 언어 발달 과정 중 '한 단어 시기'에 대한 설명으로 옳지 <u>않은</u> 것은?

① 생후 1년 무렵에 해당하는 시기이다.
② 의미 있는 단어를 발음하는 첫말을 획득한다.
③ 옹알이가 가장 활발한 시기로, 음성 종류도 풍부하다.
④ 아빠 · 엄마 · 맘마 등 가족이나 음식에 관한 단어가 주로 첫말로 등장한다.

24 다음 중 '범주화 이론'에 대한 설명으로 옳지 <u>않은</u> 것은?

① 범주화란 특정 기준에 따라 유사 속성을 가진 사물들을 하나로 묶는 것이다.
② 고전적 범주화에서 범주는 필요충분조건에 따른 속성을 공유한 집합이다.
③ 원형이론에서 범주는 전형적인 예와 그것과의 유사성에 의해 특징지어진다는 이론이다.
④ 가족 유사성은 가족 구성원이 모두 공통 속성을 공유한다는 이론이다.

25 다음 중 언어 획득(Language Acquisition)에 관한 설명으로 옳지 <u>않은</u> 것은?

① 촘스키(Chomsky)는 언어 습득 장치(LAD ; Language Acquisition Device)를 주장하였다.
② 스키너(Skinner)는 '자극-반응-강화'에 따른 언어 학습과 습득을 주장하였다.
③ 소쉬르(Saussure)는 영아의 자기중심적 언어는 사고력 미숙으로 타인 입장에서 생각 · 추론할 수 없기 때문이라고 주장하였다.
④ 최근 많은 연구자가 생득설과 사회적 상호작용에 의한 언어 활성화를 모두 인정한다.

26 K-WAIS-IV 검사의 지각 추론에 포함된 소검사가 <u>아닌</u> 것은?

① 순서화
② 토막 짜기
③ 행렬 추리
④ 빠진 곳 찾기

27 검사 절차의 표준화에 대한 설명으로 옳지 <u>않은</u> 것은?

① 검사 실시 상황이나 환경 조건에 대한 엄격한 지침을 제공한다.
② 시간 및 공간의 변화에 따라 그에 맞게 검사 실시 절차를 변경하는 것을 말한다.
③ 검사자의 질문 방식을 구체적으로 규정한다.
④ 수검자의 응답 방식을 구체적으로 규정한다.

28 다음 중 스탠포드-비네 검사에 관한 설명으로 옳지 <u>않은</u> 것은?

① 우리나라에서는 '고대-비네 검사'로 불린다.
② 스탠포드-비네 검사에 의한 지능지수를 '편차 IQ'라고 한다.
③ 비율 IQ의 적용은 20세 이전의 사람에게만 적합하다.
④ 생활연령과 정신연령을 근거로 지능지수를 산출한다.

29 투사법의 특징으로 옳지 <u>않은</u> 것은?

① 개인의 전체적·역동적 성격과 의식뿐 아니라 무의식의 부분까지 파악이 가능하다.
② 일정 방향으로 고의적으로 반응이 왜곡되는 것을 막을 수 있다.
③ 결과의 해석이 용이하며 검사자의 높은 전문성이나 경험을 요구하지 않는다.
④ 수검자와 개인 면담으로 이루어지는 경우가 많아 실시에 시간과 비용이 많이 든다.

30 아들러가 주장한 개인심리이론의 주요 개념이 <u>아닌</u> 것은?

① 열등감과 보상
② 우월을 향한 노력
③ 생활양식
④ 자기실현

31 현상학적 이론에 대한 설명으로 옳지 <u>않은</u> 것은?

① 인간에게는 객관적 현실 세계만 존재한다.
② 현재 시점에서 개인이 지각하는 경험을 중시한다.
③ 모든 인간의 행동은 개인이 세계를 지각하고 해석한 결과이다.
④ 자기실현 경향, 즉 미래 지향성은 인간의 가장 기본적인 동기이다.

32 다음 중 성격 검사에 해당하지 <u>않는</u> 것은?

① MBTI
② MMPI
③ 스탠포드-비네 검사
④ 루르샤흐 검사

33 다음 중 신경증에 대한 설명으로 옳지 <u>않은</u> 것은?

① 심리요법이 주로 쓰인다.
② 증상을 자각하는 비교적 가벼운 심리 장애이다.
③ 뇌의 구조나 신경전달물질의 이상분비 등 기질성에 의한 증상이다.
④ 현실 분별 능력의 장애는 없다.

34 다른 사람에게 화풀이를 하거나 먹는 것으로 긴장을 풀며, 고비를 넘기면 해결될 것으로 생각하는 스트레스 대처 방법은?

① 회피
② 불만족
③ 갈등
④ 좌절

35 다음 중 '성격 장애'에 대한 설명으로 옳지 <u>않은</u> 것은?

① 청소년기부터 발전하여 초기 성인기에 공고화된 병리적 정서·사고·행동이다.
② 극단적 편향·일탈 성향·행동으로 자신과 주변 사람에게 심각한 악영향을 끼친다.
③ 정상적인 생활에 지장을 초래한다.
④ DSM-5에서는 성격 장애를 3개 범주-총 10개로 분류하였다.

36 강박 및 관련 장애의 하위 유형에 포함되지 <u>않는</u> 것은?

① 신체이형 장애
② 수집광
③ 피부 뜯기
④ 하지불안 증후군

37 다음 내용에 해당하는 성격장애의 유형은?

> 교회에 다니는 A가 어느날 교회에서 예배 중 갑자기 옆자리 신자에게 '사탄'이라고 소리치며 난동을 부리기 시작했다.

① 편집성 성격 장애(Paranoid Personality Disorder)
② 조현성 성격 장애(Schizoid Personality Disorder)
③ 조현형 성격 장애(Schizotypal Personality Disorder)
④ 의존성 성격 장애(Dependent Personality Disorder)

38 다음 중 '신근효과'에 대한 설명으로 옳은 것은?

① 특정 항목에서 두드러지는 효과가 다른 항목의 평가에도 영향을 주는 효과
② 가장 최근의 정보가 최종적인 인상에 영향을 주는 효과
③ 첫인상에서 받은 정보가 그 사람의 전체적인 인상으로 굳어지는 효과
④ 한 사람의 마음속에 규정된 관념으로 다른 생각을 배척하는 사고 효과

40 사회적 침투이론(Social Penetration Theory)에 대한 설명으로 옳은 것은?

① 자기의 정보를 알리는 행위이다.
② '지향단계 → 탐색적 감정 교환 단계 → 감정 교환 단계 → 안정적 교환 단계'를 거친다.
③ 대인관계는 보수와 비용 교환으로 이루어진다.
④ Give & Take 같은 비즈니스적 이해관계에 따라 인간관계가 성립된다.

39 '흡연으로 인한 폐암 위험 인지 시 행동과 사실의 모순을 극복하고자 담배를 끊거나 폐암에 대한 정보를 부정'하는 것을 무엇이라 하는가?

① 동조현상
② 자기검열
③ 인지부조화
④ 부정적 편향

제5회 적중모의고사 | 심리학개론

제한시간: 50분 | 시작 ___시 ___분 – 종료 ___시 ___분

정답 및 해설 203p

01 인간을 자아실현을 목적으로 더 나은 삶을 위해 살아가는 주체적 존재로 파악한 학자는?

① 프로이트(Freud)
② 매슬로우(Maslow)
③ 톨만(Tolman)
④ 스키너(Skinner)

02 다음 중 심리학 실험실을 설립하여 과학으로서의 심리학을 탄생시킨 사람은?

① 제임스
② 프로이트
③ 왓슨
④ 분트

03 좌뇌와 우뇌의 기능적 속성에 관한 설명으로 옳지 <u>않은</u> 것은?

① 좌뇌와 우뇌 간에는 정보의 전이가 가능하다.
② 좌뇌보다 우뇌가 언어 정보를 처리하는데 더 유리하다.
③ 우뇌 손상이 있을 경우 주의나 지각이 어려워진다.
④ 뇌량(Corpus Callosum)의 절단은 양반구의 정보 전이를 막을 수 있다.

04 뇌의 구조 중 다음 내용에 해당하는 것은?

- 기억과 공간의 개념이나 감정적 행동을 조절한다.
- 장기 기억 전환에 중요한 역할을 하는 기관이다.
- 대뇌피질에 저장되어 있는 기억을 인출한다.

① 해마
② 간뇌
③ 측두엽
④ 후두엽

05 비정서적 사건에 비해서 정서적 사건의 기억에 더 밀접하게 관여하는 뇌 부위는?

① 해마
② 두정엽
③ 측두엽
④ 편도체

06 기억에 관련된 뇌의 신경전달물질은?

① 아세틸콜린
② 도파민
③ 세로토닌
④ 엔도르핀

09 다음 중 인지 발달 단계를 4단계로 구분한 학자는?

① 에릭슨
② 프로이트
③ 피아제
④ 콜버그

07 다음 내용과 가장 관련 깊은 학자는?

> • 인간은 성숙이 성장의 모든 면을 좌우 한다고 믿었다.
> • 형태화 과정에 의해 행위가 체계화된 다고 믿었다.
> • 발달의 상호교류 원리가 다른 행동에 도 광범위하게 적용된다고 보았다.

① 에릭슨(E. Erikson)
② 왓슨(Watson)
③ 반두라(Bandura)
④ 게젤(Gesell)

10 다음 중 프로이트(Freud)의 성격 요소에 관한 설명으로 옳지 않은 것은?

① 자아는 의식과 무의식의 중간에 있다.
② 초자아는 원초아로부터 발달한다.
③ 원초아는 무의식에 감추어진 일차적이고 정신적인 힘이다.
④ 원초아는 인간이 생존하는 데 필요한 본능 적 요소이다.

08 프로이트가 주장한 성격 발달 단계 순서로 옳은 것은?

① 구강기 → 항문기 → 남근기 → 잠복기 → 생식기
② 구강기 → 항문기 → 잠복기 → 남근기 → 생식기
③ 잠복기 → 항문기 → 구강기 → 남근기 → 생식기
④ 잠복기 → 구강기 → 항문기 → 남근기 → 생시기

11 욕구 위계에 관한 매슬로우(Maslow)의 설명과 일치하지 않는 것은?

① 인간은 선천적으로 자아실현 경향성을 갖고 있다.
② 욕구 위계에서 가장 하위 수준에 해당하는 것은 생리적 욕구이다.
③ 소속 및 애정의 욕구와 자아존중 욕구는 성장 욕구에 해당한다.
④ 욕구 위계에서 가장 상위 수준에 해당하는 것은 자아실현 욕구이다.

12 다음 중 '동기'에 관한 설명으로 옳지 <u>않은</u> 것은?

① 동기는 일정한 방향으로 행동을 일으키고 지속시키는 과정 또는 기능이다.

② 동기의 저변에 욕구가 존재한다.

③ 브룸(Vroom)은 행동 동기가 되는 욕구를 다섯 단계로 나누었다.

④ 동기는 행동의 원동력이자 행동 방향을 결정하는 심리적 요인이다.

13 신경생리학적 변화가 정서를 촉발한다는 의미에서 말초기원설이라고도 하는 정서 이론은?

① 캐논-바드(Cannon-Bard) 이론

② 제임스-랑게(James-Lange) 이론

③ 샤흐터(Schachter)의 정서 2요인설

④ 플루칙(Plutchick) 이론

14 다음 중 '학습된 무력감'에 대한 설명으로 옳지 <u>않은</u> 것은?

① 스스로 통제할 수 없는 경험이 어차피 무엇을 해도 안 된다는 무력감을 형성하여 이후 성공에 대한 기대감과 의욕을 저하시킨다는 이론이다.

② 문제 및 증상으로 인지 장애·동기 저하·언어 장애 등을 들 수 있다.

③ 회피 불가능한 혐오자극에 계속 노출되면 그 자극에서 벗어나려는 자발적 노력을 하지 않게 된다는 이론이다.

④ 셀리그먼의 실험을 통해 설명하였다.

15 다음 중 전경-배경 관계에 대한 설명으로 옳지 <u>않은</u> 것은?

① 전경과 배경 모두 모양을 가질 수 있다.

② 전경은 윤곽을 가지지만 배경은 그렇지 않다.

③ 전경은 앞으로 나와 보이고 배경은 뒤로 물러나 보인다.

④ 전경은 배경에 비해 돌출되어 보인다.

16 '양안 단서'에 대한 설명으로 옳은 것은?

① 시야 차이가 융합하면서 대상을 입체적으로 볼 수 있다.

② 한 눈으로 봤을 때 나타나는 깊이 지각의 여러 측면이다.

③ 같은 크기라도 큰 것을 인접했을 때와 작은 것을 인접했을 때 크기가 달라 보인다.

④ 근접 자극이 변해도 대상의 크기·모양·밝기·색·위치 등을 변하지 않는 것으로 인식한다.

17 크기(길이와 면적)·각도·곡선 등 평면도형의 기하학적인 관계가 객관적 관계와 다르게 보이는 현상은?

① 다의도형 착시

② 역리도형 착시

③ 대비 착시

④ 기하학적 착시

18 다음 중 '선택적 주의'의 예에 대한 설명으로 옳은 것은?

① 스트룹 효과는 많은 사람이 모인 곳에서 한 화자에 집중할 때 주위 대화를 선택하고 걸러 내는 능력을 말한다.

② 양분 청취법은 주의하지 않은 쪽의 물리적 변화(목소리 변화 등)는 인지하지만 의미는 인지하지 못한다.

③ 스트룹 효과는 선택적 주의의 대표적인 예로, 음성의 선택적 청취를 이르는 말이다.

④ 칵테일파티 효과는 파란색 잉크로 적힌 '빨강'이라는 문자를 가지고 파란색을 말해야 할 때 새명만을 명명할 때보다 반응이 느려지는 현상이다.

20 다음 내용에 해당하는 행동주의 이론의 주요 개념은?

> 혐오스러운 느낌이나 불안한 자극에 관한 위계목록을 작성한 다음, 낮은 수준의 자극에서 높은 수준의 자극으로 상상을 유도함으로써 혐오나 불안에서 서서히 벗어나도록 한다.

① 소거
② 토큰경제
③ 체계적 둔감법
④ 타임아웃

19 다음 중 학습에 대한 일반적 정의로 옳지 <u>않은</u> 것은?

① 경험이나 연습의 결과로 발생하는 비교적 영속적·지속적 행동 변화

② 학습자가 학습 목표 성취를 위해 학습 조건과 상호작용하는 과정

③ 주로 경험·훈련·연습 같은 외부 자극이나 조건, 즉 환경에 의한 개인의 내적 변화

④ 주로 유전 요인에 의한 변화 또는 신체적·신리적 변화

21 톨만(Tolman)이 주장한 기호형태설의 주요 개념 설명으로 옳지 <u>않은</u> 것은?

① 목적적 행동주의는 모든 행동은 목적을 지향한다고 가정하는 것이다.

② 잠재 학습은 이미 이룬 학습이 보상이 주어질 때까지 행동에 나타나지 않는다는 것이다.

③ 인지도(Cognitive Map)는 추론 과정과 인지를 이해·해석하기 위한 도식화이다.

④ 잠재 학습에서의 강화는 학습한 것의 수행에 영향을 주는 것이 아니라 학습에 영향을 준다.

22 다음 중 장기 기억에 대한 설명으로 옳지 **않은** 것은?

① 감각 기억과 단기 기억 과정을 거쳐 장기적으로 저장되는 기억이다.
② 사실상 정보를 무제한적·영구적으로 저장한다.
③ 관련 개념으로는 청킹·대치·전이가 있다.
④ 당장 사용하지 않아도 필요할 때 사용 가능하다.

23 언어를 인지 발달에 따라 나타나는 상징적 표상으로 본 학자는?

① 소쉬르
② 스키너
③ 피아제
④ 촘스키

24 다음 중 심층 구조와 표면 구조에 대한 설명으로 옳지 **않은** 것은?

① 심층 구조는 문장의 의미를 나타낸다.
② 표면 구조는 발화되는 문장 형식이다.
③ 심층 구조가 같으면 표면 구조도 같다.
④ 같은 표면 구조에 다른 심층 구조도 있을 수 있다.

25 어린이의 언어 발달 과정 중 과잉 확대 (Overextension)와 과잉 축소(Underextension) 경향에 대한 설명으로 옳지 **않은** 것은?

① 두 단어 시기인 3~4세에 일어난다.
② 과잉 확대는 개 이외 모든 동물을 '멍멍이'라 부르듯 원래보다 확장하는 경향이다.
③ 과잉 축소는 집에서 기르는 개만 '멍멍이'라 하고 다른 개는 그렇게 부르지 않는 경향이다.
④ 의미 있는 단어를 발음하는 첫말 획득 후에 일어난다.

26 다음 중 지능과 함께 창의성에 주목한 학자는?

① 터먼
② 길포드
③ 스피어만
④ 웩슬러

27 다음 중 지능과 유전의 관계에 대한 설명으로 옳지 **않은** 것은?

① 유전이 지능에 상당한 영향을 준다는 것은 사실이다.
② 일란성 쌍둥이는 서로 다른 환경에서 자랐더라도 지능의 유사성이 높다.
③ 지능은 유전에 따른 것이지 환경의 차이에 영향을 받지 않는다.
④ 부모와 친자식 간의 지능지수의 상관계수는 0.50이다.

28 편차지능지수에 관한 설명으로 옳지 <u>않은</u> 것은?

① 개인의 어떤 시점 지능을 동일 연령대 집단에서의 상대적 위치로 규정한 지능지수다.
② 비네-시몽(Binet-Simon) 검사에서 사용한 지수다.
③ 비율지능지수의 한계에 대한 인식에서 비롯되었다.
④ 평균 100, 표준편차 15를 적용하여 산출한다.

29 다음 중 로저스(Rogers)의 인간관에 관한 내용으로 옳지 <u>않은</u> 것은?

① 모든 인간은 자기가 중심이 되어 끊임없이 변화하는 경험의 세계 속에서 살아간다.
② 인간은 자기에게 경험하고 지각하는 대로 반응한다.
③ 개인의 사적인 세계는 오직 자기 자신에게만 알려질 수 있다.
④ 인간은 기본적으로 행동 지향적이다.

30 다음 중 태도 검사에 대한 설명으로 옳지 <u>않은</u> 것은?

① 태도 검사는 우울증이나 ADHD(주의력 결핍 과잉 행동 장애) 등의 판정에 사용한다.
② 태도 척도에는 서스톤 척도·거트만 척도·리커트 척도 등이 있다.
③ 태도 검사 문항은 질문 내용에 대한 방향성(예/아니오)·강도(강함/약함) 등으로 제시한다.
④ 태도 검사 문항은 용어나 문장 표현에 따라 응답자의 응답에 변화를 보이기도 한다.

31 다음 중 객관적 검사의 종류가 <u>아닌</u> 것은?

① K-WAIS
② MMPI
③ Y-G 성격 검사
④ HTP

32 다음 중 투사법에 대한 설명으로 옳지 <u>않은</u> 것은?

① 심층과 무의식을 다루므로 다양한 의외의 반응을 파악할 수 있다.
② 인간의 심리가 투사되는 현상을 이용하여 개발한 성격 검사 기법이다.
③ 대표적으로 다면적 인성 검사(MMPI)가 있다.
④ 불완전한 그림·형태·언어를 제시한 후 수검자의 반응과 해석을 분석한다.

33 강박 장애에 관한 설명으로 옳지 <u>않은</u> 것은?

① 심각한 불안이나 고통을 유발하는 강박적 사고와 이를 중화하기 위한 강박적 행동이 반복적으로 발생한다.
② SSRI(세로토닌 선택적 재흡수 억제제) 처방이 대표적이다.
③ 강박 장애 환자들은 종종 순서나 규칙성에 사로 잡혀 있는 경우가 많다.
④ 강박 장애를 지닌 사람들은 이러한 강박적 사고와 행동이 지나치고 부적절하다는 것을 인식하지 못한다.

34 핑계를 대거나 다른 것에 책임을 전가하여 자신의 정당성을 확보하는 방어기제는?

① 합리화　　　　② 승화
③ 부인　　　　　④ 반동형성

35 DSM-5에서 분류한 성격 장애 중 A군에 대한 설명으로 옳지 <u>않은</u> 것은?

① 감정적・정서적으로 불안정한 극적 성격 특성의 성격 장애이다.
② 편집성(증)은 타인이 나쁜 의도가 있고 그 언행이 자신을 향해 악의로 차 있다고 해석한다.
③ 조현(분열)성은 타인에게는 전혀 관심을 보이지 않고 자신만의 세계에 몰두한다.
④ 조현(분열)형은 기이한 사고와 행동으로 사회적 부적응을 초래한다.

36 다음 중 '의존성 성격장애'에 대한 설명으로 옳지 <u>않은</u> 것은?

① DSM-5의 성격 장애 분류 중 C군에 속한다.
② 자신감 결여 및 불안해하는 특성의 성격 장애 중 하나이다.
③ 주체성 결여 및 보살핌에 대한 극단적 욕구로 타인에게 의지하며 예속적・복종적이다.
④ 타인의 거부 또는 실패를 두려워하여 대인관계나 사회 참여를 회피한다.

37 다음 중 심리 치료법에 대한 설명으로 옳은 것은?

① 인지 치료법은 내담자 스스로의 자각을 최우선으로 다룬다.
② 체계적 둔감법은 인치 치료 기법의 하나이다.
③ 게슈탈트 치료법은 내담자의 정서적 불편함 혹은 역기능적 사고를 탐색한다.
④ 정신분석 치료법은 내담자의 무의식을 의식화한다.

38 그다지 관심이 가지 않는 상대라도 접촉 횟수가 많으면 호감을 갖게 되는 현상으로 친숙성을 설명할 수 있는 것은?

① 상호성 원리
② 자존이론
③ 단순접촉효과
④ 득실이론

39 다음 중 귀인이론에서 제시하는 귀인의 4가지 주요 요소에 해당하지 <u>않는</u> 것은?

① 능력
② 운
③ 과제 난이도
④ 사회적 배경

40 다음 중 '복종'에 대한 설명으로 옳지 <u>않은</u> 것은?

① 복종은 사회적 압력에 굴하여 자기 생각과 다른 방향으로 변용하는 것이다.
② 밀그램의 복종 실험은 권위에 대한 복종을 잘 보여 준다.
③ 명령한 사람에게 책임을 지우면 복종을 억제할 수 있다.
④ 권위자의 권위에도 한계가 있음을 명확히 하여 복종을 억제할 수 있다.

독학사 1단계 교양과정
적중모의고사 | 심리학개론

제한시간: 50분 | 시작 ＿＿시 ＿＿분 – 종료 ＿＿시 ＿＿분

🗐 정답 및 해설 207p

01 심리학에 끼친 철학의 영향에 대한 설명으로 옳지 <u>않은</u> 것은?

① 고대(그리스)에는 심신일원론이 존재하였다.
② 중세에는 주로 신학자들이 심리학을 연구하였다.
③ 데카르트(Descartes)는 물심일원론을 주장하였다.
④ 경험주의 철학은 생득적 관념은 존재하지 않는다는 입장이다.

02 다음 중 형태주의 학파에 관한 설명으로 옳지 <u>않은</u> 것은?

① 의학에서 탄생한 심리학이다.
② 독일의 베르트하이머(Wertheimer)가 주장하였다.
③ 의식의 내용을 요소의 조합이 아닌 전체로서 인식한다.
④ 20세기 초 구성주의에 대한 반론으로 등장하였다.

03 뇌의 주요 신경전달물질 중 기분·수면·식욕 조절 및 공격성·충동 억제에 영향을 미치는 것은?

① 도파민
② 세로토닌
③ 아세틸콜린
④ 노르에피네피린

04 뇌의 발달에 관한 설명으로 옳지 <u>않은</u> 것은?

① 사용하지 않는 시냅스는 강화되는 반면, 많이 사용하는 시냅스는 소멸된다.
② 뇌는 영역별로 발달 최적 시기 및 발달 속도가 다르다.
③ 생애 초기인 영유아기에 시냅스가 급속하게 증가한다.
④ 대뇌 피질 영역 중 브로카와 베르니케 영역이 손상되면 실어증을 초래한다.

05 다음 중 뉴런의 구조에 대한 설명으로 옳지 <u>않은</u> 것은?

① 수상돌기 : 다른 뉴런으로부터 정보를 수용하여 이를 세포체에 전달
② 세포체 : 뉴런의 본체, 정보 처리 과제 통합, 세포활동 유지
③ 축색 : 신경세포의 한 줄기 긴 섬유로, 그 말단부위는 한 갈래의 축색종말로 다른 뉴런과 근육·내분비선에 정보 전달
④ 수초 : 뉴런의 축색을 둘러싼 절연물질로 백색 지방질로 구성되어 있다.

06 뉴런의 구조 중 세포체에 대한 설명으로 옳은 것은?

① 뉴런의 본체이며 유기체의 유전 정보를 담은 핵이 위치한다.
② 신경세포의 한 줄기 긴 섬유이다.
③ 신경세포와 신경세포의 신호를 전달하는 연결 부위이다.
④ 뉴런의 축색을 둘러싼 절연물질로 백색 지방질로 구성되어 있다.

07 이론가와 발달에 관한 주장이 바르게 연결된 것을 〈보기〉에서 모두 고르면?

> **보기**
>
> ㄱ. 게젤(A. Gesell) – 아동발달의 근본적 힘은 환경이다.
> ㄴ. 촘스키(N. Chomsky) – 언어적 성취는 유전적 프로그램에 의한 것이다.
> ㄷ. 왓슨(J. B. Watson) – 성격 형성은 환경에 의해 좌우된다.
> ㄹ. 피아제(Piaget) – 아동 발달에 가장 큰 영향을 끼치는 것은 유전이다.

① ㄱ, ㄴ
② ㄱ, ㄹ
③ ㄴ, ㄷ
④ ㄷ, ㄹ

08 프로이트의 성격발달 단계에 대한 설명으로 옳지 <u>않은</u> 것은?

① 항문기 : 어머니에 대한 최초의 양가감정을 경험한다.
② 남근기 : 거세불안을 경험한다.
③ 잠복기 또는 잠재기 : 6~12세에 해당한다.
④ 생식기 : 또래의 이성 친구에게 관심을 가진다.

09 에릭슨의 인간 발달 단계 중 단계별 심리 사회적 특징으로 옳지 <u>않은</u> 것은?

① 초기 성인기 – 자아정체성 대 정체성 혼란
② 성인기 – 생산성 대 침체
③ 초기 아동기 – 자율성 대 수치심·회의
④ 학령기 – 근면성 대 열등감

10 다음 중 프로이트(Freud)와 에릭슨(Erikson)에 관한 설명으로 옳은 것은?

① 프로이트는 자아정체성을, 에릭슨은 정신에너지를 강조했다.
② 프로이트는 자아(Ego)를, 에릭슨은 원초아(Id)를 중요시했다.
③ 인간발달 단계를 프로이트는 8단계, 에릭슨은 5단계로 구분했다.
④ 프로이트는 아동기를, 에릭슨은 청소년기를 중요시했다.

11 캐논-바드(Cannon-Bard) 이론에 관한 설명으로 옳지 않은 것은?

① 자극이 자율신경계 활동과 정서 경험을 동시에 일으킨다는 주장이다.
② 정서에 있어 중추신경계 역할을 중시함으로써 중추기원설이라고도 한다.
③ 기본 정서가 서로 섞여 새로운 정서를 만들어 낸다고 주장하였다.
④ James-Lange 이론을 비판하였다.

12 매슬로우(Maslow)가 주장한 욕구 이론에 대한 설명으로 옳은 것은?

① 행동의 동기가 되는 욕구를 4단계로 나누었다.
② 인간은 상위 욕구가 충족되면 하위 욕구를 이루고자 한다고 주장하였다.
③ 결핍 욕구(Deficiency Needs)는 부족한 것을 추구하는 욕구이다.
④ 존재 욕구(Being Needs)는 가장 하위의 생리적 욕구이다.

13 다음 중 동기의 유형에 관한 설명으로 옳지 않은 것은?

① 동기의 유형은 생리적 동기와 심리적 동기로 나눌 수 있다.
② 생리적 동기의 종류로는 배고픔·성욕·수면·체온 조절 등이 있다.
③ 심리적 동기는 학습에 의존하기보다는 생리적 기반에 의해서 형성되는 동기이다.
④ 심리적 동기에는 외재적 동기와 내재적 동기 등이 있다.

14 다음 중 내재적 동기를 구성하는 요소는?

① 보상 획득
② 지적 호기심
③ 배고픔
④ 항상성

15 다음 중 '착시'에 대한 설명으로 옳지 않은 것은?

① 착시는 대상의 모양·크기·방향 등이 어느 요인에 의해 실제와 다르게 지각되는 현상이다.
② 기하학적 착시는 크기·각도·곡선 등 평면도형의 기하학적인 관계가 객관적 관계와 다르게 보이는 현상이다.
③ 다의도형 착시는 같은 도형이 두 가지 이상의 형태로 보이는 현상으로, '루빈의 잔'과 '네커의 정육면체'가 대표적이다.
④ 대비 착시는 '펜로즈의 삼각형'과 같이 2차원 평면에 나타나는 부분적 특성은 해석 가능하지만, 전체적인 3차원 형태로 지각했을 때 불가능해 보이는 무엇이나

16 다음 중 헬름홀츠가 제시한 삼원색으로 짝지어진 것은?

① 노랑(Y) · 초록(G) · 파랑(B)
② 노랑(Y) · 빨강(R) · 초록(G)
③ 빨강(R) · 초록(G) · 파랑(B)
④ 빨강(R) · 노랑(Y) · 파랑(B)

17 다음 중 선택적 주의의 '양분 청취법'에 대한 설명으로 옳은 것은?

① 둘 이상의 서로 다른 자극을 동시에 주며 어느 한쪽에만 주의를 집중시키는 것
② 문자 · 영상 · 음성 등 외부 정보를 내부에 저장된 지각 경험과 기존 표상과 대조하여 식별하는 것
③ 음성의 선택적 청취를 이르는 말로 선택적 주의의 대표적 예이다.
④ 외부 환경 · 심적 활동의 여러 정보 중 특정 정보에 선택적으로 반응 · 집중하게 하는 의식 작용

18 지각의 체제화 원리 중 '공동행선의 원리'에 대한 설명으로 옳은 것은?

① 완만한 연속성을 가진 요소들을 하나의 형태로 인식하는 것이다.
② 불완전한 형태를 이미지로 완성시켜 인식하는 것이다.
③ 같은 방향과 주기로 움직이는 요소들을 하나의 형태로 인식하는 것이다.
④ 물리적 유사성을 가진 요소들을 묶어서 인식하는 것이다.

19 다음 중 학습에 대한 학자의 정의로 옳지 않은 것은?

① 파블로프(Pavlov) : 자극과 반응의 결합
② 손다이크(Thorndike) : 자극과 반응의 결합
③ 쾰러(Köhler) : 학습은 행동 변화 자체를 의미
④ 스키너(Skinner) : 강화에 의한 조건화 과정

20 다음 내용에 해당하는 학습은?

청소년들은 텔레비전에서 본 인기가수의 노래와 춤을 따라서 한다. 그러나 청소년들은 단지 타인의 행동을 기계적으로 모방하는 것이 아닌, 새로운 행동을 만들어내기도 한다.

① 모방 학습
② 관찰 학습
③ 조건화 학습
④ 대리 학습

21 다음 중 행동주의 이론의 기본 가정과 가장 거리가 먼 것은?

① 행동은 자극과 반응의 결합이다.
② 행동은 신경 조직의 영향을 받는다.
③ 조건화에 의해 새로운 행동이 성립한다.
④ 학습은 어떤 자극에 관한 반응의 지속적인 연합이다.

22 다음 중 시연에 대한 설명으로 옳지 <u>않은</u> 것은?

① 장기 기억의 망각을 방지하는 방법이다.
② 장기 기억으로 전환하기 위해 기억해야
할 항목을 반복·복창한다.
③ 보존적 시연은 단기 기억을 망각으로부터
일시적으로 보존한다.
④ 정교화 시연은 단기 기억의 장기 기억 편
입을 위한 항목 통합 및 구조화 과정이다.

23 어린이의 언어 발달 과정 중 '두 단어 시기'
에 대한 설명으로 옳지 <u>않은</u> 것은?

① 18개월 무렵에는 두 단어를 조합·발화
함으로써 더 적절한 표현을 한다.
② 두 단어 시기 초기에는 조사 등을 탈락시
키고 필요 사항만 나열(전보식 문장)한다.
③ 3~4세에는 세 단어 이상을 조합하여 발
화하고 어른과 간단한 대화도 가능하다.
④ 5~6세에는 과잉 확대(Overextension)와
과잉 축소(Underextension) 경향이 나
타난다.

24 의사소통 발달단계에 대한 설명으로 옳지
<u>않은</u> 것은?

① 2·3단계는 자기중심적인 언어로서 의사
소통하는 기능이 없다.
② '반복'은 의사 전달 기능 없이 어떤 단어
나 음절을 되풀이하는 것이다.
③ '독백'은 상대의 존재 여부와 관계없이 자
신의 언어를 혼자 말하는 것이다.
④ 집단적 독백은 여러 사람과 말하지만 자
신의 이야기만 하며 상대 반응을 기대하
지 않는 것이다.

25 다음 중 '통찰'에 대한 설명으로 옳은 것은?

① 시행착오를 거치며 해결책에 도달한다.
② 여러 정보를 통합하여 문제를 지각적으로
재구성한다.
③ 행동주의 심리학과 관련 있다.
④ 점진적 문제 해결 방법이다.

26 지능을 구성하는 요인에 관한 카텔과 혼
(Cattell&Horn)의 이론 중 결정성 지능(Crys-
tallized Intelligence)에 관한 설명으로 옳
은 것은?

① 비언어적 요인과 관련된 능력을 말한다.
② 후천적이기보다는 선천적으로 이미 결정
된 지능의 측면을 말한다.
③ 나이가 들어감에 따라 낮아진다.
④ 문화적 요인에 의해 더 많은 영향을 받는다.

27 검사의 문항 간 정답과 오답의 일관성을 종
합적으로 추정한 상관계수로 나타내는 신뢰
도 유형은?

① 문항내적 합치도
② 동형검사 신뢰도
③ 반분신뢰도
④ 검사–재검사 신뢰도

28 웩슬러 성인용 지능검사 4판(WAIS-IV)에 새로 추가된 소검사를 〈보기〉에서 모두 고른 것은?

> **보기**
>
> ㄱ. 퍼즐
> ㄴ. 무게 비교
> ㄷ. 지우기
> ㄹ. 산수
> ㅁ. 토막 짜기

① ㄱ, ㄴ, ㄷ
② ㄱ, ㄴ, ㄹ
③ ㄱ, ㄷ, ㅁ
④ ㄴ, ㄷ, ㄹ

29 다음 중 투사법에 속하는 검사 방법은?

① 로르샤흐 검사
② Y-G 성격 검사
③ MMPI
④ EPPS

30 성격이론에 대한 각 학자들의 주장으로 옳은 것은?

① 프로이트(Freud) : 아동기에서 청소년기에 걸친 고유자아의 발달단계를 7단계로 제시
② 아이젱크(Eysenck) : 성격 특성을 내향-외향, 신경증적 경향, 정신병적 경향으로 분류
③ 카텔(Cattell) : 성격의 5요인 모델(Big Five) 제시
④ 로저스(Rogers) : 본능적 측면을 지나치게 강조하며 사회·환경적 요인 경시

31 개인심리학의 인간관에 관한 설명으로 옳지 않은 것은?

① 인간은 주로 성적 동기보다 사회적 동기에 의해 동기화된다.
② 인간의 행동은 합목적적이고 목표지향적이다.
③ 프로이트(Freud)의 결정론을 지지한다.
④ 선택과 책임, 삶의 의미, 자기 실현화를 강조하며 긍정적 인간관을 가지고 있다.

32 HTP의 집과 나무 그림에서 환경과의 상호 작용을 반영하는 것은?

① 굴뚝, 나무뿌리
② 굴뚝, 나무기둥
③ 문, 나뭇가지
④ 문, 나무뿌리

33 심리치료법 중 인지 치료법에 대한 설명으로 옳지 않은 것은?

① 합리적-정서 치료도 해당한다.
② 내담자 스스로의 자각을 최우선으로 다룬다.
③ 내담자의 정서적 불편함 혹은 행동 문제와 관련한 역기능적 사고를 탐색한다.
④ 상담자가 내담자와 협력하여 역기능적 사고를 수정한다.

34 자신이 주목받는 상황이 아니면 즐겁지 않고, 변덕스러운 감정을 표출하며 과장된 감정 표현과 태도를 보이는 성격 장애는?

① 경계성 성격 장애
② 분열성 성격 장애
③ 연극성 성격 장애
④ 자기애성 성격 장애

35 방어기제에 대한 설명 중 옳은 것은?

① 동일시 : 자기가 좋아하거나 존경하는 대상과 자기 자신을 같은 것으로 인식
② 치환 : 고통스러운 기억에 동반된 부정적 감정을 의식에서 격리하여 무의식 속에 억압
③ 반동형성 : 어떤 분야에서 능력을 발휘하여 인정받음으로써, 다른 분야에서의 실패·약점을 보충하고 자존심을 고양시키는 것
④ 합리화 : 사회적 인정이 불가한 행동과 생각을 다른 사람의 것인 양 생각하며 남 탓을 하는 것

36 DSM-5에서 분류한 성격 장애 중 C군에 대한 설명으로 옳지 <u>않은</u> 것은?

① 자신감이 결여되어 불안해하는 특성의 성격 장애이다.
② 회피성은 타인의 거부나 실패를 두려워하여 대인관계나 사회 참여를 회피한다.
③ 의존성은 보살핌에 대한 극단적 욕구로 타인에게 의지하며 예속·복종적이다.
④ 강박성은 타인에게 버림받는 것을 두려워하며 만성적 공허감을 느낀다.

37 반사회성 성격 장애의 일반적 행동 특성과 거리가 <u>먼</u> 것은?

① 높은 충동성
② 목표지향적 활동의 결여
③ 공포 유발 자극에 대한 과도한 불안 반응
④ 자신이나 타인의 안전을 무시하는 무모성

38 일관성, 특이성, 일치성이라는 3가지 기준으로 설명하는 귀인 이론은?

① 와이너(Weiner)의 귀인이론
② 켈리(Kelley)의 공변원리
③ 하이더(Heider)의 인지적 균형이론
④ 피들러(Fiedler)의 상황이론

39 다음 예화를 설명할 수 있는 이론은?

> 6·25 전쟁 당시 많은 미군이 북한의 포로가 되어 전향을 강요당했을 때 처음에는 모두 거부했지만, 학대에 못 이겨 전향서를 쓰는 사람이 생겨났다. 이 중 상당수는 자신이 좋아서 전향한 것처럼 느껴 미국으로 돌아가지 않았다.

① 부정적 편향
② 인지부조화
③ 동조 현상
④ 자기검열

40 사회교환이론(Social Exchange Theory)에 대한 설명으로 옳지 <u>않은</u> 것은?

① 대인관계는 보수와 비용 교환으로 이루어진다.
② 보수는 교제에서 얻는 모든 자극을, 비용은 교제에 드는 시간과 수고로움을 의미한다.
③ Give&Take 같은 비즈니스적 이해관계에 따라 인간관계가 성립된다.
④ 관계 진전은 두 사람의 상호작용이 성격 주변부로 스며들어 서로 상대의 중심으로 침투해가는 과정이다.

제한시간: 50분 | 시작 ___시 ___분 - 종료 ___시 ___분

→ 정답 및 해설 211p

01 다음 중 기능주의에 해당하는 내용으로 옳지 <u>않은</u> 것은?

① 19세기 말~20세기 초 미국을 중심으로 발전하였다.
② 의식을 요소들의 집합이 아닌 하나의 흐름으로 파악한다.
③ 의식의 내용을 요소의 조합이 아닌 전체로서 인식한다.
④ 구조주의(Structuralism)와 대립하였다.

02 19세기에 발달하여 현대 심리학 성립에 큰 영향을 끼친 학문은?

① 물리학
② 생리학
③ 화학
④ 의학

03 뉴런의 정보 전달 과정 중 활동전위가 일어나는 과정에 대한 설명으로 옳지 <u>않은</u> 것은?

① 정지전위 : 주요 이온은 세포외액은 칼륨이온(K^+), 세포내액은 나트륨이온(Na^+)이다.
② 탈분극 발생 : 막전위가 변화하며 전위차가 축소되면서 탈분극이 발생한다.
③ 활동전위 발생 : 충분한 자극을 받으면 탈분극이 진행되면서 +, -가 역전되며 발생한다.
④ 활동전위 전도 : 처음 자극받은 부위의 탈분극이 인접 부위의 막의 투과성을 변화시킨다.

04 시냅스의 구조에 대한 설명으로 옳지 <u>않은</u> 것은?

① 종말단추 : 축색 끝에서 혹처럼 나온 구조
② 시냅스 소포 : 종말단추 안에 있는 작은 주머니로 신경전달물질을 담음
③ 수용기 : 신경전달물질을 내보내고 새로운 전기적 신호 생성
④ 시냅스 간극 : 시냅스의 전후 세포막 사이에 있는 미세한 틈

05 다음 중 각 영역의 기능에 관한 설명으로 옳지 않은 것은?

① 측두엽 – 부적절한 행동을 억제하는 등 행동을 관리한다.
② 후두엽 – 망막에서 들어오는 시각 정보를 받아 분석한다.
③ 전두엽 – 상황을 판단하고 적절한 행동을 계획한다.
④ 두정엽 – 공간·운동 지각과 신체의 위치 판단 등을 담당한다.

06 대뇌 변연계에 관한 설명으로 옳지 않은 것은?

① 대뇌반구 아래 위치하며 해마·편도체·대상회 등의 부위를 포함한다.
② 섭식·본능·욕구 등 생존에 필요한 기능을 수행한다.
③ 좌우 대뇌반구를 연결하는 신경섬유 다발이 반구 깊은 틈새에 활처럼 놓인 곳이다.
④ 노여움·슬픔·공포 등 정동(情動)과 관련 있다.

07 에릭슨(Erikson)의 심리사회이론에서 청소년기에 해당하는 내용으로 가장 적절한 것은?

① 친밀감 대 고립감의 시기에 해당한다.
② 애착 및 신뢰관계 형성이 중요하다.
③ 자아 통합이 이루어진다.
④ 자아 기능이 강조되며 단체 활동을 한다.

08 에릭슨(Erikson)이 주장한 생애 주기에 대한 설명이 옳지 않은 것은?

① 생애 주기를 유아기에서 노년기까지 8단계로 나누었다.
② 학령기는 프로이트 발달단계 중 잠복기에 해당한다.
③ 초기 성인기의 심리사회적 위기는 근면성 대 열등감이다.
④ 노년기를 65세 이후로 보았다.

09 프로이트(Freud)의 정신분석이론에 관한 설명으로 옳지 않은 것은?

① 발달단계는 '구강기 → 항문기 → 남근기 → 잠복기 → 생식기' 순이다.
② 인간의 정신은 의식·전의식·무의식으로 구성된다.
③ 자아는 자신의 행동이 옳은지 그른지를 가늠하면서 완벽함을 추구한다.
④ 인간의 성격은 원초아·자아·초자아로 구성된다.

10 다음 중 학령기 아동의 심리사회적 특징으로 옳지 않은 것은?

① 유아기에 비해 안정된 정서적 발달을 나타낸다.
② 분노의 감정을 표현하는 경우가 빈번하다.
③ 아동의 사회화 과정은 도덕성 발달과 깊은 관련이 있다.
④ 동성의 친구보다 이성의 친구에 관한 애정이 더 강하다.

11 샤흐터(Schachter)의 정서 2요인설에 관한 설명으로 옳지 않은 것은?

① 정서란 생리적 반응과 원인의 인지 작용 사이의 상호작용임을 주장하였다.
② 화를 낼 때의 심장박동수 증가와 발한은 좋아하는 사람에게 고백할 때의 긴장감과 생리적 반응이 같다.
③ 심장박동·혈압 같은 자율신경계의 변화가 대뇌에 정보로 전달되어 정서 경험을 유발한다.
④ 정서란 생리적 반응의 지각 자체가 아닌 그 원인을 설명하기 위한 인지 해석이다.

12 다음 중 동기이론과 그 내용이 올바르게 연결되지 않은 것은?

① 매슬로우(Maslow)의 욕구 5단계이론 : 어떤 심리 과정을 통해 동기가 부여되며, 그에 따른 행동의 선택과 지속성의 구조를 이론화한 것이다.
② 추동감소이론 : 유기체가 배고픔이라는 추동을 경감·해소하는 행위를 추동감소라고 한다.
③ 최적각성수준이론 : 최적각성수준이란 인간이 행복을 느끼는 정신 자극의 단계를 말한다.
④ 대립과정이론 : 인간은 한 쌍의 대립 감정을 가지며, 정상 상태에서 벗어나 한쪽 감정으로 치우치면 반대되는 감정으로 균형이 기울어지는 대립과정이 일어난다는 이론이다.

13 다음 중 생리적 동기에 대한 설명으로 옳은 것은?

① 학습에 의해 형성되는 동기로서, 호기심·자극 추구·성취 동기·통제 동기 등이 있다.
② 타인과 우호 관계를 성립시키고 그것을 유지하고자 하는 동기이다.
③ 자신의 역량을 최대한 발휘하여 어려움을 극복하고 목표를 실현하고자 하는 동기이다.
④ 목마름·배고픔 해결과 온도 유지 등을 통해 신체의 항상성을 유지하려는 동기이다.

14 타인과의 소통을 중시하며, 누군가와 함께 성취하는 기쁨을 추구하는 사람은 어떤 동기가 강한 사람인가?

① 성공 동기
② 성공회피 동기
③ 친화 동기
④ 생리적 동기

15 다음 중 시각 구조에 대한 설명으로 옳은 것은?

① 추상체는 명암을, 간상체는 색을 감지한다.
② 망막은 카메라의 필름과 같은 역할을 하며 추상체와 간상체를 가진다.
③ 수정체는 여닫는 움직임으로 동공을 통해 들어오는 빛의 양을 조절한다.
④ 대뇌의 시각 영역은 전두엽에 위치한다.

16 다음 중 삼원색의 가산적 혼합으로 모든 색을 만들어낼 수 있다고 주장하는 이론은?

① 페히너(Fechner)의 법칙
② 영-헬름홀츠(Young-Helmholtz)의 삼원색 이론
③ 헤링(Hering)의 반대색설
④ 베버(Weber)의 법칙

17 선조 외 피질에 대한 설명으로 옳지 않은 것은?

① 선조 피질을 둘러싼 시각 연합 영역이다.
② 선조 피질에서 입력된 정보로 시각 정보를 처리한다.
③ 형태·색·움직임 등을 식별한다.
④ V1 영역이다.

18 다음 중 '양안단서'와 관련이 없는 것은?

① 양안 시차
② 폭주각
③ 시선수렴
④ 선형 조망

19 다음 학습의 정의에 근거할 때, 학습된 행동에 해당하는 것은?

> 학습은 강화된 훈련의 결과로 나타나는 행동잠재력의 비교적 영속적인 변화이다.

① 코가 간지러울 때 재채기를 한다.
② 배고플 때마다 냉장고 안을 들여다본다.
③ 감기약 복용으로 인해 졸음이 온다.
④ 뜨거운 냄비를 만졌을 때 즉각 손을 뗀다.

20 고전적 조건 형성에서 '조건이 형성이 되었을 때의 조건 자극과 비슷한 자극에도 조건 반응이 발생하는 것'을 설명하는 개념은?

① 소거
② 자발적 회복
③ 자극 변별
④ 자극 일반화

21 다음 중 통찰 학습에 관련된 내용으로 옳은 것은?

① 요소들을 의미 있는 것으로 관련짓는 인지구조를 강조하였다.
② 대표적인 학자는 반두라(Bandura)이다.
③ 시행착오의 역할을 강조하였다.
④ 타인의 행동과 그 결과를 모델로 관찰하여 학습한다.

22 다음 중 개념과 이를 주장한 학자의 연결이 바르지 <u>않은</u> 것은?

① 강화이론 – 파블로프
② 토큰경제 – 스키너
③ 시행착오 – 손다이크
④ 통찰 학습 – 쾰러

23 언어의 기본 특징에 대한 설명으로 옳지 <u>않은</u> 것은?

① 음소 : 말의 의미를 구별하는 음성의 최소 단위
② 형태소(Morpheme) : 의미를 가진 언어의 가장 작은 단위
③ 문장 : 생각이나 감정을 말로 표현할 때 완결된 내용을 나타내는 최소 단위
④ 통사 규칙 : 형태소들이 어떻게 조합되어 단어가 되는지에 관한 규칙

24 촘스키(Chomsky)의 생득이론에 대한 설명으로 옳지 <u>않은</u> 것은?

① 언어는 환경보다 생물학적 요인에 더 영향을 받는다.
② 적절한 환경만 제공되면 누구나 노력 없이 단기간에 언어 습득이 가능하다.
③ 인간은 뇌에 '보편문법', 즉 '생득적 언어 습득 능력'이 프로그램화되어 있다.
④ 주변인이 강화른 반아 언어가 습득된다.

25 다음 중 명제 표상에 대한 설명으로 옳은 것은?

① 의미 내용을 표면적인 성질과 관계없이 추상적인 표상으로서 기술한다.
② 특정 기준에 따라 유사 속성을 가진 사물들을 하나로 묶는 것이다.
③ 대상·사건의 특성을 어떤 범주에 속한 대상이나 사건으로 일반화하는 과정이다.
④ 경험한 것을 기호화하여 새로운 개념을 만들어내는 정신작용이다.

26 다음 중 지능과 창의성의 관계에 대한 설명으로 옳지 <u>않은</u> 것은?

① 지능이 높다고 반드시 창의성이 높은 것은 아니다.
② 지능이 비교적 낮은 사람은 창의성을 발휘할 수 없다.
③ 지능과 창의성은 전혀 다른 지적 능력이다.
④ 창의성을 가지기 위해서는 평균 이상의 지능이 필요하다.

27 수학 능력을 측정하는 데 어휘 문제가 쓰였다면 검사의 어느 측면이 결여된 것인가?

① 타당도
② 성취도
③ 객관도
④ 신뢰도

28 서스톤(Thurstone)의 다요인설에 대한 설명으로 옳지 <u>않은</u> 것은?

① 스피어만의 지능의 2요인설에 대해 비판하였다.
② 지능은 일반 특성으로 설명되기보다 개별 능력으로 구성된다고 하였다.
③ 언어 이해, 수리, 공간 지각, 지각 속도, 기억, 추리, 단어유창성이라는 7가지 능력을 제시하였다.
④ 정보 인지 · 기억 처리뿐 아니라 아는 정보에서 새 지식을 생산하는 창조 능력에 주목하였다.

29 다음 중 투사법의 장점과 단점으로 옳지 <u>않은</u> 것은?

① 개인의 전체적 · 역동적 성격, 의식뿐 아니라 무의식 부분까지 파악할 수 있다.
② 고의적으로 반응이 왜곡되는 것을 막을 수 있다.
③ 결과의 해석이 용이하여, 검사자의 전문성을 요구하지 않는다.
④ 수검자와 개인 면담으로 이루어지는 경우가 많아 실시에 시간과 비용이 많이 든다.

30 인간에게는 주관적 현실세계만 존재한다고 주장하면서 현재 시점에서 개인이 지각하는 경험을 중시하는 성격이론은?

① 개인심리이론
② 정신분석이론
③ 현상학적 이론
④ 특질이론

31 '한 개인을 다른 개인으로부터 구별할 수 있도록 하는 개인의 독특한 심리적 특징'은 무엇인가?

① 인격
② 기질
③ 성격
④ 특성

32 프로이트(Freud)의 정신분석이론에 관한 설명으로 옳은 것을 〈보기〉에서 모두 고르면?

> **보기**
> ㄱ. 인간을 생물학적 존재로 파악한다.
> ㄴ. 청소년기는 발달 단계상 잠복기에 해당한다.
> ㄷ. 신경증적 불안은 원초아(Id)와 초자아(Super ego) 사이의 갈등에서 생긴다.
> ㄹ. 투사란 강한 성적 충동을 감추기 위해 오히려 성에 대해 지나친 혐오감을 드러내는 것과 같은 방어기제를 말한다.

① ㄱ
② ㄱ, ㄷ
③ ㄴ, ㄷ
④ ㄱ, ㄷ, ㄹ

33 다음 중 신체 증상 및 관련 장애에 대한 설명으로 옳지 **않은** 것은?

① 심리적 원인으로 나타나는 신체 증상이다.
② 하위 장애로는 신체 증상, 질병불안(건강 염려증), 전환, 인위성(허위성) 등이 있다.
③ 건강염려증은 사소한 신체 증상을 과대 해석하는 등 과도한 건강 집착을 말한다.
④ 전환 장애(conversion disorder)는 충격적 사건 경험 후 나타나는 방어기제로 볼 수 있으며, 의식·기억·지각·자기동일성 등 와해, 기억상실·다중인격·빙의 현상 등이 나타난다.

34 다음 중 방어기제의 유형에 대한 설명으로 옳지 **않은** 것은?

① 반동형성 – 성적 욕구가 강한 것을 감추기 위해 전혀 관심이 없는 것처럼 표현한다.
② 투사 – 자신의 무능함을 보충하기 위해 타인이나 집단의 일면을 모방하거나 일치시킴으로써 만족을 얻는 것이다.
③ 퇴행 – 극단적인 곤경에 빠졌을 때 안정감을 느꼈던 어린 시절로 돌아가고자 하는 방어기제이다.
④ 전이 – 전에 알았던 사람과 현재의 사람을 동일시하여, 전에 알았던 사람에게 가졌던 사랑이나 미움의 감정을 현재의 사람에게 옮겨와 반복시키고 있는 특수 착가(Special Illusion) 현상이다.

35 DSM-5에서 분류한 심리 장애에 대한 설명으로 옳지 **않은** 것은?

① 불안 장애 : 지나치게 과민하거나 자기통제가 불가능한 경우 일상에 심각한 장애 초래
② 강박 및 관련 장애 : 충격적 사건 경험 후 기억상실·다중인격·빙의 현상 등이 나타남
③ 신체 증상 및 관련 장애 : 심리적 원인으로 다양하게 나타나는 신체적 증상
④ 외상 후 스트레스 장애 : 전쟁 등 과거 충격적 경험이 이후 삶에 반복적으로 재생되어 고통을 느낌

36 다음 중 '수면-각성 장애'에 대한 설명으로 옳은 것은?

① 뇌 신경전달물질(세로토닌, 노르아드레날린)의 작용 악화로 발생한다.
② DSM-5에서 분류한 하위 유형으로 하지불안 증후군 등이 있다.
③ 기분이 들뜨는 조증과 가라앉는 우울증이 반복된다.
④ 의식·기억·지각·자기동일성 등이 와해되는 증상을 보인다.

37 심리치료 방법 중 하나인 정신분석 치료법에 대한 설명으로 옳지 <u>않은</u> 것은?

① 원초아와 초자아, 바깥 현실의 요구를 효과적으로 중재하도록 자아 기능을 강화한다.

② 상담자는 내담자가 인지적 통찰이 아닌 정서적 통찰을 하도록 돕는다.

③ 상담자가 내담자와 협력하여 역기능적 사고를 수정한다.

④ 깊은 수준에서의 변화가 일어나도록 돕는 치료법이다.

38 리더십 이론 중 특질이론(Traits Theory)에 대한 설명으로 옳지 <u>않은</u> 것은?

① 탁월한 지도력은 지도자의 개인적 특성에서 나온다는 개념이다.

② 뛰어난 지도자들의 공통 자질이나 특성 탐구가 연구 목적이다.

③ 지도자 특성과 지도력 발휘 사이의 상관관계를 충분히 설명할 수 없다.

④ 지도력을 타인에게 영향을 주는 사람의 공통 행동 유형으로 본다.

39 설득 효과에 영향을 주는 요인이 <u>아닌</u> 것은?

① 낮은 공 기법
② 일면 메시지와 양면 메시지
③ 적당한 공포 유발
④ 설득 의도의 유무

40 부정적 정보가 나타나도 이미 형성된 인상에 맞추어 달리 해석하는 효과는?

① 후광효과
② 피그말리온 효과
③ 신근효과
④ 초두효과

독학사 1단계 교양과정
적중모의고사 | 심리학개론

제한시간: 50분 | 시작 ___시 ___분 – 종료 ___시 ___분

🔁 정답 및 해설 215p

01 다음 중 구조주의를 주장한 분트(Wundt)에 대한 설명으로 옳지 <u>않은</u> 것은?

① 심리학의 대상은 의식이 아닌 객관적 관찰이 가능한 행동이라고 보았다.

② 라이프치히 대학에 최초의 심리학 실험실을 설립하였다.

③ 최초로 내성법(Self-Observation)을 사용하였다.

④ 요소 결합으로 의식 현상을 설명하였다.

02 실험법에 대한 설명으로 옳은 것은?

① 개인의 성장 · 발달 과정의 구체적 사례를 연구한다.

② 인위적인 조작 · 통제를 가하고 그에 따른 결과를 도출한다.

③ 계획적으로 작성된 문항에 피험자가 응답하도록 한다.

④ 피험자와의 언어적 대화를 통해 정보를 얻는다.

03 시냅스의 정보 전달 과정으로 옳지 <u>않은</u> 것은?

① 시냅스의 정보 전달 방식은 물리적 전달이며, 뉴런과 뉴런 접합부로 정보를 주고받는다.

② 종말단추에 이른 활동전위는 소낭 속 신경전달물질이 시냅스에 분비되도록 자극한다.

③ 분비된 신경전달물질은 시냅스 후 뉴런의 수상돌기에 있는 수용기와 접촉한다.

④ 많이 사용하는 시냅스는 강화되는 반면, 사용하지 않는 시냅스는 소멸한다.

04 신경전달물질의 종류와 기능에 대한 설명으로 옳은 것은?

① 아세틸콜린(ACh) : 침착 · 안정감, 쾌감 · 각성 조절, 행동 억제 기능을 한다.

② 도파민(DA) : 신경을 흥분시키고 의욕 · 집중 · 기억 · 적극성 등에 관여한다.

③ 글루타민산 : 통증 완화하고 기분을 안정시킨다.

④ 감마아미노낙산(GABA) : 수면 촉진 · 경련 완화 기능, 부족하면 불안 · 불면증 등이 발생한다.

05 실어증에 대한 설명으로 옳지 <u>않은</u> 것은?

① 실어증은 언어중추 손상으로 인한 말하기 · 듣기 · 쓰기 · 읽기의 언어 능력 장애 증상을 말한다.
② 브로카(Broca) 실어증은 청각 이해 능력이 발화 능력보다 떨어진다.
③ 베르니케(Wernike) 실어증은 유창한 발화는 가능하나 상황 · 질문에 안 맞는 말을 한다.
④ 전도성 실어증은 이해하고 표현하는데 지장이 없지만 들은 말을 반복하지 못한다.

06 다음 중 '전도성 실어증'에 대한 설명으로 옳은 것은?

① 베르니케 영역과 브로카 영역을 연결하는 궁상속(弓狀束) 손상이 원인이다.
② 이해하고 표현하는 데 지장이 많고 들은 말을 반복하지 못한다.
③ 유창한 발화는 가능하다.
④ 상황 · 질문에 안 맞는 말을 한다.

07 에릭슨의 심리사회적 인간 발달 단계와 프로이트의 심리적 성격 발달 단계를 바르게 연결하지 <u>못한</u> 것은?

① 구강기 – 주도성 대 죄의식
② 항문기 – 자율성 대 수치심 · 회의
③ 남근기 – 주도성 대 죄의식
④ 잠복기 – 근면성 대 열등감

08 청소년기의 신체 발달 특징에 관한 설명으로 옳지 <u>않은</u> 것은?

① 성장 폭발, 성장 가속화, 성장 불균형, 성장의 개인차 등이 나타난다.
② 사춘기를 경험하며, 2차 성징과 함께 생식기관의 성숙이 뚜렷하게 나타난다.
③ 남성 호르몬 안드로겐, 여성 호르몬 에스트로겐의 작용으로 2차 성징이 나타난다.
④ 청소년의 성장 급등은 여학생보다 남학생에게서 먼저 나타난다.

09 다음 중 유전인자에 관한 설명으로 옳지 <u>않은</u> 것은?

① 유전병은 유전에 의해서만 발병한다.
② 인간의 모든 유전적 잠재성은 46개의 염색체에 의해 결정된다.
③ 2쌍의 염색체 중 22개는 상염색체에 해당한다.
④ DNA는 뉴클레오티드로 구성되어 있으며 핵산을 형성한다.

10 다음 중 피아제(Piaget)의 '형식적 조작사고'에 관한 내용으로 옳지 <u>않은</u> 것은?

① 청소년들의 형식적 조작사고는 아동기의 사고와 질적으로 다른 사고이다.
② 현실 지향에서 가능성 지향의 사고를 갖게 된다.
③ 조합적 분석에서 부분적 분석을 하게 된다.
④ 가설 연역적으로 사고하게 된다.

11 플루칙(Plutchick) 이론에 관한 설명으로 옳지 않은 것은?

① 정서 식별이나 분류는 대체로 임의적인 것이다.
② 자극이 자율신경계 활동과 정서 경험을 동시에 일으킨다.
③ 인간의 기본 정서를 8가지로 나누었다.
④ 기본 정서가 서로 섞여 새로운 정서를 만들어 낸다고 주장하였다.

12 매슬로우의 욕구 5단계 중 '자아실현의 욕구'에 대한 설명으로 옳은 것은?

① 가정 형성이나 교제 등 어떤 조직에 소속되어 애정을 주고받고자 하는 욕구이다.
② 자신의 잠재력을 발휘하고 타인의 의견에 대해 독립적으로 행동하려는 욕구이다.
③ 신체적·정신적 위험에 의한 불안과 공포에서 벗어나고자 하는 욕구이다.
④ 의식주·종족 보존 등 최하위 단계이며 인간의 본능적·필수적 욕구이다.

13 다음 중 외재적 동기와 내재적 동기의 내용으로 옳지 않은 것은?

① 외재적 동기 - 흥미, 호기심, 즐거움
② 외재적 동기 - 보상
③ 내재적 동기 - 자율적
④ 내재적 동기 - 과제 자체의 성취감

14 다음 중 성공 회피 동기에 관한 설명으로 옳은 것은?

① 주위의 기대·지위 유지·시기·질투 등 성공에 따른 부담과 스트레스를 피하려는 동기이다.
② 호너(Horner)는 성공 공포가 남성에게 많다고 하였다.
③ 생리적 동기에 속한다.
④ 극히 어렵거나 성공 확률이 낮은 목표는 피하려는 경향이 있다.

15 절대역과 차이역에 대한 설명으로 옳지 않은 것은?

① 역치는 자극을 감지하는 것과 감지하지 못하는 것으로 나눈다.
② 절대역은 감각을 일으키는 최대한의 자극 강도를 말한다.
③ 차이역은 강도가 서로 다른 두 자극의 차이를 느낄 수 있는 최소한의 자극 강도이다.
④ 차이역은 식별최소차(JND)라고도 한다.

16 귀의 구조 중 '달팽이관'에 대한 설명으로 옳은 것은?

① 운동·균형 감각을 담당하는 평형기관
② 귓바퀴에서 고막으로 이어지는 통로로, 소리를 증폭하는 역할
③ 소리의 진동을 신경으로 전달하는 기관
④ 추골·침골·등골로 연결되어 고막으로 진동한 소리를 받아 내이로 전달

17 다음 중 '양안 시차'에 대한 설명으로 옳은 것은?

① 평행하는 선들이 멀리 있는 수렴점으로 보이는 현상
② 가까운 것은 크고, 멀리 있는 것은 작게 보이는 지각 현상
③ 시야 차이가 융합하면서 대상을 입체적으로 볼 수 있음
④ 양안으로 어떤 대상물을 주시할 때 양안의 시선이 주시점과 이루는 각

18 다음 중 '영-헬름홀츠(Young–Helmholtz)의 삼원색 이론'에 대한 설명으로 옳지 않은 것은?

① 삼원색의 가산적 혼합으로 모든 색을 만들어낼 수 있다는 이론이다.
② 인간의 시각은 R · G · B를 인지하는 3개의 추상체와 시신경 섬유가 있다.
③ 잔상효과에 근거를 두었다.
④ 컬러 인쇄, 사진, TV 등에 응용한다.

19 다음 내용에서 밑줄 친 부분에 해당하는 개념을 바르게 연결한 것은?

> 학기 초 ㉠ 선생님은 모든 학생들에게 ㉡ 사탕을 나누어 주며 친절하고 상냥하게 대하였다. 그 후 학생들은 선생님이 사탕을 나누어 주지 않아도 선생님을 ㉢ 좋아하게 되었다.

	㉠	㉡	㉢
①	중성 자극	무조건 자극	조건 반응
②	조건 자극	중성 자극	조건 반응
③	조건 자극	중성 자극	무조건 반응
④	중성 자극	조건 자극	무조건 반응

20 다음 내용과 연관된 이론으로 옳은 것은?

> 이미 학습은 되었으나 보상이 주어질 때까지는 학습한 것이 나타나지 않는다.

① 톨만의 잠재 학습
② 쾰러의 통찰 학습
③ 반두라의 관찰 학습
④ 피아제의 인지 학습

21 다음 중 행동주의 학습이론의 인간에 관한 관점으로 거리가 먼 것은?

① 정신분석과 같은 결정론적 시각을 거부한다.
② 인간의 행동은 환경의 자극에 의해 동기화된다.
③ 예측 가능하기 때문에 통제도 가능하다.
④ 인간의 행동은 행동 양식에 따른 강화에 의해 결정된다.

22 다음 중 망각과 관련된 개념에 대한 설명으로 옳지 않은 것은?

① 망각 : 장기 기억 속에 저장되었던 정보를 잃어버리는 현상이다.
② 순행간섭 : 먼저 학습한 것이 나중에 학습한 것을 간섭한다는 것이다.
③ 역행간섭 : 사용되지 않는 정보는 시간 경과에 따라 망각될 확률이 높다는 것이다.
④ 쇠퇴 : 기억 흔적은 사용되지 않으면 시간 경과에 따라 점차 사라진다는 것이다.

23 언어의 특징 중 생각이나 감정을 말로 표현할 때 완결된 내용을 나타내는 최소 단위는?

① 음소
② 형태소
③ 문법
④ 문장

24 언어습득장치(LAD ; Language Acquisition Device)에 대한 설명으로 옳은 것은?

① 스키너(Skinner)가 주장하였다.
② 인간의 뇌에 프로그램화된 '보편문법', 즉 '생득적 언어 습득 능력'을 가리킨다.
③ 언어 습득 장치로 인해 환경이 적절치 않아도 누구나 노력만 하면 언어 습득이 가능하다.
④ 주위 사람들의 말을 정확히 모방했을 때 주변인의 강화를 받아 언어가 습득된다.

25 다음 중 통찰에 관한 설명으로 옳지 않은 것은?

① 재생적 사고란 과거에 문제를 경험한 사실을 활용하여 해결하려는 사고이다.
② 생산적 사고란 모르던 새로운 관계성을 발견하는 것으로, 창의성과 관계가 있다.
③ 기능적 고착이란 사물의 습관적 기능에 얽매여 그것의 잠재적 사용법을 활용하지 못하는 경향을 말한다.
④ 기능적 고착은 생산적 사고가 재생적 사고를 저해하는 경우에 해당된다.

26 지능 검사에 관한 설명으로 옳지 <u>않은</u> 것은?

① 지능 검사는 다양한 인지 능력을 측정하는 것이다.
② 스탠포드–비네 검사에서 산출되는 지능지수를 비율 IQ라고 한다.
③ 스피어만(Spearman)은 2요인설을 주장하였다.
④ 길포드(Guilford)는 인간의 지능을 유동성 지능과 결정성 지능으로 구분하였다.

27 타당도가 높은 검사에 관한 설명으로 옳은 것은?

① 기준타당도를 시제로 분류하면 동시타당도와 예언타당도로 나눌 수 있다.
② 내용타당도는 검사가 측정하려는 이론적 개념이 검사에서 실증되는 정도로 타당성을 평가한다.
③ 기준타당도는 측정 도구가 측정하는 구성 개념 영역을 얼마나 잘 대표하는지에 관한 것이다.
④ 구인타당도는 측정 도구의 점수와 그 검사가 측정하려는 특징을 충실히 반영하는 척도와의 상관계수에 의해 타당성을 검증한다.

28 스턴버그(Sternberg)가 제시한 지능의 구조에 대한 이론 중 성분적 지능과 연관된 것은?

① 직관력과 통찰력을 통해 새로운 문제를 신속하게 처리하는 능력
② 사물의 본질적인 부분과 비본질적인 부분을 분간하는 능력
③ 현실 상황에 대한 적응 및 환경과의 조화를 이루는 능력
④ 새로운 지능을 획득하고 이를 논리적 문제의 해결에 적용하는 분석적 능력

29 다음 내용과 같이 성격을 정의한 학자는?

> 성격은 일생 동안 여러 단계를 거치면서 당면하게 되는 심리사회적 위기 극복의 결과다.

① 프로이트
② 로저스
③ 에릭슨
④ 올포트

30 주제통각 검사(TAT)에 관한 설명으로 옳지 <u>않은</u> 것은?

① 30장의 그림카드와 1장의 백지카드로 구성되어 있다.
② 사고의 형식을 주로 본다는 점에서 로르샤흐 검사와 대비된다.
③ 피검자의 이야기는 의식의 흐름을 반영하므로 방해하지 않는다.
④ 이야기를 만드는 사람의 성향이나 갈등 등이 직·간접적으로 표현된다.

31 검사 유형에 대한 설명으로 옳지 <u>않은</u> 것은?

① 성취 검사 : 다양한 인지 능력을 측정하는 것이다.
② 적성 검사 : 특정 직업이나 학업에 대하여 적합한 소질을 가지는지를 측정하는 검사
③ 태도 검사 : 특정 자극에 보이는 개인의 정서적 반응이나 가치 판단 등을 나타내는 태도(Attitude) 측정
④ 정서 검사 : 심리적 감정·기분 등을 측정하는 검사로, 우울증이나 ADHD(주의력 결핍 과잉 행동 장애) 판정 등에 사용

32 인간은 자기개념(자신에 대한 이미지)과 불일치하는 체험을 했을 때 혼란스러워하는데, 이러한 자기불일치 상태에서 자기일치로 바꾸는 것이 치료의 목적인 상담은?

① 개인심리 상담
② 인간중심 상담
③ 행동주의 상담
④ 정신분석 상담

33 A군은 엄마가 돌아가셨지만, 아직도 매일 저녁마다 골목에 나가 엄마가 오실 것을 기다린다. A군이 사용하고 있는 방어기제는?

① 투사
② 합리화
③ 반동 형성
④ 부정

34 다음 내용과 가장 관련 깊은 장애 증상은?

> 학생 K는 수학여행을 가다가 버스가 뒤집혀 친한 친구 몇 명이 사망하고, 본인도 부상을 당하는 사고를 겪었다. 이후 버스 소리만 들려도 깜짝깜짝 놀라고, 꿈속에서 죽은 친구의 모습이 보여 잠을 제대로 자지 못하며, 이러한 이상 증상은 1년이 넘도록 지속되고 있다.

① 외상 후 스트레스 장애
② 공포증
③ 공황 장애
④ 강박 장애

35 A양은 음대 입학시험을 앞두고 목소리가 나오지 않는 증상이 생겼다. 다음 중 가장 가능성이 높은 진단은?

① 강박 장애
② 건강염려증
③ 전환 장애
④ 특정 공포증

36 DSM-5의 성격 장애 분류에서 B군에 대한 설명으로 옳지 <u>않은</u> 것은?

① 감정 · 정서적으로 불안정하며 극적 성격 특성의 성격 장애이다.
② 반사회적 성격은 양심의 가책이 결여되며 타인을 무시하고 권리를 침해하는 행동을 반복한다.
③ 연극성 성격은 분노 조절에 어려움을 느끼며 자기파괴적 행동을 한다.
④ 자기애성 성격은 자신의 능력을 과대평가하고 타인을 질투하며 거만하게 행동한다.

37 문제되는 불안 · 공포와 양립할 수 없는 근육이완을 문제되는 자극과 연합시켜 점점 더 강한 불안 · 공포를 일으키는 자극을 심상으로 유발시켜 나가는 심리 치료법은?

① 인지 치료법
② 체계적 둔감법
③ 게슈탈트 치료법
④ 정신분석 치료법

38 다음 중 사회적 태만이 일어나는 요인에 해당하는 것은?

① 개인의 공헌도 측정 곤란
② 과제의 난이도
③ 책임의 집중
④ 노력의 가치성

39 켈리(Kelley)가 주장한 공변원리의 3가지 기준에 대한 설명으로 옳지 <u>않은</u> 것은?

① 일관성 : 때와 상황에 관계없이 그 사람의 반응이 일관되어 있는가?
② 특이성 : 그 사람이 다른 상황(대상)에 대해서 같은 반응을 하는가?
③ 일치성 : 다른 사람들도 그 사람과 같은 반응을 하는가?
④ 일관성만 높으면 대상에 원인을 두는 외부 귀인이다.

40 귀인의 편향 중 사회적 행동의 원인 추측 시 상황 · 환경 등의 외적 요인을 충분히 고려하지 않고 행위자의 특성이라는 내적 요인에만 치우치는 경향은?

① 이기적 편향(자기 고양 편파)
② 근본적(기본적) 귀인 오류
③ 행위자-관찰자 편향
④ 확증편향

제한시간: 50분 | 시작 ___시 ___분 - 종료 ___시 ___분

➡ 정답 및 해설 219p

01 다음 자료 수집 방법 중 관찰법의 장점으로 옳지 <u>않은</u> 것은?

① 현장연구에 해당한다.
② 시간과 비용의 측면에서 유리하다.
③ 대상자의 무의식적인 행동을 포착할 수 있다.
④ 대상자가 비협조적이거나 면접을 거부하는 경우 유효하다.

02 다음 중 사회심리학에 대한 설명으로 옳은 것은?

① 개인과 개인의 상호작용 및 사회적 상황에서의 인간 행동을 연구한다.
② 인간과 동물이 경험을 통해 행동을 변화시키는 과정을 연구한다.
③ 인간의 성장·변화 과정과 법칙을 연구한다.
④ 성격을 연구하여 개인 차이를 규명하려는 분야이다.

03 수면을 촉진시키고, 경련을 완화시키는 등의 억제성 전달물질이며 부족할 경우 불안과 불면증을 일으키는 신경전달물질은?

① 아세틸콜린
② 도파민
③ 글루타민산
④ 감마아미노낙산

04 다음 중 '뇌하수체'에 대한 설명으로 옳은 것은?

① 시상하부의 신호를 받아 호르몬을 생성·분비하는 내분비선
② 감각기관에서 전달하는 정보를 중계하여 대뇌피질로 전달하는 역할
③ 혈압, 혈류, 체온, 면역 등 자율신경 기능과 내분비 기능을 제어하는 역할
④ 대뇌반구와 중뇌 사이에서 자율신경의 중추를 담당

05 복잡한 수상돌기와 축색을 가진 뉴런들이 산만하게 상호 연결되어 망을 구성하고 뇌간 중심부를 차지하며 흥분이나 각성 상태 조절에 중요한 역할을 하는 것은?

① 연수   ② 소뇌
③ 망상체   ④ 뇌교

06 다음 중 '중뇌'에 대한 설명으로 옳지 않은
것은?

① 간뇌 뒤, 소뇌와 뇌교의 상부에 위치한다.
② 중뇌개와 대뇌각으로 나뉘며 그사이 중뇌
수도가 지난다.
③ 중뇌개에는 사구체라는 한 쌍씩의 돌기가
위아래에 각각 있다.
④ 상구체는 청각 반사에 관여하여 소리가
나는 위치 등을 판별하는데 중요한 역할
을 한다.

07 에릭슨(Erikson)의 심리사회적 발달이론에
서 다음 내용의 아동에 해당하는 단계는?

> 5세 슬기에게 엄마가 "이제 많이 컸으니
> 동생을 잘 보살펴야 한다."라고 말씀하
> 신다. 슬기는 혼자서 신나게 놀고 싶은
> 생각이 있지만, 한편으로 동생을 챙겨
> 야 한다는 책임감도 느끼고 있다. 슬기
> 는 동생에게 놀이터에서 자전거를 타자
> 고 말할지 말지 고민한다.

① 주도성 대 죄의식
② 정체성 확립 대 정체성 혼란
③ 근면성 대 열등감
④ 자율성 대 수치심

08 프로이트(Freud)의 심리적 성격 발달 단계에
관한 설명으로 옳은 것은?

① 성적 에너지가 집중된 신체 부위는 구강,
남근, 항문의 순으로 바뀐다.
② 각 단계에서 심리적 욕구가 상당히 결핍
되어도 아동은 다음 단계로 순탄하게 나
아간다.
③ 거세불안은 아버지가 아동의 자율성을 침
해하고 일상생활에 간섭하기 때문에 발생
한다.
④ 남아는 자신을 아버지와 동일시함으로써
오이디푸스 콤플렉스를 극복한다.

09 다음 중 발달 형성 요인 중 유전인자에 관한
설명으로 옳지 않은 것은?

① 인간의 모든 유전적 잠재성은 46개 염색
체에 의해 결정된다.
② 두 쌍의 염색체 중 22개는 상염색체, 22
번째 쌍은 성염색체이다.
③ 남성은 XY, 여성은 XX가 정상 성염색체
이다.
④ DNA는 뉴클레오티드로 구성되어 있으며
핵산을 형성하는 유전물질이다.

10 다음 중 게젤(Gesell)의 성숙이론에 관한
설명으로 옳지 않은 것은?

① 유전적 요인으로 규정된 생물학적 순서에
따라 인간 발달이 결정된다.
② 발달 순서는 모든 사람이 동일하므로 새
로운 행동·능력의 출현 시기는 미리 결
정된다.
③ 신체적·정신적으로 성숙하기 전에 이루
어지는 학습 행위도 중요하다.
④ 학습을 개시하기 위한 준비 단계(Readiness)
까지 지켜볼 것을 중시한다.

11 매슬로우의 욕구 5단계 중 행동이나 인격이 타인의 승인을 얻어 자신감·명성·힘·주위에 대한 통제력 및 영향력을 끼치고자 하는 욕구는 어떤 단계인가?

① 안전에 대한 욕구(제2단계)
② 애정과 소속에 대한 욕구(제3단계)
③ 자기존중 또는 존경의 욕구(제4단계)
④ 자아실현의 욕구(제5단계)

12 다음 중 호메오스타시스(Homeostasis, 항상성)에 관한 설명으로 옳은 것은?

① 보상 획득과 같은 외부 요인에 의해 행동에 동기가 부여되는 것을 말한다.
② 생리적 동기로서, 유기체는 신체 내부 상태를 조절하고 최적화하려는 성질이 있음을 말한다.
③ 내면에서 자발적으로 발생하는 동기이다.
④ 주위의 기대와 지위 유지·시기·질투 등 성공에 따른 부담을 피하려는 동기이다.

13 맥클레랜드(McClelland)가 주장한 성취 동기가 높은 사람의 특징으로 옳지 <u>않은</u> 것은?

① 극히 어렵거나 성공 확률이 낮은 목표라도 피하지 않는다.
② 과제 수행에서 자신의 노력이 어떠한 결과로 나타났는지 알고자 한다.
③ 행동을 타인이나 환경 탓으로 돌리지 않고 스스로 책임지려 한다.
④ 뛰어난 능력을 가진 사람에게 접근하려는 경향이 있다.

14 동기이론 중 최적각성수준이론에 대한 설명으로 옳은 것은?

① 각성은 유기체가 생리적 결핍 상태가 강해지면 자극이 되어 이에 반응·행동하는 것을 말한다.
② 최적각성수준이란 인간이 행복감을 느끼는 정신적 자극의 단계이다.
③ 과제 수준이 높을 때는 각성 수준이 높아야 효율적이다.
④ 과제 수준이 낮을 때는 각성 수준이 낮아야 효율적이다.

15 다음 중 미각의 기본 맛에 해당하는 것으로 바르게 묶인 것은?

① 단맛, 떫은맛
② 신맛, 쓴맛
③ 매운맛, 떫은맛
④ 짠맛, 매운맛

16 다음 중 시각의 생리적 현상으로 옳지 <u>않은</u> 것은?

① 명순응은 눈이 밝음에 적응하는 현상이다.
② 암순응이 진행될수록 간상체에서 추상체로 기능이 옮겨간다.
③ 색의 항상성에는 색채의 항상성과 명도의 항상성이 있다.
④ 대비 현상에는 색상대비, 명도대비, 채도대비가 있다.

17 다음 중 '현 세계의 지각'에 대한 설명으로 옳지 <u>않은</u> 것은?

① 지각 항상성은 거리 등의 근접 자극이 변하면 대상의 크기 등도 변했다고 인식하는 것이다.
② 착시는 대상의 모양·크기 등이 어느 요인에 의해 실제와 다르게 지각되는 현상이다.
③ 3차원 지각에는 단안단서와 양안단서가 있다.
④ 운동 지각에서 실제운동은 대상이 물리적으로 움직일 때 생기는 현상이다.

18 3차원 지각 중 '시야 차이가 융합하면서 대상을 입체적으로 볼 수 있는 것'을 뜻하는 것은?

① 파이현상
② 유인운동
③ 양안 단서
④ 단안 단서

19 다음 중 고전적 조건 형성이론에 관한 설명으로 옳지 <u>않은</u> 것은?

① 파블로프(Pavlov)가 주장하였다.
② 행동 발생 후의 결과에 관심을 가졌다.
③ 개에게 '먹이'를 주는 것은 무조건 자극이다.
④ 개는 종소리만 들어도 침을 흘리는 조건 반응을 보였다.

20 다음 중 관찰 학습의 과정을 순서대로 올바르게 나열한 것은?

① 주의집중 – 운동재생 – 파지 – 동기화
② 주의집중 – 파지 – 운동재생 – 동기화
③ 주의집중 – 운동재생 – 동기화 – 파지
④ 동기화 – 주의집중 – 운동재생 – 파지

21 다음 중 스키너의 조작적 조건형성에 관한 내용으로 가장 적절한 것은?

① 인간이 환경 자극에 수동적으로 반응하여 나타나는 조작적 행동을 설명하는 개념이다.
② '조작적'이라는 용어는 유기체가 원하는 결과를 얻기 위해 선택적으로 환경에 작용하는 것을 의미한다.
③ 조작적 조건화에서 인간은 무기력한 존재이다.
④ 중성 자극에 반응 유발 능력을 불어넣어 조건 자극으로 바꾸는 과정을 말한다.

22 행동주의 이론의 '조작적 조건 형성'에 관한 내용으로 옳지 <u>않은</u> 것은?

① 인간이 환경의 자극에 수동적으로 반응하여 나타내는 행동인 조작적 행동을 설명한다.
② '강화이론(Reinforcement Theory)'이라고도 불린다.
③ 보상과 행동의 재현의 상관관계를 강조한다.
④ 행동이 발생한 이후의 결과에 관심을 가진다.

23 어린이의 언어 발달 과정 중 '어휘 수 변화'에 대한 설명으로 옳지 <u>않은</u> 것은?

① 12~18개월에는 30~50개 정도의 어휘 사용이 가능하고 과잉 일반화가 나타나기도 한다.

② 2세에는 하나의 문장을 구성하는 단어 수와 종류가 증가한다.

③ 3세에는 과거와 미래에 관한 기초적 표현이 가능하다.

④ 4~5세에는 자기 의사를 정확하게 표현하는 것이 가능하다.

24 언어를 시니피에(Signifie, 개념)와 시니피앙(Signifiant, 기호)으로 구성한 학자는?

① 소쉬르

② 스키너

③ 촘스키

④ 피아제

25 워프(Whorf)의 언어상대성 가설에 대한 설명으로 옳은 것은?

① 언어를 인지 발달에 따라 나타나는 상징적 표상으로 보았다.

② 이미 학습하여 아는 단어는 그 배열이 잘못되었어도 그 의미를 바르게 알 수 있다.

③ 인간의 사고는 쓰는 언어의 영향을 강력하게 받는다는 가설이다.

④ 조작적 조건화를 통해 '자극-반응-강화'에 따른 언어 학습과 습득이 이루어진다.

26 다음 중 검사의 신뢰도 추정 방법의 각 개념에 관한 설명으로 옳지 <u>않은</u> 것은?

① 검사-재검사 신뢰도는 시간을 달리해서 같은 집단에 같은 검사를 두 번 실시하여 얻은 검사 점수 간의 상관계수를 산출함으로써 신뢰도를 추정한다.

② 단일검사를 단 한번 실시한다는 점에서 반분신뢰도를 내적 일치도라고 부른다.

③ 동형검사 신뢰도는 두 개의 동형검사를 동일 집단에 실시한 후 얻은 두 동형검사 점수 간의 상관계수를 산출함으로써 신뢰도를 추정하는 방법이다.

④ 문항 내적 합치도는 하나의 검사를 한 집단에게 실시한 후 전체 검사 문항을 양분하고 분할된 두 부분을 독립된 검사로 간주하여 그 두 점수 간의 상관을 계산하는 방법이다.

27 지능을 맥락적 · 경험적 · 성분적 지능이론으로 구성된 것으로 가정한 지능 모형은?

① 서스톤(Thurstone)의 다요인설

② 카텔(Cattell)과 혼(Horn)의 위계적 요인설

③ 가드너(Gardner)의 다중지능이론

④ 스턴버그(R. Sternberg)의 삼원지능모형

28 다음 중 가드너(Gardner)의 다중지능이론에 대한 설명으로 옳지 <u>않은</u> 것은?

① 문제 해결 능력과 함께 특정 사회적·문화적 상황에서의 산물 창조 능력을 강조했다.
② 지능은 일반지능 같은 단일 능력이 아닌 다수의 능력으로 구성된다고 보았다.
③ 지능은 일반요인과 특수요인으로 구성된다고 주장했다.
④ 7가지의 독립된 지능으로 구분하였다.

29 바움 테스트(Baum Test)에 관한 설명으로 옳지 <u>않은</u> 것은?

① 감춰진 심층 의식을 그림을 통해 구체화함으로써 성격이나 심리 상태를 파악한다.
② 다양한 연령층과 언어 표현이 곤란한 사람의 지적 능력 및 발달 진단 등에도 활용 가능하다.
③ 감정 정화(카타르시스) 효과를 얻는 예술요법(Art Therapy) 요소도 있다.
④ 가족관계 및 남녀관계 같은 대인관계 상황에서의 욕구 내용 및 위계, 원초아(Id)·자아(Ego)·초자아(Super Ego)의 타협 구조 등을 파악할 수 있다.

30 잉크를 무작위로 흘린 좌우대칭 그림을 제시한 후 그에 대한 수검자의 반응을 측정하는 투사적 성격 검사로, 검사 과제가 성격의 어떤 경향을 보는지 알 수 없어 응답을 왜곡하기 어려운 검사는?

① EPPS
② 로르샤흐 검사
③ MBTI
④ MMPI

31 현상학적 이론에서 비롯된 인간중심 상담에 대한 설명으로 옳지 <u>않은</u> 것은?

① 상담자 중심 요법의 비지시적 상담이다.
② 인간은 문제를 해결할 수 있는 능력이 있다는 점을 강조한다.
③ 인간을 합목적적·전진적·건설적·현실적 존재로 본다.
④ 인간을 신뢰할 만한 선한 존재로 본다.

32 다음 중 HTP 검사에 대한 설명으로 옳지 <u>않은</u> 것은?

① 집, 나무, 사람을 그린 그림을 통한 객관적 검사(자기보고법)이다.
② 집은 개인생활의 물리적 환경과 가족 관계에 대한 태도를 나타낸다.
③ 나무는 타인에 대한 감정이나 신체상(Body Image)·자기상(Self Image)을 나타낸다.
④ 사람은 더욱 의식화된 자아상 혹은 양육자를 나타낸다.

33 전쟁 포로로 붙잡혀 있다가 풀려난 사람이 종전 후 총소리에 극심하게 불안 증상을 느낄 때 가장 가능성이 높은 장애는?

① 자폐증
② 외상 후 스트레스 장애
③ 정신분열증
④ 강박 장애

35 회피성 성격 장애의 진단 기준과 일치하지 <u>않는</u> 내용은?

① 비판이나 거절, 인정받지 못하는 것에 대한 두려움 때문에 대인 접촉이 필요한 직업적 활동을 회피한다.
② 자신을 좋아한다는 확신 없이는 사람들과 관계하는 것을 피한다.
③ 자신은 매우 특별하고 독특하므로 특별하거나 지위가 높은 사람만이 자신을 이해할 수 있으며, 자신 또한 그들과 어울려야 한다고 생각한다.
④ 사회적 상황에서 비판의 대상이 되거나 거절당하는 것에 대해 집착한다.

34 다음 중 DSM-5에서 수면-각성 장애의 하위 유형이 <u>아닌</u> 것은?

① 불면 장애
② 과다수면 장애
③ 일주기 리듬 수면-각성 장애
④ 전환 장애

36 다음 중 조현병(정신분열증)에 대한 설명으로 옳지 <u>않은</u> 것은?

① 환자는 10대·20대 젊은 층이 많다.
② 환각(환청), 피해망상, 대인기피 등 일상·사회생활에 심각한 지장을 초래한다.
③ 도파민(신경전달물질) 과다분비로 인한 뇌 기능 장애가 원인일 수 있다.
④ 사회생활에서 오는 스트레스와 같은 사회적 요인으로는 발병하지 않는다.

37 신경증과 정신병의 차이로 옳지 않은 것은?

① 정신병의 원인은 심인성이다.
② 신경증은 심리요법, 정신병은 약물치료를 사용한다.
③ 신경증은 불안과 공포에 시달리면서도 현실감각을 유지한다.
④ 정신병은 현실 분별 능력 결여로 정상 대화를 나누기 어렵다.

38 다음 중 '접촉 횟수가 많을수록 호감이 가는 현상'을 가리키는 것은?

① 걸맞추기 원리
② 단순접촉효과
③ 자존이론
④ 득실이론

39 권위자의 명령 등 사회적 압력에 굴하여 자기 생각과 다른 방향으로 변용하는 것은?

① 복종
② 귀인
③ 동조
④ 몰개인화

40 다음 중 태도의 기능이 아닌 것은?

① 의사소통 기능
② 자아 방어 기능
③ 가치 표현 기능
④ 기타 기능

제한시간: 50분 | 시작 ___시 ___분 – 종료 ___시 ___분

📘 정답 및 해설 223p

01 인간의 행동이 의식에 의해 조절될 수 있지만, 집단무의식의 영향을 받는다고 보는 이론은?

① 프로이트(S. Freud)의 정신분석이론
② 매슬로우(A. Maslow)의 자아실현이론
③ 융(C. Jung)의 분석심리이론
④ 피아제(J. Piaget)의 인지발달이론

02 연구 방법과 그 특징을 바르게 연결한 것을 〈보기〉에서 모두 고르면?

> **보기**
>
> ㄱ. 자연관찰법 – 대상을 의도적 조작 없이 있는 그대로 관찰한다.
> ㄴ. 질문지법 – 예기치 않은 상황 발생 등 자연관찰법의 단점을 극복하기 위한 방법이다.
> ㄷ. 실험관찰법 – 실험자가 상황이 발생하는 장면을 조작·통제하는 관찰법이다.
> ㄹ. 면접법 – 어떤 내용에 대해 연구자가 수검자와의 대화를 통해 정보를 얻는 방식이다.

① ㄱ, ㄷ
② ㄴ, ㄹ
③ ㄱ, ㄴ, ㄷ
④ ㄱ, ㄷ, ㄹ

03 다음 내용에서 괄호 안에 들어갈 말은 무엇인가?

> 수상돌기를 통해 자극(정보)이 전달되면 이것이 전기적 신호가 되어 세포체를 지나 (　　　)(으)로 전도된다.

① 종말단추
② 수초
③ 축색
④ 핵

04 계단에서 발을 헛디뎌 머리를 다친 후로 몸의 평형감각에 이상이 생겨 제대로 걷거나 뛰지 못한다면 손상 부위는 어디인가?

① 소뇌
② 망상체
③ 뇌교
④ 뇌간

05 다음 중 호르몬과 그 기능에 대한 설명으로 옳지 <u>않은</u> 것은?

① 프로락틴 : 분만 후 유즙 생성·분비 촉진
② 난포 자극 호르몬 : 난소에서 나오는 난포 호르몬 생성·분비 촉진
③ 황체 형성 호르몬 : 난소의 배란 촉진, 배란 후 황체 형성과 황체 호르몬 생성·분비 촉진
④ 갑상선 자극 호르몬 : 부신피질에서 방출되는 호르몬의 생성·분비 촉진

07 에릭슨(Erikson) 이론의 주요 개념과 그에 관한 설명으로 옳은 것은?

① 평형상태 – 동화와 조절의 결과로 조직화된 유기체의 각 구조가 균형을 이루는 것이다.
② 무의식 – 의식적 사고와 감정을 전적으로 통제하는 힘
③ 점성원칙 – 인간발달은 최적의 시기가 있고, 모든 단계는 예정된 계획대로 전개된다.
④ 인습적 수준 – 도덕성 발달단계 중 3단계와 4단계에 해당하는 수준

08 프로이트(Freud)의 심리적 성격 발달 단계와 에릭슨(Erikson)의 심리사회적 위기의 연결이 옳지 <u>않은</u> 것은?

① 구강기 – 신뢰감 대 불신감
② 항문기 – 친밀감 대 고립감
③ 남근기 – 주도성 대 죄책감
④ 잠복기 – 근면성 대 열등감

06 다음 중 인체 검사 유형에 대한 설명으로 옳지 <u>않은</u> 것은?

① 컴퓨터 단층 촬영법(CT) : X선을 이용하여 인체의 횡단면 영상을 얻음
② 양전자 단층 촬영법(PET) : 방사성 의약품을 이용하여 인체의 영상을 얻음
③ 자기공명영상법(MRI) : 저주파를 발생시켜 인체 각 부분의 신호를 측정하여 영상을 만듦
④ 뇌전도 : 두피 여러 곳에 부착한 전극으로부터 뇌의 전기 활동에 의한 뇌파를 증폭시켜 기록하는 방법

09 발달 형성 요인 중 '환경 요인'에 관한 설명으로 옳지 <u>않은</u> 것은?

① 후천적 환경 요인만 성격·지성·능력 등을 결정한다.
② 게젤(Gesell)이 주장하였다.
③ 환경 조건을 조정하여 갓난아이를 특정 능력과 기능을 가진 인간으로 키울 수 있다.
④ 성격·능력에 끼치는 유전 요인의 영향을 명시한다.

10 신체 발달 단계 중 '태아기'에 대한 설명으로 옳지 <u>않은</u> 것은?

① 임신 2개월 : 심장과 소화기관 발달
② 임신 3개월 : 팔, 다리, 손, 발의 형태 형성
③ 임신 중기(4~6개월) : 손가락, 발가락, 피부, 지문, 모발 형성
④ 임신 말기(7~9개월) : 태아가 모체에서 분리되어도 생존 가능

11 다음 중 '역전된 U함수' 혹은 'Yerkes—Dodson 법칙'에 관한 설명으로 옳은 것은?

① 공포 경험은 반복될수록 대립 과정에 의해 상쇄되어 공포가 경감된다.
② 유기체는 항상성을 유지하기 위해 음식을 섭취하여 배고픔이라는 추동을 해소한다.
③ 인간은 하위 욕구가 충족되면 상위 욕구를 이루고자 한다.
④ 각성 수준이 너무 높거나 낮으면 과제 수행 능력이 저하된다.

12 다음 중 '정서'에 관한 설명으로 옳지 <u>않은</u> 것은?

① 기쁨·슬픔·분노·불안 같은 일과성(一過性)의 강렬한 감정 상태 또는 감정 체험을 말한다.
② 정서는 도피 또는 공격 등 특정 행동의 동기가 된다.
③ 정서 요소로는 객관적 의식 체험·심리적 변화·표정과 행동의 신체적 표출 등이 있다.
④ 대뇌변연계와 시상하부는 정서에 중요한 역할을 한다.

13 장시간 회피 불가능한 혐오 자극에 반복적으로 노출되면 그 자극에서 벗어나려는 자발적 노력을 하지 않는다고 보는 이론은?

① 추동감소이론
② 기대이론
③ 학습된 무력감
④ 성공 회피 동기

14 학습된 무력감의 문제 및 증상으로 옳지 <u>않은</u> 것은?

① 주위가 산만해지거나 건망증 등이 심해진다.
② 행동에서 추진력이 결여되어, 어려움이 닥치면 쉽게 포기한다.
③ 매사에 비관적·부정적이고 곧잘 화를 낸다.
④ 이해하고 표현하는 데 지장이 없지만 들은 말을 반복하지 못한다.

15 눈의 구조에 대한 설명으로 옳지 <u>않은</u> 것은?

① 각막 : 외부에서 빛을 받아 상이 맺히는 부분
② 홍채 : 여닫는 움직임으로 동공을 통해 들어오는 빛의 양 조절
③ 동공 : 빛이 들어오는 곳으로 홍채의 작용에 의해 크기가 변하면서 빛이 조절
④ 시신경 : 전기 신호를 망막에서 대뇌로 전달

16 다음 중 시각의 생리적 현상으로 옳지 <u>않은</u> 것은?

① 색채의 항상성은 환경 조건이 달라져도 주관적 색 지각으로는 변화를 감지하지 못하는 것이다.

② 명도의 항상성은 환경 조건이 달라져도 물체에 대한 주관적 밝기는 변하지 않는 것이다.

③ 채도대비는 다른 색을 같이 놓을 때 두 색이 서로 영향을 받아 색이 달리 보이는 현상이다.

④ 명도대비는 명도가 다른 두 색을 동시에 볼 때 같은 색의 명도가 다르게 보이는 현상이다.

17 지각 항상성의 종류에 대한 설명으로 옳지 <u>않은</u> 것은?

① 위치의 항상성 : 물체가 가까이 있든 멀리 있든 같은 크기의 물체로 인식

② 모양의 항상성 : 사물을 보는 위치가 달라도 같은 모양의 사물로 인식

③ 밝기의 항상성 : 백지는 밝은 곳에서든 어두운 곳에서든 하얀 것으로 인식

④ 색의 항상성 : 주변 광원이나 조명 강도 등 조건이 달라져도 같은 색으로 인식

18 '스트룹 효과'에 대한 설명으로 옳은 것은?

① 의미가 서로 다른 자극쌍이 동시에 제시된 후 어느 한쪽만의 반응을 요구할 때 두 개념 사이에서 갈등하는 것이다.

② 여러 사람의 음성이 오가는 중에도 관심사나 자신에 대한 언급 등을 선택해 들을 수 있다.

③ 문자·영상·음성 등 외부 정보를 내부에 저장된 지각 경험·기존 표상과 대조하여 식별한다.

④ 많은 사람이 모인 곳에서 한 화자에 집중할 때 주위의 대화를 선택하여 걸러내는 능력이다.

19 다음 중 강화에 대한 설명으로 옳은 것은?

① 어떤 행동에 금전을 주거나 칭찬을 해주는 것은 1차 강화물이다.

② 강화란 어떤 자극에서 특정 반응이 나타나는 경향의 빈도를 높이기 위한 과정이다.

③ 강화가 지연되면 그 효과는 증가한다.

④ 부적 강화물은 바람직한 행위의 빈도를 늘리려 할 때 주어지는 자극이다.

20 정보처리적 관점에 의한 기억의 3단계 과정에 대한 설명으로 옳지 <u>않은</u> 것은?

① 부호화(입력) : 자극 정보를 선택하여 기억에 저장할 수 있는 형태로 변환한다.

② 응고화(저장) : 정보를 필요할 때까지 일정 기간 동안 보관·유지한다.

③ 인출 : 저장된 정보를 활용하기 위해 적극적으로 탐색·접근한다.

④ 재인 : 이전과 같은 것 경험했을 때 그것을 앞서 경험한 것과 같은 것으로 확인한다.

21 다음 중 학자와 주장이 바르게 연결되지 <u>않은</u> 것은?

① 매슬로우(Maslow) - 욕구 5단계

② 브룸(Vroom) - 기대이론

③ 호너(Horner) - 성취 동기

④ 셀리그먼(Seligman) - 학습된 무력감

22 다음 내용에 해당하는 강화 계획은?

> ○○옷 공장에서는 옷 100벌을 만들 때마다 근로자에게 1인당 100만 원의 성과급을 지급하기로 했다.

① 변동비율계획

② 고정간격계획

③ 변동간격계획

④ 고정비율계획

23 'drink'의 과거형을 'drinked'로 표현하는 것처럼 익힌 문법적 형태소를 새로운 상황에도 적용하는 경향을 무엇이라 하는가?

① 과잉 확대

② 과잉 일반화

③ 과잉 축소

④ 전보식 문장

24 언어의 의미론적 접근 방법에 대한 설명으로 옳지 <u>않은</u> 것은?

① 소쉬르는 언어가 시니피에와 시니피앙으로 구성된다고 주장하였다.

② 피아제는 생성 문법을 주장하였다.

③ 개념의미론은 표상과 그 대응물이 하나의 심적 작용으로 연결된다는 것이다.

④ 인지의미론은 의미의 문제를 지각이나 의식에 관련지어 설명하는 의미이론이다.

25 다음 중 문제 해결과 관련된 내용으로 옳지 <u>않은</u> 것은?

① 초기 상태(Initial State)는 문제가 해결되지 않은 상태이다.

② 초기 상태(Initial State)에서 목표 상태(Goal State)로의 변환을 위한 인지적 처리를 문제 해결이라 한다.

③ 잘 정의된 문제는 초기 상태, 목표 상태, 제어 조건이 명확하다.

④ 잘 정의되지 않은 문제는 초기 상태, 목표 상태, 제어 조건이 모두 결여된 문제이다.

26 상관계수에 대한 설명으로 옳지 <u>않은</u> 것은?

① 두 측정 변인이 서로 얼마나 밀접하게 연관되어 있는지를 나타낸다.
② -1.0에서 1.0 사이의 값을 가진다.
③ 정/부 관계없이 계수가 커짐에 따라 한 측정치 값이 다른 측정치 값을 더 잘 예측한다고 본다.
④ 평균 100, 표준편차 15를 적용하여 산출한다.

27 다음 중 카텔(Cattell)이 제시한 '유동성 지능'의 특징에 해당하지 <u>않는</u> 것은?

① 기억력, 추리력, 추론 능력 등이 해당한다.
② 유전적 · 신경생리적 영향에 의해 발달이 이루어진다.
③ 경험이나 학습의 영향을 거의 받지 않는다.
④ 경험의 누적에 의해 발달한다.

28 표준화된 검사에 대한 설명으로 옳지 <u>않은</u> 것은?

① 표준화 검사란 검사 실시부터 채점 · 해석까지의 과정을 단일화 · 조건화하는 것이다.
② 표준화 검사란 검사의 제반 과정에 검사자의 주관적 의도 · 해석을 개입하는 것이다.
③ 검사의 표준화는 검사의 제반 과정에 대한 일관성 확보를 위한 노력이다.
④ 검사 절차의 표준화는 검사 실시 상황이나 환경 조건에 대한 엄격한 지침을 제공한다.

29 로저스(Rogers)의 인간관에 관한 설명으로 옳은 것은?

① 인간의 욕구 단계를 강조한다.
② 인간의 주관적 경험을 강조한다.
③ 인간을 창조적 존재로 보았다.
④ 인간을 무의식적 결정론의 존재로 규정한다.

30 다음 중 로르샤흐 검사(Rorschach Test)에 관한 설명으로 옳지 <u>않은</u> 것은?

① 투사적 검사에 해당한다.
② 10장의 유채색 또는 무채색 잉크를 흘린 대칭형 그림카드로 구성되어 있다.
③ 신뢰도 및 타당도 검증이 어렵다.
④ 자아와 환경관계 · 역동을 평가한다.

31 개인심리이론의 주요 내용으로 옳지 <u>않은</u> 것은?

① 인간을 전체적 · 통합적으로 본다.
② 인간은 목표를 향해 움직이는 창조적이고 책임감 있는 존재이다.
③ 우월은 모든 인간이 가지는 기본적인 동기로서 후천적이다.
④ 사회적 관심은 한 개인의 심리적 건강을 측정하는 유용한 척도이다.

32 다음 중 투사법에 관한 설명으로 옳지 <u>않은</u> 것은?

① 투사법은 객관적 검사와 달리 매우 독특한 반응을 제시해 준다.

② 반응 과정에서 수검자는 불분명하고 모호한 검사 자극에 반응해야 한다.

③ 개인의 욕구·동기·감정 등을 밖으로 끌어내기 위해 구조화된 자극을 사용한다.

④ 평소 의식화되지 않던 사고·감정이 자극되어 무의식적 심리 특성이 반응될 수 있다.

33 강박 장애에 관한 다음 설명으로 옳지 <u>않은</u> 것은?

① 심각한 불안이나 고통을 유발하는 강박적 사고와 이를 중화하기 위한 강박적 행동이 반복적으로 발생한다.

② 강박 장애를 지닌 사람들은 강박적 사고와 행동이 지나치고 부적절하다는 것을 인식하지 못한다.

③ 흔한 강박적 행동으로는 손 씻기·반복적인 확인·순서대로 특정한 부분을 만지기·숫자 세기 등이 있다.

④ 강박 장애 환자들은 종종 순서나 규칙성에 사로잡혀 있는 경우가 많다.

34 일반적으로 강한 심리적 충격이나 외상을 경험한 후 개인의 통합적인 기능, 즉 의식·기억·자기정체성 및 환경에 대한 지각 등에서 붕괴가 나타나는 정신 장애는?

① 해리 장애

② 전환 장애

③ 질병불안 장애

④ 공황 장애

35 DSM-5에서 A군에 해당하는 성격 장애는?

① 반사회성 성격 장애

② 의존성 강박 장애

③ 편집성 성격 장애

④ 강박성 성격 장애

36 조현성 성격 장애(Schizoid PD)의 주요 증상에 해당하지 <u>않는</u> 것은?

① 사고와 언어가 괴이하거나 엉뚱하다.

② 거의 항상 혼자서 하는 활동을 선택한다.

③ 대인관계형성 능력이 결여되어 있다.

④ 타인의 칭찬이나 비평에 무관심해 보인다.

37 다음 중 신경증(Neurosis)에 대한 설명으로 옳은 것은?

① 내적·심리적 갈등과 외부 스트레스 처리 과정의 어려움에서 심리적 긴장이 발생한다.

② 심리에 따른 이상행동으로 자신은 물론 타인의 행복한 삶을 저해하는 빗나간 행동을 한다.

③ 어린 시절부터 발전하여 청소년기나 초기 성인기에 공고화된 병리적 정서·사고·행동이다.

④ 정신 기능 이상으로 일상생활과 사회생활에 지장을 초래하는 병적 상태이다.

38 다음 중 태도의 구성 요소가 <u>아닌</u> 것은?

① 인지 요소
② 감정 요소
③ 행동 요소
④ 판단 요소

39 일면 메시지와 양면 메시지에 대한 설명으로 옳지 <u>않은</u> 것은?

① 설득 효과에 영향을 주는 요인 중 하나이다.

② 시간이 흐르면서 송신자의 신빙성에 대한 기억과 설득 내용에 대한 기억 분리 때문에 나중에 설득 효과가 커지기도 한다.

③ 수신자에게 정보가 없을 때는 일면 메시지가 효과적이다.

④ 수신자에게 여러 지식과 정보가 있을 때는 양면 메시지가 효과적이다.

40 P(나)가 X(대상)에게 부정 감정을 느끼고, O(타자)도 X에게 부정 감정을 느끼면 P와 O는 호감을 느끼는 현상, 즉 공공의 적이 두 사람을 가깝게 만든다는 이론은?

① 하이더(Heider)의 인지적 균형이론(Cognitive Balance Theory)

② 사회교환이론(Social Exchange Theory)

③ 사회적 침투이론(Social Penetration Theory)

④ 인지부조화이론(Cognitive Dissonance)

SD에듀와 함께, 합격을 향해 떠나는 여행

제 **3** 편

정답 및 해설

우리 인생의 가장 큰 영광은 결코 넘어지지 않는 데 있는 것이 아니라
넘어질 때마다 일어서는 데 있다.

– 넬슨 만델라 –

01	02	03	04	05	06	07	08	09	10	11	12	13	14	15	16	17	18	19	20
③	①	③	④	①	④	②	①	②	①	①	①	③	④	①	③	②	③	②	①
21	22	23	24	25	26	27	28	29	30	31	32	33	34	35	36	37	38	39	40
④	②	②	②	①	③	②	①	④	①	②	④	②	④	①	③	④	②	③	④

01 정답 ③
기능주의 학파에 대한 설명이다.

02 정답 ①
②·③은 형태주의 학자, ④는 인지심리학 학자이다.

03 정답 ③
① 수상돌기는 다른 신경세포로부터 전기신호를 입력하는 역할을 한다.
② 신경 세포체는 핵을 포함한 부분이며 뉴런의 본체이다.
④ 축색은 정보를 다른 뉴런 혹은 내분비선으로 전달한다.

04 정답 ④
많이 사용하는 시냅스는 강화되는 반면, 사용하지 않는 시냅스는 소멸된다.

05 정답 ①
② 체성신경계는 골격근을 제어한다.
③ 체성신경에는 통증이나 온도를 뇌에 전달하는 지각신경과 수의적 운동신경이 있다.
④ 혈압을 상승시키는 것은 자율신경계의 기능이다.

06 정답 ④
스트레스는 교감신경계가 작용하는 상황이다.

07 정답 ②
성숙에 대한 설명이다. 발달은 유전과 환경의 상호작용으로 이루어진다.

08 정답 ①
왓슨의 행동주의 심리학에 대한 설명이다. 게젤(Gesell)의 성숙이론은 유전적 요인으로 규정된 생물학적 순서에 따라 인간 발달이 결정된다고 보는 이론이다.

09 정답 ②
① 조절, ③ 평형 상태, ④ 도식

10 정답 ①
②·④ 구체적 조작기, ③ 형식적 조작기

11 정답 ①
매슬로우의 욕구 5단계

1단계	생리적 욕구	결핍 욕구
2단계	안전(안정)에 대한 욕구	
3단계	애정과 소속에 대한 욕구	
4단계	자기존중 또는 존경의 욕구	
5단계	자아실현의 욕구	성장 욕구

12 정답 ①
② 최적각성이론, ③ 기대이론, ④ 매슬로우(Maslow)의 욕구 5단계 이론

13 정답 ③
① 원인이 안정적이라고 인식하면 무력감이 만성이 될 수 있다.
②·④ 일반성

14 정답 ④
내재적 동기의 교육관은 원조와 지지이다.

15 정답 ①
② 행동주의 이론, ③·④ 동기이론

16 정답 ③
① 수정체 : 빛을 굴절시켜 망막에 상을 맺히게 하는 렌즈에 해당하는 부위
② 망막 : 눈에 맺힌 상을 신경흥분으로 바꾸는 기능을 가진 부위
④ 홍채 : 동공을 개폐하여 들어오는 빛의 양을 조절하는 부위

17 정답 ②
음의 고저는 1초 동안의 진동 횟수에 따르며 진동이 많을수록 높은 음이다.

18 정답 ③
① β(베타)운동 : 광점 A와 B가 시간간격을 두고 점멸하면 하나의 광점이 A에서 B로 움직인 것처럼 보이는 현상
② 파이현상 : 연속되는 정지 화면이 가상 운동으로 지각되는 현상
④ 운동잔상 : 일정 방향으로 움직이는 물체를 한동안 본 후 다른 물체를 봤을 때, 그것이 앞서 본 것과 반대 방향으로 움직이는 것처럼 보이는 현상

19 정답 ②
고전적 조건 형성의 과정

조건 형성 전	• 음식(무조건 자극 : US) → 침 분비(무조건 반응 : UR) • 종소리(중성 자극 : NS) → 침 분비 없음(반응 없음)
조건 형성 중	종소리(중성 자극 : NS) + 음식(무조건 자극 : US) → 침 분비(무조건 반응)
조건 형성 후	종소리(조건 자극, CS) → 침 분비(조건 반응 : CR)

20 정답 ①
② 변동비율계획(VR) : 반응행동에 변동적 비율을 적용하는 것으로 불규칙한 횟수의 바람직한 행동이 나타난 후 강화
③ 고정간격계획(FI) : 강화 사이 간격을 정하고 그 기간이 지난 후 첫 번째 행동 강화
④ 고정비율계획(FR) : 일정한 수의 반응이 일어난 후 강화

21 정답 ④

절차 기억은 직접 체득한 기억이나 비언어적인 기억이다.
① 의미 기억, ② 일화 기억, ③ 절차 기억

22 정답 ②

행동주의 심리학에 해당하는 개념이다.

23 정답 ②

① 소쉬르, ③ 스키너, ④ 피아제

24 정답 ②

원형이론에 해당하는 설명이다.

25 정답 ①

두 단어 시기에 핵심 단어의 나열만으로 의사를 전달하는 전보식 문장이 나타난다.

26 정답 ③

콜빈(Colvin)의 정의이다. 터먼(Terman)은 지능을 추상적 사고를 할 수 있는 능력으로 정의하였다.

27 정답 ②

① 내적 합치도에 대한 설명이다.
③ 검사-재검사 신뢰도에 대한 설명이다.
④ 반분신뢰도에서 점수 차이가 나도록 집단을 나누는 것은 바람직하지 않다.

28 정답 ①

②·④ 스탠포드-비네 검사
③ 웩슬러 지능검사는 일반적으로 집단보다는 개인 단위로 평가가 이루어진다.

29 정답 ④

카텔(Cattell)의 이론이다.

30 정답 ①

전의식에 대한 설명이다.

31 정답 ②

Y-G 성격 검사에 해당한다.

32 정답 ④

ㄱ·ㄴ·ㄷ 객관적 검사에 해당한다.

33 정답 ②

③ 접근-접근 갈등 : 두 가지 이상의 목표가 모두 긍정적인 요소를 가지지만 어느 한쪽을 선택하고 다른 한쪽을 단념해야 할 때 생기는 갈등
④ 회피-회피 갈등 : 양자의 선택이 모두 바람직하지 않지만 어느 한쪽을 피하기 위해 다른 한쪽을 선택해야 하는 갈등

34 정답 ④

• 내인성 : 조현병(정신분열증)·조울증 등
• 심인성 : 신경증·공황 장애 등
• 외인성 : 알코올·약물 의존증 등

35 정답 ①

② 승화 : 사회적으로 용납할 수 없는 욕구를 사회적으로 허용되는 형태로 표출
③ 부인(부정) : 감당하기 어려운 고통·욕구·충동 등을 무의식적으로 부정
④ 반동형성 : 무의식적 소망·충동을 본래 의도와 달리, 반대되는 방향으로 바꾸는 것

36 정답 ③

자아가 원초아를 통제하지 못하면 신경증적 불안(Neurotic Anxiety)이 발생한다.

37 정답 ④

분리불안 장애는 애착 대상으로부터 분리될 때 혹은 분리될 것으로 예상될 때 느끼는 불안의 정도가 일상생활을 위협할 정도로 심하고 지속적인 경우를 말한다.

38 정답 ②

여러 후천적 경험·학습을 통해 형성된다(Allport).

39 정답 ③

귀인과 각 차원의 관계

원인의 위치 안정성	내적 원인	외적 원인
안정	능력	과제의 어려움
불안정	노력	운

40 정답 ④

부조화에서 오는 불쾌감은 신념의 크기에 비례한다.

01	02	03	04	05	06	07	08	09	10	11	12	13	14	15	16	17	18	19	20
①	②	③	①	①	①	③	③	②	②	④	②	①	②	①	④	②	②	②	①
21	22	23	24	25	26	27	28	29	30	31	32	33	34	35	36	37	38	39	40
③	①	④	③	③	②	②	②	①	②	④	③	④	②	④	③	④	①	②	①

01 정답 ①
② 인지주의적 접근, ③ 생리심리학적 접근, ④ 인본주의적 접근

02 정답 ②
① 형태주의, ③ 구성주의, ④ 정신분석학

03 정답 ③
소뇌에 대한 설명이다. 간뇌는 시상과 시상하부로 구성되어 있으며 대뇌반구와 중뇌 사이에서 자율신경의 중추를 담당한다.

04 정답 ①
② 해마, ③ 편도체, ④ 뇌하수체

05 정답 ①
편도체가 손상되면 공포를 느끼지 못하여 위험한 상황을 회피하지 못한다.

06 정답 ①
측두엽은 언어·청각·정서적 경험·기억 등을 담당한다.

07 정답 ③
① 감각운동기, ② 형식적 조작기, ④ 구체적 조작기

08 정답 ③
① 1단계, ② 3단계, ④ 4단계

09 정답 ②
대상영속성은 눈앞에 보이던 사물이 갑자기 사라져도 그 사물의 존재가 소멸되지 않는다는 것을 인식할 수 있는 능력을 말한다.

10 정답 ②
① 횡단적 방법은 어느 한 시점에서 다수의 분석 단위에 대한 자료를 수집하여 현상의 단면을 분석하는 방법이다.
③ 시기차이법은 대상 연령을 고정한 상태에서 시대 변화에 따른 개인 변화를 파악하기 위해 사용한다.
④ 사례연구법은 임상적 연구로서 개인의 성장·발달 과정의 구체적 사례를 연구한다.

11 정답 ④
① 안전에 대한 욕구, ② 자아실현의 욕구, ③ 애정과 소속에 대한 욕구

12 **정답** ②
ㄱ · ㅁ 외재적 동기에 대한 내용이다.

13 **정답** ①
② 동료를 선택할 때 능력을 우선시한다.
③ 자신의 성취 가능성을 긍정적으로 본다.
④ 노력하면 결과를 낼 수 있는 적정한 수준의 목표를 지향한다.

14 **정답** ②
① 파블로프(Pavlov)의 실험
③ 스키너(Skinner)의 실험
④ 깁슨(Gibson)과 워크(Walk)의 시각 벼랑 실험

15 **정답** ①
외측슬상체에 대한 설명이다.

16 **정답** ④
① · ② · ③ 삼원색 이론에 대한 설명이다.

17 **정답** ②
① 상대적 크기, ③ 중첩, ④ 결의 밀도

18 **정답** ②
① 양안 시차 : 왼쪽과 오른쪽 눈의 서로 다른 시야가 융합하여 입체적으로 보이는 현상
③ 결 기울기(결의 밀도) : 결의 간격이 넓으면 가까운 것으로, 조밀하면 먼 것으로 지각되는 현상
④ 선형 조망 : 평행하는 선들이 멀리 있는 수렴점으로 보이는 현상

19 **정답** ②
강화와 처벌의 증감 관계

구분	행동의 빈도(+)	행동의 빈도(−)
자극을 제시	정적 강화	정적 처벌
자극을 소거	부적 강화	부적 처벌

20 **정답** ①
반두라(Bandura)는 아동이 자신의 행동에 대해 직접 강화를 받지 않아도 다른 아동이 보상이나 벌을 받는 것을 관찰함으로써 간접적으로 강화를 받기 때문에, 다른 아동이 보상받은 행동은 학습하고, 벌을 받은 행동은 학습하지 않게 된다고 주장하였다.

21 **정답** ③
절차 기억은 스포츠 · 악기 연주 · 기술 등 직접 체득한 기억을 말하고, 일상 경험(추억 · 사건 등)에 대한 자전적 기억은 일화 기억을 말한다.

22 **정답** ①
고전적 조건 형성 절차를 사용한다.

23 **정답** ④
스키너(Skinner)의 학습이론은 언어도 조작적 조건화를 통해 이루어진다는 주장으로, 언어의 생득적 능력을 설명하지 못한다.

24 **정답** ③
① 문장 : 생각이나 감정을 말로 표현할 때 완결된 내용을 나타내는 최소의 단위
② 문법 : 의미 있는 내용을 만들기 위한 언어를 구성하는 기본 단위들의 결합 방식
④ 형태소 : 의미를 갖는 언어의 가장 작은 단위

25 정답 ③

① 연역적 추론 : 일반 법칙을 개별적인 사례에 적용하여 특수한 결론을 도출하는 방법
② 귀납적 추론 : 삼단논법으로 두 개의 전제에서 하나의 결론을 끌어내는 방식
④ 유추 : 새로운 사례 접했을 때 과거에 경험한 유사 사례를 적용하여 추론하는 방법

26 정답 ②

스탠포드-비네(Stanford-Binet) 검사에서 산출되는 지능지수를 비율 IQ라고 하는데, 그 적용은 20세 이전 사람에게만 적합하다.

27 정답 ②

K-WAIS-III 소검사로는 언어성 검사(Verbal test)와 동작성 검사(Performance test)가 있다.

28 정답 ②

반분신뢰도에 대한 설명이다. 검사-재검사 신뢰도는 동일한 측정 도구를 동일한 사람에게 시간차를 두고 두 번 조사하여 그 결과를 비교한다.

29 정답 ①

코스타와 맥크레이(Costa&McCrae)의 성격이론에 대한 설명이다.

30 정답 ②

① 신경증적 불안, ③ 거세 불안(남근기 유아들의 불안), ④ 도덕적 불안

31 정답 ④

아들러(Adler)는 무의식이 아닌, 의식을 성격 발달의 중심으로 보았다.

32 정답 ③

① 투사적 검사는 객관적 검사에 비해 채점과 해석이 복잡하다.
② 투사적 검사는 객관적 검사에 비해 검사자에게 상당한 전문성이 요구된다.
④ 투사적 검사는 객관적 검사에 비해 검사자극이 모호하다.

33 정답 ④

레빈(Lewin)은 행동 결정에 복수 선택지가 있는데, 이러한 선택지가 서로 모순될 때 인간은 갈등(Conflict) 상태에 빠진다고 주장하며, 이러한 갈등 상태를 네 가지 유형(접근-접근, 회피-회피, 접근-회피, 다중접근-회피)으로 분류하였다.

34 정답 ②

① 부정 : 의식하기 싫은 욕구·충동·현실을 무의식적으로 부정하여, 불안으로부터 보호함
③ 억압 : 용납 못하는 생각·감정·기억 등을 부정, 의식에서 몰아내어 스트레스를 처리함
④ 퇴행 : 곤란한 상황에 직면했을 때 과거 미숙했던 행동으로 돌아감

35 정답 ④

① 공황 장애, ② 강박 장애, ③ 우울증

36 정답 ③

①・④ 도덕적 불안, ② 현실 불안

불안의 종류

현실 불안 (Reality Anxiety)	• 객관적 불안(Objective Anxiety) 이라고도 함 • 외부 세계의 실제적 위협 지각으 로 발생하는 감정적 체험을 말함
신경증적 불안 (Neurotic Anxiety)	자아(Ego)가 본능적 충동인 원초 아(Id)를 통제하지 못할 경우 발생 할 수 있는 불상사에 대해 위협을 느낌으로써 나타남
도덕적 불안 (Moral Anxiety)	• 양심에 의한 두려움과 연관됨 • 자아(Ego)가 초자아(Super Ego) 의 처벌 위협받을 때 발생함

37 정답 ④

수면 유형

렘(REM) 수면	• 안구의 빠른 운동 (Rapid Eye Movement) • 수의 근육 정지 • 깨어 있을 때와 비슷한 패턴의 뇌파 관찰 • 대개 꿈을 꾸는 단계 • 빠르고 불규칙적인 심장박동과 호흡
비렘(non- REM) 수면	• 1단계 : 수면 상태로 들어가는 단계 (수면 중 움찔하는 경험・선잠) • 2단계 : 심장박동 및 체온 감소・환 경에 덜 반응(수면의 약 50%) • 3단계 : 깊은 수면 상태

38 정답 ①

② 다수가 소수에 대하여 동조할 것을 암묵적으
로 압박한다.
③ 다수로부터 자신의 입장이나 안전을 지키기
위해서이다.
④ 복종에 해당하는 내용이다.

39 정답 ②

① 사회적 억제 : 학습되지 않거나 복잡한 작업
수행 시 타인에 의한 능률 저하 현상
③ 사회적 촉진 : 타인에 의해 자극이 되어 같은
작업을 혼자 할 때보다 능률 올라가는 현상
④ 몰개인화 : 집단소속・익명성・책임감 상실
・흥분 등으로 정체성을 상실하여 개인이 자
신의 가치나 행동에 주의를 덜 기울이고 비전
형적 행동을 하는 상태

40 정답 ①

② 부정적 편향 : 한 사람을 평가하는 데에 긍정
적・부정적 정보가 함께 있을 때 부정적인
쪽이 전체 인상을 좌우하는 것
③ 피그말리온 효과 : 기대가 사람의 성장과 능
력 발휘에 영향을 주는 효과
④ 고정관념 : 특정 집단이나 대상을 단순화・
획일화하여 고착된 개념이나 이미지

01	02	03	04	05	06	07	08	09	10	11	12	13	14	15	16	17	18	19	20
①	①	②	④	④	①	③	④	④	②	④	②	③	④	④	④	④	②	③	④

21	22	23	24	25	26	27	28	29	30	31	32	33	34	35	36	37	38	39	40
①	③	④	④	③	②	③	①	④	③	①	④	②	①	①	④	④	①	③	①

01 정답 ①
② 생리 반응을 통해 정신을 연구한다.
③ 조건-반응과 밀접한 관련이 있다.
④ 인간의 고차원적인 인지 능력을 대상으로 한다.

02 정답 ①
②·③·④는 응용심리학 분야이다.

03 정답 ②
환자의 시야를 나눠 왼쪽 시야에 사물을 보여 줬을 때 그것을 인지하지만 말은 하지 못하는 경우, 이는 왼쪽 시야를 담당하는 우뇌에만 정보가 전달되고 그 정보가 언어 능력을 맡는 좌뇌로 전달되지 못하기 때문이다.

04 정답 ④
① 브로카 실어증 : 듣고 이해하는 능력은 양호하나 발화하는 데 어려움이 있음
② 전도성 실어증 : 이해하고 표현하는 데 지장이 없지만 들은 말을 반복하지 못함
③ 전실어증 : 청해·발화·복창 등의 모든 기능에 장애를 보임

05 정답 ④
반사궁(반사의 신경 경로)
• 수용기에서 받아들인 자극은 전기신호로 바뀌어 구심로를 지나 반사중추로 보내짐

• 반사중추에서 생성된 전기신호는 원심로를 지나 실행기(근육·분비샘 등)로 전달됨

06 정답 ①
② 측두엽, ③ 두정엽, ④ 후두엽

07 정답 ③
콜버그의 도덕성 발달 단계

제1수준	전인습적 (4~10세)	1단계	타율적 도덕성	처벌·복종 지향
		2단계	개인적·도구적 도덕성	상대적 쾌락주의로 욕구충족 지향
제2수준	인습적 (10~13세)	3단계	대인관계적 도덕성	• 개인 상호간의 조화 중시 • 착한 소년·소녀 지향
		4단계	법·질서·사회체계적 도덕성	사회 질서에 대한 존중 지향
제3수준	후인습적 (13세 이상)	5단계	민주적·사회계약적 도덕성	• 민주 절차로 수용된 법 존중 • 상호 합의로 변경 가능성 인식
		6단계	보편윤리적 도덕성	개인의 양심과 보편적 윤리 원칙에 따라 옳고 그름 인식

08 **정답** ④

형식적 조작기(12세 이상)
- 추상적 사고 발달 및 경험하지 않은 영역에 대한 논리적 활동 계획 수립
- 가설 설정 및 검증과 연역적·체계적 사고, 그리고 논리적 조작에 필요한 문제 해결 능력 발달

09 **정답** ④

종단적 연구에 대한 설명이다.

10 **정답** ②

보존 개념은 사물의 수·양·길이·부피 등이 변해도 그 특질은 유지한다는 것을 이해하는 능력이다.

11 **정답** ④

대뇌변연계와 시상하부는 정서에 중요한 역할을 한다.

12 **정답** ②

셀리그먼은 개를 이용한 실험을 통해 오랫동안 전류를 피할 수 없는 환경에 노출된 개가 환경이 바뀌어도 자발적 회피 노력을 포기하는 결과를 두고 학습된 무력감을 발견하였다.

13 **정답** ③

추동은 유기체의 생존에 필요한 생리적 동기를 말한다.

14 **정답** ④

안전에 대한 욕구는 2단계이고, 애정과 소속에 대한 욕구는 3단계이다.

15 **정답** ④

일반적으로 쓴맛의 역치가 가장 낮고 단맛의 역치가 높다.

16 **정답** ④

① 자동운동, ② 유인운동, ③ 파이현상

17 **정답** ④

초복합세포에 대한 설명이다. 복합세포는 특정 방향의 막대 자극이 특정한 방향으로 움직일 때만 선별적으로 반응한다.

18 **정답** ②

공동행선의 원리이다. 유사성의 원리는 물리적 유사성을 가진 요소들을 묶어서 인식하는 것을 말한다.

19 **정답** ③

학습은 주로 훈련과 연습의 결과로서 개인의 내적 변화를 의미하는 반면, 발달은 주로 유전적 요인에 의한 변화로서 개인의 외적 변화를 의미한다.

20 **정답** ④

주어진 내용은 파블로프(Pavlov)의 '고전적 조건 형성'에 관한 내용이다.

21 정답 ①

조작적 조건화(조건 형성)는 인간이 환경적 자극에 수동적으로 반응하여 형성되는 행동인 반응적 행동에 몰두한 파블로프(Pavlov)의 고전적 조건화와 달리, 인간이 환경의 자극에 능동적으로 반응하여 나타내는 조작적 행동을 설명하는 스키너의 개념이다.

22 정답 ③

①·④ 저장 또는 응고화, ② 인출

23 정답 ④

한 단어 시기(생후 1년 무렵)에 해당한다.

24 정답 ④

① 신속표상대응 : 짧은 순간에 어떤 단어를 한 번만 듣고도 그 의미를 습득한다.
② 상호배타성의 원칙 : 사물은 각각 하나의 명칭만 있다고 생각한다.
③ 과잉 확대 : 멍멍이를 강아지 외 고양이 같이 네발에 털 달린 동물이라고 생각한다.

25 정답 ③

① 연역적 추론, ② 귀납적 추론, ④ 통찰

26 정답 ②

K-WISC-IV는 지능 검사이다.

27 정답 ③

① 내적 합치도는 신뢰도를 나타낸다.
② 구인타당도는 검사가 측정하려는 이론적 개념이 검사에서 실증되는 정도로 타당성을 평가한다.

④ 내용타당도는 측정 도구(과제나 문항)가 측정하는 구성 개념 영역을 얼마나 잘 대표하는지에 관한 것이다.

28 정답 ①

K-WAIS-IV 지능 검사의 15개 소검사

구분	언어 이해	지각 추론	작업 기억	처리 속도
핵심 소검사	• 공통성 • 어휘 • 상식	• 토막 짜기 • 행렬 추리 • 퍼즐	• 숫자 • 산수	• 동형 찾기 • 기호 쓰기
보충 소검사	이해	• 무게 비교 • 빠진 곳 찾기	순서화	지우기

29 정답 ④

아들러(Adler)의 주장이다.

30 정답 ③

빠진 곳 찾기는 지각 추론의 보충 소검사이다.

웩슬러 성인용 지능 검사의 핵심 소검사
• 언어 이해 : 공통성·어휘·상식
• 지각 추론 : 토막 짜기·행렬추리·퍼즐
• 작업 기억 : 숫자·산수
• 처리 속도 : 동형 찾기·기호 쓰기

31 정답 ①

② 성취 검사는 특정 영역에서의 성취도를 측정하고 개인의 학습 정도를 측정하는 검사이다.
③ 적성 검사는 특정 직업이나 학업에 적합한 소질을 가지는지를 측정하는 검사이다.
④ 태도 검사는 특정 자극에 보이는 개인의 정서적 반응이나 가치판단 등을 나타내는 태도(Attitude)를 측정하는 검사이다.

32 정답 ①

EPPS(Edwards Personal Preference Schedule 성격 검사)는 수검자의 특징적 욕구나 취향을 측정하는 검사로, 15가지 특성을 측정한다.

33 정답 ②

①·③·④ 직접 문제와 부딪히고 해결하기 위해 적극적으로 행동하는 문제 중심 대처 방법이다.

34 정답 ①

② 투사 : 자신이 느끼는 감정을 상대도 느끼고 있다고 믿는 방어기제
③ 반동형성 : 억압하는 생각이나 감정을 정반대 것으로 대치하여 갈등과 스트레스를 처리
④ 합리화 : 핑계를 대거나 다른 것에 책임을 전가하여 자신의 정당성을 확보

35 정답 ①

조울증(양극성 장애)에 대한 설명이다.

36 정답 ①

② 인지 치료법, ③ 체계적 둔감법, ④ 정신분석 치료법

37 정답 ④

강박 및 관련 장애의 증상이다.

38 정답 ①

애쉬(Asch)의 실험
• 8명을 대상으로 〈보기〉를 주고 〈보기〉의 선분과 같은 길이의 선분을 선택지에서 고르게 함
• 8명 중 진짜 피험자는 오직 1명이고, 나머지 7명은 일부러 오답을 고르게 함

• 답은 자명하지만 7명 전원이 오답을 내자 피험자도 이에 동조하여 역시 오답을 냄

39 정답 ③

① 인지적 균형이론 : P(나)가 X(대상)에게 부정적 감정을 느끼고, O(타자)도 X에게 부정적 감정을 느끼면 P와 O는 호감을 느끼는 것으로 공공의 적이 두 사람을 가깝게 만드는 것을 말한다.
② 이기적 편향 : 귀인의 편향 중 성공은 자신의 내부 귀인으로, 실패는 외부 귀인으로 돌려 환경이나 다른 사람을 탓하는 편향이다. 이는 자존심을 지켜야 하는 상황에서 주로 나타난다.
④ 상호성 원리 : 자신에게 호의를 갖거나 긍정적으로 평가하는 타인을 좋아하는 경향으로, 인간은 인정이나 후한 평가를 받고자 하는 욕구가 있으므로 이를 충족시켜 주는 사람에게 호감을 갖는다.

40 정답 ①

비공식 집단 내의 대인관계를 조사한다.

제4회 정답 및 해설 | 심리학개론

01	02	03	04	05	06	07	08	09	10	11	12	13	14	15	16	17	18	19	20
①	④	③	①	①	②	①	③	②	④	③	④	②	④	②	②	①	④	②	②
21	22	23	24	25	26	27	28	29	30	31	32	33	34	35	36	37	38	39	40
④	②	③	④	③	①	②	②	③	④	①	③	③	①	③	④	③	②	③	②

01 정답 ①

신비하고 종교적인 역사적·문화적 배경을 강조한 사람은 분석심리학자인 칼 융이다.

02 정답 ④

기능주의에 대한 설명이다.

03 정답 ③

① 세포체, ② 축색, ④ 수상돌기

04 정답 ①

② 축색 : 신경세포 한 줄기의 긴 섬유로 그 말단 부위는 여러 갈래의 축색종말로 나뉘며 다른 뉴런·근육·내분비선에 정보를 전달
③ 세포체 : 뉴런의 본체에 해당하며 유기체의 유전 정보를 담고있는 핵이 위치
④ 수상돌기 : 다른 뉴런으로부터 정보를 수용하여 이를 세포체에 전달

05 정답 ①

② 뇌량 : 좌우 대뇌반구를 연결하는 신경섬유의 다발로, 좌우 반구들이 정보를 교환하게 함
③ 시상하부 : 혈압·혈류·체온·체액·소화·배설·대사·성기능·면역 등 자율신경 기능과 내분비 기능을 제어하는 생명유지에 중추적인 역할

④ 뇌하수체 : 시상하부의 신호를 받아 호르몬을 생성·분비하는 내분비선으로 다른 내분비선을 자극하는 호르몬을 분비하여 체내 여러 활동을 통제

06 정답 ②

① 대뇌 : 기억·추리·판단·감정 등 정신활동을 담당
③ 중뇌 : 안구운동 및 홍채의 수축과 이완 조절
④ 소뇌 : 몸의 자세와 균형을 유지

07 정답 ①

원만한 대인관계 유지는 '인습적 수준'의 내용에 해당한다.

08 정답 ③

보존개념은 전조작기에 이해하기 시작하고 구체적 조작기에 획득한다.

09 정답 ②

전조작기
• 사고는 가능하나 직관적인 수준이며, 아직 논리적이지 못하다.
• 감각운동기에 형성되기 시작한 대상영속성을 획득한다.

- 보존 개념을 어렴풋이 이해하기 시작하지만, 아직 획득하지 못한 단계이다.
- 전조작기 사고를 나타내는 대표적인 예는 상징 놀이・물활론・자아중심성이다.
- 전조작기의 논리적 사고를 방해하는 요인은 자아중심성・집중성・비가역성이다.

10 **정답** ④
① 원초아, ②・③ 자아

11 **정답** ③
행동의 원동력이다.

12 **정답** ④
① 제임스-랑게 : 환경에 대한 신체 반응이 정서경험의 원인이 됨을 주장
② 플루칙 : 정서의 식별이나 분류는 대체로 임의적인 것이며 기본 정서로 슬픔・혐오・노여움・예상・즐거움・인정・두려움・놀람의 8가지를 꼽았다.
③ 샤흐터 : 정서란 생리적 반응의 지각 자체가 아닌 그 원인을 설명하기 위한 인지 해석임을 강조

13 **정답** ②
단계별 욕구는 동시에 일어나는 것이 아니라, 특정 순간에 한 가지 욕구가 강렬하게 나타난다.

14 **정답** ④
캐논-바드(Cannon-Bard) 이론이다. 제임스-랑게(James-Lange) 이론은 신경생리학적 변화가 정서를 촉발한다는 의미에서 말초기원설이라고도 한다.

15 **정답** ②
① 근접의 원리 : 근접한 각각의 요소를 하나의 형태로 인식
③ 연속의 원리 : 완만한 연속성을 가진 요소들을 하나의 형태로 인식
④ 공동행선의 원리 : 같은 방향 및 같은 주기로 움직이는 요소들을 하나의 형태로 인식

16 **정답** ②
정보의 선택 중 정보 배제는 정신적 용량이 제한되어 있으므로 불필요한 정보는 걸러 내는 것을 말한다.

17 **정답** ①
헬름홀츠가 제창한 삼원색 이론의 삼색은 빨강(R)・초록(G)・파랑(B)이다.

18 **정답** ④
홍채에 대한 설명이다.

19 **정답** ②
대부분의 학습 이론가들은 학습 과정이 직접 연구될 수 없으며, 대신 행동에서의 변화를 통해 추론되어야 한다고 주장한다. 스키너(Skinner)를 제외한 학습 이론가들은 학습을 '행동을 매개하는 과정'으로 간주하며 학습은 매개변인으로 간주한다. 스키너(Skinner)는 행동상의 변화 자체를 학습으로 간주하며 추론 과정은 필요 없다고 주장한다.

20 정답 ②

ㄱ. 습득된 새로운 행동이 소거되지 않게 하는 데 효과적인 것은 계속적 강화 계획보다 간헐적 강화 계획이다. 계속적 강화 계획은 초기 단계에서 어떤 행동을 시작하게 하고 강화하는 데 유용하다.

ㄹ. 슬롯머신·도박 등은 일정 비율로 승률을 조작해 놓은 변동비율계획에 해당한다. 즉, 예상치 못하게 강화 계획이 짜여 있기 때문에 사람들은 도박중독 성향을 갖게 된다.

21 정답 ④

① 정보의 수용량에 제한이 없다.

② 정보가 투입되는 즉시 처리되지 않으면 정보는 유실된다.

③ 이미 아는 정보와 연결해야 저장되는 것은 장기 기억 전략 중 정교화에 해당한다.

22 정답 ②

학습된 무력감에 대한 설명이다. 체계적 둔감법은 혐오스러운 느낌·불안한 자극에 대한 위계목록을 작성하고, 낮은 수준 자극에서 높은 수준 자극으로 상상을 유도하여 혐오·불안에서 서서히 벗어나게 하는 것이다.

23 정답 ③

옹알이기에 해당한다.

24 정답 ④

가족 유사성(Family Resemblance)은 고전적 범주화를 비판하며 주장한 것으로 가족 구성원이라도 모두 공통 속성을 공유하는 것은 아니라는 이론이다.

25 정답 ③

피아제(Piaget)의 주장이다.

26 정답 ①

순서화는 '작업 기억'에 포함된 소검사다.

27 정답 ②

시간 및 공간의 변화에 따라 검사 실시 절차가 달라지지 않도록 하는 것을 말한다.

28 정답 ②

스탠포드-비네 검사에서 산출되는 지능지수는 '비율 IQ'라고 하며 이는 생활연령과 신체연령에 비해 정신연령이 얼마나 높은지를 나타낸다. 반면 '편차 IQ'는 동일 연령대의 사람들을 비교하여 어느 수준에 있는지를 평가한다.

29 정답 ③

결과의 해석이 용이하지 않으며 검사자의 높은 전문성과 경험 및 통찰력을 요구한다.

30 정답 ④

자기실현은 현상학적 이론의 주요 개념이다. 개인심리이론의 주요 개념으로는 ①·②·③ 외에 창조적 자아·가상적 목표·가족형상 등이 있다.

31 정답 ①

인간에게는 주관적 현실 세계만 존재한다.

32 정답 ③

스탠포드-비네(Stanford-Binet) 검사는 처음으로 지능지수(IQ) 개념을 사용한 지능검사이다.

33 정답 ③

정신병과 신경증의 차이
- 정신병은 기질성이나, 신경증은 심인성이다.
- 정신병은 약물치료가, 신경증은 심리요법이 주로 쓰인다.
- 정신병은 현실 분별 능력 결여로 정상적 대화가 어렵고, 신경증은 증상을 자각하는 비교적 가벼운 심리장애이다.

34 정답 ①

회피는 문제 해결 자체에 집중하는 것이 아니라 문제의 원인이 되는 사람에게 화를 내는 대처 방법이다.

35 정답 ①

어린 시절부터 발전하여 청소년기나 초기 성인기에 공고화된다.

36 정답 ④

강박 및 관련 장애의 하위 유형 : 강박 장애·신체이형 장애·수집광·발모광·피부뜯기 장애

37 정답 ③

조현형 성격 장애(Schizotypal Personality Disorder)는 사회적으로 고립되어 있으며, 마술적 사고나 기이한 신념에 집착하거나, 말이 상당히 비논리적이고 비현실적이며, 기괴한 외모나 행동이 나타나는 경향이 있다.

38 정답 ②

① 후광효과, ③ 초두효과, ④ 고정관념

39 정답 ③

① 동조 현상 : 다수 의견이 어느 한 방향으로만 쏠리는 현상
② 자기검열 : 아무도 강제하지 않지만 다수 의견에 반하여 따르는 위협을 피할 목적으로 자기 의견을 스스로 검열하는 행위
④ 부정적 편향(Negative Bias) : 한 사람을 평가하는 데 긍정적 정보와 부정적 정보가 함께 있을 때 부정적인 쪽이 전체 인상을 좌우하는 것

40 정답 ②

① 자기개방(Self-Disclosure), ③·④ 사회교환이론(Social Exchange Theory)

제 5 회 정답 및 해설 | 심리학개론

01	02	03	04	05	06	07	08	09	10	11	12	13	14	15	16	17	18	19	20
②	④	②	①	④	①	④	①	③	②	③	③	②	②	①	①	④	②	④	③
21	22	23	24	25	26	27	28	29	30	31	32	33	34	35	36	37	38	39	40
④	③	③	③	①	②	③	②	④	①	④	③	④	①	④	④	④	③	④	③

01 정답 ②
① 정신분석학적 접근, ③·④ 신행동주의

02 정답 ④
1879년 독일의 생리학자 분트가 라이프치히 대학에 실험실을 개설한 것을 기점으로 학문으로서의 심리학이 탄생한 것으로 본다.

03 정답 ②
좌뇌와 우뇌의 속성
• 좌뇌 : 언어·수리·논리·사고력·우측 신체 발달·이성과 논리·상식 관련 기능
• 우뇌 : 직관·감성·좌측 신체 발달·도형 인식·공간지각력·창의성·예능 관련 기능

04 정답 ①
뇌의 역할
• 두정엽 : 온도와 통증 등 신체 감각 정보 수용 및 해석·주의집중·단어의 소리정보 처리·사물의 공간적 특성에 대한 사고에 관여
• 전두엽 : 사고력을 주관하고 행동 및 감정 조절·집중력 등을 담당
• 측두엽 : 청각 정보를 담당
• 후두엽 : 시각 정보를 담당
• 편도체 : 동기·학습·감정과 관련된 정보를 처리

• 해마 : 기억과 공간의 개념·감정적 행동을 조절

05 정답 ④
① 해마 : 기억과 공간의 개념·감정적 행동을 조절
② 두정엽 : 촉각 관련 정보 처리와 공간·운동 지각 및 신체 위치 판단 등 담당
③ 측두엽 : 청각 정보를 담당

06 정답 ①
② 도파민 : 집중력·쾌감·도취감 등에 관여하고 공격성·창조성·운동 기능 등 조절
③ 세로토닌 : 안정감을 주고 쾌감·각성 조절 및 행동 억제 기능
④ 엔도르핀 : 통증 완화와 기분 안정

07 정답 ④
게젤(Gesell)은 인간이 출생 전부터 이미 짜인 프로그램으로 성숙에 의해 발달한다고 주장하였다. 그의 이론은 대부분 초기 운동 발달에 관한 것으로 성숙이 성장의 모든 면을 좌우한다고 보았다.

08 정답 ①

구강기는 0~1세, 항문기는 1~3세, 남근기는 3~6세, 잠복기(잠재기)는 6~12세, 생식기는 12세 이후이다.

09 정답 ③

① 에릭슨은 심리사회적 측면에서 갈등과 위기를 통해 성격의 발달 단계를 구분하였다.
② 프로이트는 심리적 성격 발달 단계를 5단계로 구분하였다.
④ 콜버그는 도덕적 발달 수준을 3가지 수준의 총 6단계로 구분하였다.

10 정답 ②

초자아는 자아로부터 발달한다.

11 정답 ③

소속 및 애정의 욕구와 자아존중 욕구는 결손 욕구에 해당한다.

12 정답 ③

행동 동기가 되는 욕구를 다섯 단계로 나눈 학자는 매슬로우(Maslow)이다. 사회심리학자 브룸(Vroom)은 동기부여의 요인으로 '기대와 유의성'을 설명하였다.

13 정답 ②

① 캐논-바드(Cannon-Bard) 이론은 자극이 자율신경계 활동과 정서 경험을 동시에 일으킨다는 주장이다.
③ 샤흐터(Schachter)의 정서 2요인설은 정서란 생리적 반응과 원인의 인지작용 사이의 상호작용이라는 주장이다.

④ 플루칙(Plutchick) 이론은 정서 식별·분류는 대체로 임의적인 것이라는 주장이다.

14 정답 ②

문제 및 증상으로 인지 장애·동기 저하·정서 장애 등을 들 수 있다.

15 정답 ①

전경은 모양을 가지지만 배경은 그렇지 않다.

16 정답 ①

② 단안 단서, ③ 대비 착시, ④ 지각 항상성

17 정답 ④

① 다의도형 착시 : 같은 도형이 두 가지 이상의 형태로 보이는 현상으로, '루빈의 잔'과 '네커의 정육면체'가 대표적이다.
② 역리도형 착시 : '펜로즈의 삼각형'과 같이 2차원 평면에 나타나는 부분적 특성은 해석이 가능하지만, 전체적인 3차원 형태로 지각했을 때 불가능해 보이는 도형이다.
③ 대비 착시 : 같은 크기라도 큰 것을 인접했을 때와 작은 것을 인접했을 때 크기가 달라 보이는 현상이다.

18 정답 ②

①·③ 칵테일파티 효과에 대한 설명이다.
④ 스트룹 효과에 대한 설명이다.

19 정답 ④

성숙의 정의이다.

20 **정답** ③

체계적 둔감법은 무조건 자극과 조건 자극의 연합 원리를 기초로 한 고전적 조건화의 대표적인 행동 치료 기법이다.

21 **정답** ④

잠재 학습에서의 강화는 학습에 영향을 주는 것이 아니라 학습한 것의 수행에 영향을 준다.

22 **정답** ③

단기 기억의 주요 개념이다. 장기 기억의 주요 개념으로는 주관적 체계화와 보존적·정교화 시연이 있다.

23 **정답** ③

① 소쉬르 : 언어는 시니피에와 시니피앙으로 구성된다고 주장하였다.
② 스키너 : 언어 획득도 조작적 조건 형성 원리에 따른다고 주장하였다.
④ 촘스키 : 언어는 환경보다 생물학적 요인에 더 영향을 받는다고 주장하였다.

24 **정답** ③

심층 구조가 같아도 표면 구조는 각기 다를 수 있다.

25 **정답** ①

한 단어 시기인 생후 1년 무렵에 일어난다.

26 **정답** ②

길포드가 정립한 지능과 창의성의 차이

지능	추론과 관찰을 통해 문제 해결에 적절한 해법을 끌어내는 수렴적 사고 측정
창의성	새로운 사고방식이나 문제 자체를 생성하는 확산적 사고 필요

27 **정답** ③

유전인자는 개인의 잠재력을 결정하지만, 아동의 중요 발달 시기에 환경 차이가 그 사람의 능력을 결정하는 데 큰 영향을 주는 것처럼 오늘날의 지능은 유전과 환경의 상호작용의 결과물이라는 의견이 지배적이다.

28 **정답** ②

편차지능지수는 웩슬러(Wechsler) 지능 검사에서 사용한 지수다. 비네-시몽(Binet-Simon) 검사에서는 비율지능지수를 사용하였다.

29 **정답** ④

인간 행동은 기본적으로 목적 지향적이다.

30 **정답** ①

정서 검사에 대한 설명이다. 태도 검사는 특정 자극에 보이는 개인의 정서적 반응이나 가치판단 등을 나타내는 태도(Attitude)를 측정한다.

31 **정답** ④

HTP 검사는 '집·나무·사람을 그린 그림'을 통한 투사적 검사다.

32 정답 ③

MMPI는 질문지법이다.

33 정답 ④

강박 장애를 지닌 사람들은 이러한 강박적 사고와 행동이 지나치고 부적절하다는 것을 인식하고 있지만 통제할 수 없기 때문에 심한 심리적 고통을 겪는다.

34 정답 ①

② 승화 : 성·공격 추동 등 사회적으로 용납할 수 없는 욕구를 사회적으로 허용되는 형태로 표출
③ 부인(부정) : 의식화되는 경우 감당하기 어려운 고통·욕구·충동·현실을 무의식적으로 부정
④ 반동형성 : 무의식적 소망·충동을 본래 의도와 달리 반대되는 방향으로 바꾸는 것

35 정답 ①

B군에 대한 설명이다. A군은 사회적으로 고립된 성격장애이다.

36 정답 ④

회피성 성격장애에 대한 설명이다.

37 정답 ④

① 게슈탈트 치료법, ② 행동 치료 기법, ③ 인지 치료법

38 정답 ③

① 상호성 원리 : 자신에게 호의를 갖거나 긍정적으로 평가하는 타인을 좋아하는 경향이 나타남
② 자존이론 : 자신감 잃고 실의에 빠졌을 때 자신을 인정해 주는 사람에게 끌림
④ 득실이론 : 처음에는 호의적이지 않다가 나중에 호의를 보이는 사람을 더욱 좋아함

39 정답 ④

귀인이론은 와이너(Weiner)가 체계화한 인지주의적 학습이론이다. 사람들은 자신의 성공이나 실패를 과업 수행 중 발생한 특정 사건의 탓으로 돌리며 특히 성공이나 실패의 원인으로 가장 많이 귀인하는 요소를 '능력·노력·운·과제 난이도'를 설정하였다.

40 정답 ③

복종을 억제하기 위해서는 개인이 책임지도록 해야 한다.

제**6**회

정답 및 해설 | 심리학개론

01	02	03	04	05	06	07	08	09	10	11	12	13	14	15	16	17	18	19	20
③	①	②	①	③	①	③	①	①	④	③	③	③	②	④	③	①	③	③	②
21	22	23	24	25	26	27	28	29	30	31	32	33	34	35	36	37	38	39	40
②	①	④	①	②	④	①	①	①	①	③	③	②	③	①	③	④	②	②	④

01 정답 ③

데카르트(Descartes)는 육체와 정신은 다르다는 물심이원론을 주장하며, 몸과 마음은 떨어져 있으나 인간 유기체 안에서 상호작용한다고 하였다.

02 정답 ①

정신분석학파에 대한 설명이다.

03 정답 ②

① 도파민 : 집중력 · 쾌감 · 도취감 등에 관여하고 공격성 · 창조성 · 운동 기능 등 조절
③ 아세틸콜린 : 근육 활성화로 운동을 가능하게 하고 학습 · 수면 · 꿈 · 기억 등을 통제
④ 노르에피네피린 : 신경을 흥분시키고 의욕 · 집중 · 기억 · 적극성 등에 관여

04 정답 ①

많이 사용하는 시냅스는 강화되는 반면, 사용하지 않는 시냅스는 소멸된다.

05 정답 ③

축색의 말단부위는 여러 갈래 축색종말로 나뉘어 있다.

06 정답 ①

② 축색, ③ 시냅스, ④ 수초

07 정답 ③

ㄱ. 게젤은 아동은 타고난 유전적 요인에 의해 성장 · 발달이 이루어진다고 하였다.
ㄹ. 피아제(Piaget)는 인간은 변화 · 성장하는 존재이며 인간 의지 또한 환경과 상호작용하며 변화 · 발달한다고 하였다.

08 정답 ①

구강기에 대한 설명이다.

09 정답 ①

초기 성인기 – 친밀감 대 고립감

10 정답 ④

① 프로이트는 무의식에 기초한 정신 에너지를, 에릭슨은 자아정체성을 강조하였다.
② 성격의 요소로서 원초아(Id)를 강조한 학자는 프로이트이다.
③ 프로이트는 5단계, 에릭슨은 8단계로 인간발달 단계를 구분하였다.

11 **정답** ③

플루칙(Plutchick) 이론에 대한 설명이다.

12 **정답** ③

① 행동 동기가 되는 욕구를 5단계로 나누었다.
② 인간은 하위 욕구가 충족되면 상위 욕구를 이루고자 한다고 주장하였다.
④ 존재 욕구(Being Needs)는 가장 상위의 자아실현 욕구이면서 완전히 달성될 수 없는 욕구로 그 동기는 끊임없이 재생산된다.

13 **정답** ③

심리적 동기는 생리적 기반에 의존하기보다는 학습에 의해서 형성되는 동기로, 지적 호기심 · 자극 추구 · 성취 동기 · 통제 동기 · 작업 동기 등이 있다.

14 **정답** ②

① 외재적 동기, ③ · ④ 생리적 동기

15 **정답** ④

역리도형 착시에 대한 설명이다. 대비 착시는 같은 크기라도 큰 것을 인접했을 때와 작은 것을 인접했을 때 크기가 달라 보이는 현상이다.

16 **정답** ③

영-헬름홀츠(Young-Helmholtz)의 삼원색 이론
• 삼원색의 가산적 혼합으로 모든 색을 만들어낼 수 있다는 이론
• 인간의 시각은 R(빨강) · G(초록) · B(파랑)를 인지하는 3개의 추상체와 시신경 섬유가 있어 이 세포들의 혼합이 뇌에 전달되어 색을 지각한다는 설
• 컬러 인쇄, 사진, TV 등에 응용

17 **정답** ①

② 형태재인, ③ 칵테일파티 효과, ④ 주의

18 **정답** ③

① 연속성의 원리, ② 폐쇄성(폐합)의 원리, ④ 유사성의 원리

19 **정답** ③

스키너의 정의이다. 쾰러(Köhler)는 코프카(Koffka)와 함께 학습을 통찰에 의한 관계의 발견으로 정의하였다.

20 **정답** ②

관찰 학습은 타인의 행동과 그 결과를 모델로 관찰하고 관찰자의 행동에 변화가 나타나는 현상을 말한다.

21 **정답** ②

행동주의는 중추신경 조직의 기능을 부정하지는 않으나, 연구 대상에서는 제외한다.

22 **정답** ①

시연은 단기 기억의 망각을 방지하는 방법이다.

23 **정답** ④

과잉 확대(Overextension)와 과잉 축소(Underextension) 경향은 한 단어 시기인 생후 1년 무렵에 나타난다. 5~6세에는 중문 · 복문 같은 복잡한 문장 구조를 가진 표현을 구사할 수 있다.

24 정답 ①

1단계에 대한 설명이다. 2·3단계는 질문·대답, 정보 교환 등 의사 전달이나 상호 공통 주제를 위해 뜻을 종합한다.

25 정답 ②

①·④ '통찰'은 시행착오를 거치며 해결책에 도달하는 점진적 문제 해결이 아닌 여러 정보를 통합하여 문제를 지각적으로 재구성함으로써 비약적 문제 해결에 도달하는 것이다.
③ '통찰'은 형태주의 심리학과 관련 있다.

26 정답 ④

유동성 지능은 경험이나 학습의 영향을 거의 받지 않는 반면, 결정성 지능은 교육 및 가정환경·문화적 요인에 의해 더 많은 영향을 받는다.

27 정답 ①

② 동형검사 신뢰도 : 유사 형태의 측정 도구 두 개를 만들어 각각 동일한 집단을 대상으로 차례로 실시하고 두 검사 간 상관계수를 구하는 방법
③ 반분신뢰도 : 하나의 측정 도구에서 피험자를 동일한 수로 나누어 측정, 두 집단의 결과를 비교하여 상관계수를 구하는 방법
④ 검사–재검사 신뢰도 : 동일한 측정 도구를 동일한 사람에게 시간차를 두고 두 번 조사하여 그 결과 비교

28 정답 ①

없어진 검사와 추가된 검사
• 없어진 소검사 : 차례 맞추기, 모양 맞추기
• 추가된 소검사 : 행렬 추리, 동형 찾기, 퍼즐, 순서화, 무게 비교, 지우기

29 정답 ①

②·③·④ 질문지법

30 정답 ②

① 올포트(Allport), ③ 코스타와 맥크레이(Costa &McCrae), ④ 프로이트(Freud)

31 정답 ③

개인심리학에서는 인간을 환경과 유전에 의해 결정되는 존재가 아니라(결정론), 사건을 해석하고 영향을 주며 자기의 삶을 결정하는 '창조적인 능력을 가진 존재'로 본다.

32 정답 ③

HTP의 집과 나무 그림에서 '문'은 환경과의 직접적 접촉의 성질 및 상호작용의 정도를 의미하고, '가지'는 환경으로부터 만족을 얻고 무엇을 성취하려는 것으로서 피검자가 지닌 능력·가능성·순응성을 알아보는 것이다.

33 정답 ②

게슈탈트 치료법

34 정답 ③

제시된 내용은 DSM-5에 따른 연극성 성격 장애(Histrionic Personality Disorder)의 진단 기준에 포함된 내용이다. 이와 같은 성격 장애를 가진 사람은 지나치게 감정적이며 마치 연기를 하듯 과장된 언동으로 타인의 주의를 끌려고 한다.

35 정답 ①
② 격려, ③ 보상, ④ 투사

36 정답 ④
B군에 속하는 경계성(선)에 대한 설명이다. C군의 강박성은 완벽주의와 엄격한 기준, 자아비판에 집착, 비효율성 등이다.

37 정답 ③
특정 공포증의 행동 특성이다.

38 정답 ②
켈리(Kelley)의 공변원리의 3가지 기준
- 일치성 : 다른 사람들도 그 사람과 같은 반응을 하는가?
- 일관성 : 때와 상황에 관계없이 그 사람의 반응이 일관되어 있는가?
- 특이성 : 그 사람이 다른 상황(대상)에 대해서 같은 반응을 하는가?

39 정답 ②
인지부조화 이론
감정·신념 등의 요소가 다른 인지 요소와 대립하여 심리적 긴장을 유발할 때 이러한 부조화로 말미암은 불쾌감을 회피하기 위해 자신의 행동·태도와 새로운 인지요소 중 어느 한쪽을 부정하여 모순을 제거하고자 하는 경향을 설명함

40 정답 ④
알트만(Altman)과 테일러(Taylor)의 사회적 침투이론(Social Penetration Theory)

01	02	03	04	05	06	07	08	09	10	11	12	13	14	15	16	17	18	19	20
③	②	①	③	①	③	④	③	③	④	③	①	④	③	②	②	④	④	②	④
21	22	23	24	25	26	27	28	29	30	31	32	33	34	35	36	37	38	39	40
①	①	④	④	①	②	①	④	③	③	③	①	④	②	②	②	③	④	①	④

01 정답 ③

형태주의에 대한 설명이다.

02 정답 ②

생리학은 신체의 생물학적 과정 연구로서 19세기에 발달하였는데, 생리학의 일부 방법론을 정신 능력 측정에 적용하였다. 이러한 정신 연구는 과학으로서의 현대 심리학 성립에 큰 영향을 끼쳤다.

03 정답 ①

정지전위 : 세포외액의 주요 이온은 나트륨이온(Na^+), 세포내액의 주요 이온은 칼륨이온(K^+)

04 정답 ③

수용기 : 신경전달물질을 수용하고 새로운 전기적 신호를 생성하는 세포막 일부분

05 정답 ①

측두엽은 언어·청각·정서적 경험·기억 등을 담당하며 부적절한 행동을 억제하는 등 행동을 관리하는 것은 전두엽이다.

06 정답 ③

뇌량에 대한 설명이다.

07 정답 ④

① 친밀감 대 고립감은 성인 초기의 발달적 위기에 해당한다.
② 애착 및 신뢰관계 형성은 유아기의 발달 과업에 해당한다.
③ 자아 통합이 이루어지는 단계는 노년기이다.

08 정답 ③

초기 성인기의 심리사회적 위기는 친밀감 대 고립감이다. 근면성 대 열등감은 학령기의 심리사회적 위기이다.

09 정답 ③

초자아에 대한 설명이다.

10 정답 ④

7~8세 이후 아동은 동성 친구와 친밀하고, 이성 친구와는 배타적인 관계를 유지한다. 특히 이 시기부터 또래집단 및 친구와의 우정을 중요시한다.

11 **정답** ③
제임스-랑게(James-Lange) 이론에 대한 설명
이다.

12 **정답** ①
기대이론에 대한 설명이다. 매슬로우(Maslow)
의 욕구 5단계이론은 행동 동기가 되는 욕구를
5단계로 나누고, 인간은 하위 욕구가 충족되면
상위 욕구를 이루고자 한다고 주장하였다.

13 **정답** ④
① 심리적 동기, ② 친화 동기, ③ 성취 동기

14 **정답** ③
친화 동기가 강한 사람의 특징
• 전화와 서신 교환 등 소통을 자주 하고 타인의
  평가를 받는 상황에서 불안해 함
• 우호적 상황에서 타인과 시선을 자주 맞춤
• 업무 파트너로서 유능한 사람보다 자신과 마음
  이 맞는 사람을 선택하는 경향이 있음

15 **정답** ②
① 추상체는 색을 구별하며, 간상체는 명암을
  식별하는 역할을 한다.
③ 홍채에 대한 설명이다. 수정체는 초점을 조
  절하는 렌즈의 기능을 한다.
④ 대뇌의 시각 영역은 후두엽에 위치한다.

16 **정답** ②
① 페히너(Fechner)의 법칙 : 감각 강도는 자극
  강도의 대수에 비례한다는 법칙
③ 헤링(Hering)의 반대색설 : 대립적 쌍의 합
  성과 분해를 통해 색을 인식한다는 이론

④ 베버(Weber)의 법칙 : 자극의 변화는 기준이
  되는 처음 자극 강도에 따라 감지 여부가 달
  라질 수 있다는 법칙

17 **정답** ④
선조 외 피질에는 V2, V3, V4, V5(MT)가 포함되
어 있다.

18 **정답** ④
선형 조망은 '단안 단서'와 관련된 것으로, 평행
하는 선들이 멀리 있는 수렴점으로 보이는 현상
을 말한다.

19 **정답** ②
①·③·④ 본능적인 생리적 현상(재채기, 약물
복용, 반사행동 등)으로 강화된 훈련의 결과
가 아니므로 학습된 행동이 아니다.

20 **정답** ④
① 소거 : 자극을 계속 주지 않을 때 반응 강도가
  감소함
② 자발적 회복 : 소멸이 상당 시간 지난 후 다시
  조건 자극을 제공하면 일시적으로 조건 반응
  이 나타나는 것
③ 자극 변별 : 조건 형성 과정에서 조건 자극에
  만 먹이를 주고 그외 자극에는 먹이를 주지
  않을 때, 조건 자극과 다른 자극을 변별할 수
  있게 됨

21 **정답** ①
② 반두라는 사회학습이론을 주장하였다. 통찰학습은 형태주의 심리학자 쾰러의 실험이 대표적이다.
③ 반복되는 시행착오와 우연한 성공으로 학습이 성립한다는 이론을 펼친 학자는 행동주의 심리학자 손다이크이다.
④ 반두라의 사회학습이론에 대한 설명이다.

22 **정답** ①
강화이론 – 스키너

23 **정답** ④
형태론적 규칙에 대한 설명이다. 통사 규칙은 단어들이 어떻게 결합하여 문장을 이루는지를 나타내는 규칙이다.

24 **정답** ④
스키너(Skinner)의 학습이론에 대한 설명이다.

25 **정답** ①
② 범주화, ③·④ 개념 형성

26 **정답** ②
지능이 어느 정도 낮은 사람이라도 창의성을 가질 수 있다.

27 **정답** ①
타당도(Validity)는 과제나 질문이 알고자 하는 개념이나 속성을 얼마나 정확하게 포함하는지를 나타낸다. 따라서 수학 능력을 알아보는 데 어휘 문제가 쓰인 것은 검사의 타당도가 결여되었다고 할 수 있다.

28 **정답** ④
길포드(Guilford)의 복합요인설(입체모형설)

29 **정답** ③
결과의 해석이 용이하지 않으며 검사자의 높은 전문성과 경험·통찰력을 요구한다.

30 **정답** ③
① 개인심리이론 : 무의식이 아닌 의식이 성격의 중심이며, 성적 동기보다 사회적 동기에 의해 동기화된다고 주장한다.
② 정신분석이론 : 인간 행동은 인식할 수 없는 무의식에 의해 동기가 유발된다고 주장한다.
④ 특질이론 : 특성을 인격을 구성하는 단위로 규정하고 각 특성의 조합으로 개인의 성격을 기술·이해하는 방법이다.

31 **정답** ③
① 인격은 도덕적으로 옳은 행위를 하는 경향의 인품 좋은 사람을 가리킬 때 사용한다.
② 기질은 성격과 비슷한 개념으로 혼동하기 쉬우나 기질은 정서적 특성을 띤다.
④ 특성(Trait)은 여러 상황에서 일관적으로 나타나는 행동 경향을 말한다.

32 **정답** ①
ㄴ. 생식기, ㄷ. 원초아(Id)와 자아(Ego) 사이의 갈등, ㄹ. 반동형성

33 정답 ④

해리성 장애(Dissociative Disorder)에 대한 설명이다. 전환 장애(conversion disorder)는 신체 질환은 보이지 않지만 심리적 스트레스로 팔다리를 못 쓰거나 눈이 보이지 않는 등 신체 감각이 기능하지 못하는 증상이다.

34 정답 ②

'동일시'에 대한 설명이다. '투사'는 자신의 내부에서 일어나는 용납하기 어려운 충동을 다른 사람의 탓으로 돌리는 것이다.

35 정답 ②

해리성 장애(Dissociative Disorder)에 대한 설명이다. 강박 및 관련 장애는 손을 지나치게 자주 씻는 등 하나의 생각·행동을 되풀이하는 증상이 나타난다.

36 정답 ②

① 우울증, ③ 조울증(양극성 장애), ④ 해리성 장애

37 정답 ③

인지 치료법에 대한 설명이다.

38 정답 ④

행동이론(Behavioral Theory)에 대한 설명이다.

39 정답 ①

낮은 공 기법은 승낙을 얻어내는 방법 중 하나이다. 설득 효과에 영향을 주는 요인 중 다른 하나는 '신빙성'이다.

40 정답 ④

초두효과는 대상에 대해 상반된 정보가 순서대로 제시된 경우에 처음 정보가 나중 정보보다 인상 형성에 더 큰 영향을 미치는 현상으로, 첫인상에서 받은 정보가 그 사람의 전체적 인상으로 굳어지는 효과이다.

01	02	03	04	05	06	07	08	09	10	11	12	13	14	15	16	17	18	19	20
①	②	①	④	②	①	①	④	①	③	②	②	①	①	②	③	③	③	①	①
21	22	23	24	25	26	27	28	29	30	31	32	33	34	35	36	37	38	39	40
①	③	④	②	④	④	①	④	③	②	①	②	④	①	③	③	②	①	④	②

01 **정답** ①

행동주의 학파의 학자인 왓슨(Watson)의 주장
이다.

02 **정답** ②

① 임상법, ③ 질문지법, ④ 면접법

03 **정답** ①

시냅스의 정보 전달 방식은 화학적 전달이다.

04 **정답** ④

① 세로토닌에 대한 설명이다. 아세틸콜린(ACh)
은 근육을 활성화하고 운동을 가능하게 하며
학습·수면·꿈·기억 등을 통제한다.
② 노르에피네프린에 대한 설명이다. 도파민(DA)
은 집중력·쾌감·도취감 등 관여, 공격성·
창조성·운동 기능 등을 조절한다.
③ 엔도르핀에 대한 설명이다. 글루타민산은 학
습과 기억에 관여하는 주요 흥분성 전달물질
이다.

05 **정답** ②

브로카(Broca) 실어증은 매끄러운 발화와 문장
구성에 장애가 있는 반면 청각 이해 능력은 발화
능력보다 양호하다.

06 **정답** ①

② 전도성 실어증은 이해하고 표현하는 데 지장
은 없다.
③·④ 베르니케(Wernike) 실어증

07 **정답** ①

구강기 − 기본적 신뢰감 대 불신감

08 **정답** ④

청소년의 성장 급등은 남학생보다 여학생에게서
먼저 나타난다.

09 **정답** ①

유전병은 돌연변이에 의해 후천적으로 발생할
수도 있다.

10 **정답** ③

부분적 분석에서 조합적 분석을 하게 된다.

11 **정답** ②

캐논−바드(Cannon−Bard) 이론에 대한 설명이다.

12 정답 ②

① 애정과 소속에 대한 욕구
③ 안전에 대한 욕구, ④ 생리적 욕구

13 정답 ①

내재적 동기에 대한 설명이다.

14 정답 ①

② 성공 공포는 여성에게 더 많다고 하였다.
③ 성공 회피 동기는 심리적 동기에 속한다.
④ 성취 동기가 높은 사람의 특징이다.

15 정답 ②

절대역은 감각을 일으키는 최소한의 자극 강도를 말한다.

16 정답 ③

① 전정기관, ② 외이도, ④ 이소골

17 정답 ③

① 선형 조망, ② 상대적 크기, ④ 폭주각

18 정답 ③

삼원색 이론에서 설명하지 않는 잔상효과에 근거를 둔 것은 헤링(Hering)의 반대색설이다.

19 정답 ①

사탕을 주기 전 선생님은 좋지도 싫지도 않은 자극이므로 '중성 자극', 사탕은 학생들이 좋아하므로 '무조건 자극', 사탕 없이도 선생님을 좋아하므로 '조건 반응'이 된다. 중성 자극은 특정 반응을 이끌어내지 못하는 자극이며, 무조건 자극은 조건 형성이 없이 자동적·반사적인 반응을 유발하는 자극을 말한다.

20 정답 ①

톨만(Tolman)의 기호형태설은 인지도(Cognitive Map), 잠재 학습, 목적적 행동주의로 설명할 수 있다. 이때 '잠재 학습(Latent Learning)'이란 이미 학습은 되었으나 보상이 주어질 때까지 학습한 것이 나타나지 않고 잠재해 있는 것을 말한다.

21 정답 ①

행동주의 학습이론은 인간 행동이 법칙적으로 결정되고, 예측이 가능하며 통제될 수 있다고 봄으로써 결정론적인 양상을 보인다.

22 정답 ③

쇠퇴에 대한 설명이다. 역행간섭은 나중(최근)에 학습한 것이 먼저 학습한 것을 간섭한다는 것이다.

23 정답 ④

① 음소는 말의 의미를 구별하는 음성의 최소 단위이다.
② 형태소는 의미를 가진 언어의 가장 작은 단위이다.
③ 문법은 의미 있는 내용을 만들기 위한 언어의 기본 단위의 결합 규칙이다.

24 정답 ②

① 촘스키(Chomsky)가 주장하였다.
③ 적절한 환경이 제공되면 누구나 노력 없이 단기간(3~4세)에 언어를 습득할 수 있다.
④ 스키너(Skinner)의 학습이론에 대한 설명이다.

25 정답 ④

기능적 고착은 재생적 사고가 생산적 사고를 저해하는 경우에 해당한다.

26 정답 ④

지능을 유동성 지능(Fluid Intelligence)과 결정성 지능(Crystallized Intelligence)으로 구분한 학자는 카텔과 혼(Cattell&Horn)이다. 길포드(Guilford)는 복합요인설을 주장하였다.

27 정답 ①

② 구인타당도, ③ 내용타당도, ④ 기준타당도

28 정답 ④

스턴버그(Sternberg)의 삼원지능이론

성분적 지능	새로운 지능을 획득하고 이를 논리적 문제의 해결에 적용하는 분석적 능력 또는 정보 처리 능력
경험적 지능	직관력과 통찰력을 통해 새로운 문제를 신속하게 처리하는 창의적 능력
상황적 지능	현실 상황에 적응하고 환경과 조화를 이루는 융통적이고 실용적인 능력

29 정답 ③

① 프로이트(Freud) : 성격은 원초아(Id)·자아(Ego)·초자아(Superego)의 상호작용 결과이다.
② 로저스(Rogers) : 성격은 모든 경험의 중심이 되는 자아, 즉 조직화되고 항구적이며 주관적으로 지각된 실체이다.
④ 올포트(Allport) : 성격은 한 개인의 내부에 있는 그 어떤 것으로서, 행동과 생각을 결정하는 신체적·정신적 체제의 역동적 조직이다.

30 정답 ②

로르샤흐(Rorschach) 검사가 주로 사고의 형식적·구조적 측면을 밝히는 데 반해, 주제통각 검사는 주로 사고의 내용을 규명한다.

31 정답 ①

지능 검사에 대한 설명이다. 성취 검사는 특정 영역에서의 성취도와 개인의 학력·학습 정도를 측정한다.

32 정답 ②

인간중심 상담은 로저스(Rogers)로 대표되는 상담 이론으로, 인간은 자신의 삶의 의미를 능동적으로 창조하며 주관적 자유를 실천한다고 주장하였다.

33 정답 ④

'부정·부인(Denial)'은 강렬하고 고통스러운 감정을 유발시키는 사건에 대해서는 인지하나, 그와 관련된 정서를 경험하지 못하게 하는 기제이다.

34 정답 ①

충격적인 사건, 예를 들어 강간·폭행·교통사고·자연재해·가족이나 친구의 죽음 등을 경험한 후 불안 상태가 지속적으로 나타나는 양상을 보이는 장애를 '외상 후 스트레스 장애'라고 한다.

35 정답 ③

전환 장애(Conversion Disorder)는 유의미한 신체 증상을 보이나 신체적인 손상에 의한 것이 아닌 무의식적·심리적 갈등에서 기인하는 것이다.

36 정답 ③

경계성(선) 성격의 특징이다. 연극성 성격은 자신이 늘 주인공이기를 바라며 칭찬받기 위해 지나치게 노력한다.

37 정답 ②

체계적 둔감법은 행동 치료 기법의 하나로, 특정 자극이나 상황에 강한 불안·공포를 나타내는 사람을 치료하기 위해 사용한다.

38 정답 ①

사회적 태만의 원인으로는 '책임 분산, 개인 공헌도 측정 곤란, 노력의 무가치성, 맞추려는 경향' 등이 있다.

39 정답 ④

3가지가 다 높으면 대상에 원인을 두는 외부 귀인, 일관성만 높으면 행위자의 내부 귀인이다.

40 정답 ②

① 이기적 편향(자기 고양 편파) : 성공은 자신의 내부 귀인으로, 실패는 외부 귀인으로 돌려 환경이나 다른 사람을 탓하는 편향으로서 자존심을 지켜야 하는 상황에서 주로 나타남
③ 행위자-관찰자 편향 : 동일 행동에 대해 타인의 행동은 내적 원인으로, 행위자 자신의 행동은 외적 원인으로 파악
④ 확증편향 : 자신의 가치관·기대·신념·판단에 부합하는 확증적 정보만 선택적으로 인지하며 일치하지 않는 정보는 무시하는 편향된 현실 인식 방식

01	02	03	04	05	06	07	08	09	10	11	12	13	14	15	16	17	18	19	20
②	①	④	①	③	④	①	④	②	③	③	②	①	②	②	②	①	③	②	②

21	22	23	24	25	26	27	28	29	30	31	32	33	34	35	36	37	38	39	40
②	①	①	①	③	④	④	③	④	②	①	①	②	④	③	④	①	②	①	①

01 정답 ②

시간과 비용·노력이 많이 소요된다.

02 정답 ①

② 학습심리학, ③ 발달심리학, ④ 성격심리학

03 정답 ④

① 아세틸콜린 : 근육을 활성화시켜 운동을 가능하게 하며 학습·수면·꿈과 기억을 통제
② 도파민 : 집중력·쾌감·도취감 등에 관여하여 공격성·창조성, 운동 기능 등을 조절
③ 글루타민산 : 학습과 기억에 관여하는 주요 흥분성 전달물질

04 정답 ①

② 시상, ③ 시상하부, ④ 간뇌

05 정답 ③

① 연수 : 뇌와 척수를 연결하는 중계 지점이자 신체의 모든 감각 정보와 대뇌의 명령 전달이 지나는 곳
② 소뇌 : 평형 기능·수의운동 조절 등 신체의 세밀하고 다양한 운동 기능 담당
④ 뇌교 : 중추신경과 말초신경의 신경섬유 경로이자 중계소 역할

06 정답 ④

하구체에 관한 설명이다. 상구체는 시각과 관련이 있어 시개라고도 불린다.

07 정답 ①

학령전기 또는 유희기(3~5세) 아동은 주도성을 가지고 계획을 세워 목표를 설정하며 그것을 달성하고자 노력하지만, 부모는 그런 주도성을 제한하고 책임감·죄의식을 통해 양육한다.

08 정답 ④

① 구강기 → 항문기 → 남근기 → 잠복기 → 생식기
② 어느 한 단계에서 다음 단계로의 진행이 저해되면 특정 단계에 고착될 수 있다.
③ 남근기(3~6세)에 남아는 어머니를 열망하고 아버지를 경쟁자로 생각하여 미워하지만, 그것으로 인해 아버지로부터 거세당할지 모른다는 거세불안에 사로잡힌다.

09 정답 ②

23번째 쌍은 성염색체이다.

10 정답 ③

신체적·정신적으로 성숙하기 전에 이루어지는 학습 행위는 무의미하다.

11 정답 ③

① 추위·질병·위험 등에서 건강과 안전을 지키고자 하는 욕구
② 사회적 욕구로서 사회구성원으로서의 역할 수행에 전제조건이 되는 욕구
④ 사회적·경제적 지위와 상관없이 어떤 분야에서 최대 만족과 행복감을 느끼고자 하는 욕구

12 정답 ②

① 외재적 동기, ③ 내재적 동기, ④ 성공 회피 동기

13 정답 ①

적절한 목표를 설정하며 극히 어렵거나 성공확률이 낮은 목표는 피한다.

14 정답 ②

① 생리적 동기인 추동에 대한 설명이다. 각성은 인간이 적절한 활동을 유지하기 위해 적정 수준의 흥분감과 긴장을 유지하는 것을 말한다.
③ 과제 수준이 높을 때는 각성 수준이 낮아야 효율적이다.
④ 과제 수준이 낮을 때는 각성 수준이 높아야 효율적이다.

15 정답 ②

미각의 기본 맛은 단맛·쓴맛·신맛·짠맛이다.

16 정답 ②

암순응은 눈이 어두운 곳에서 적응하여 점차 주위 사물이 보이는 현상으로, 암순응이 진행될수록 추상체에서 간상체로 기능이 옮겨간다.

17 정답 ①

지각 항상성은 거리·방향·조명 강도 등 근접 자극이 변해도 대상의 크기·모양·밝기·색·위치 등은 변하지 않는 것으로 인식하는 것이다.

18 정답 ③

① 파이현상은 운동 지각 중 연속되는 정지된 화면이 가상 운동으로 지각되는 현상을 말한다.
② 유인운동은 운동 지각 중 두 대상 사이의 거리가 변화함에 따라 느껴지는 운동 현상을 말한다.
④ 단안 단서는 한 눈으로 봤을 때 나타나는 깊이지각의 여러 측면을 말한다.

19 정답 ②

스키너의 도구적(조작적) 조건 형성에 관한 설명이다.

20 정답 ②

관찰 학습 과정

주의집중 과정	관찰자가 모델의 행동에 주의를 집중하는 과정
파지과정	관찰한 내용을 상징적 형태로 기억에 저장하는 과정
운동재생 과정	심상 및 언어로 기호화된 표상을 행동으로 전환하는 과정
동기화 과정	관찰을 통해 학습한 행동에 강화가 이루어져 동기화되는 과정

21 정답 ②
① 환경 자극에 능동적으로 반응하여 나타나는 조작적 행동을 설명한다.
③ 조작적 조건화에서 인간은 능동적이고 적극적이다.
④ 고전적 조건화에 관한 설명이다.

22 정답 ①
인간의 자극에 관한 수동적·반응적 행동에 몰두하는 파블로프(Pavlov)의 고전적 조건 형성과 달리, 스키너(Skinner)의 조작적 조건 형성은 인간이 환경 자극에 능동적으로 반응하여 나타내는 행동인 조작적 행동을 설명한다.

23 정답 ①
과잉 일반화는 2~3세에 나타난다.

24 정답 ①
② 스키너 : 학습이론
③ 촘스키 : 생득이론
④ 피아제 : 인지이론

25 정답 ③
① 피아제(Piaget)의 인지이론
② 단어의 우월성
④ 스키너(Skinner)의 학습이론

26 정답 ④
반분신뢰도에 해당한다. 문항 내적 합치도는 문항들이 서로 일치된 어떤 속성을 재는가 하는 것, 즉 모든 문항 간의 일치성 정도를 계산하는 것이다.

27 정답 ④
스턴버그(R. Sternberg)는 지능을 개인의 내부 세계와 외부 세계에서 비롯되는 경험의 측면에서 성분적·경험적·상황적(맥락적) 지능으로 구분하였다.

28 정답 ③
스피어만(Spearman)의 2요인설

29 정답 ④
주제통각 검사(TAT)에 대한 설명이다.

30 정답 ②
① EPPS : 수검자의 특징적 욕구나 취향을 측정하는 자기 보고식 검사로, 15가지 특성 측정
③ MBTI : 성격의 선천적 선호성을 알려주는 자기 보고식 검사로, 성격 유형을 총 16가지로 분류·제시
④ MMPI : 550개 문항 중 16개의 문항이 중복되어 총 566개의 문항으로 구성됨. 중복된 16개 문항은 수검자의 반응 일관성을 확인하기 위한 지표로 사용

31 정답 ①
내담자 중심 요법의 비지시적 상담이다.

32 정답 ①
집, 나무, 사람을 그린 그림을 통한 투사적 검사이다.

33 정답 ②

외상 후 스트레스 장애를 가진 사람은 재현성 환각이나 악몽을 통해 과거의 외상성 사건에 대한 생각에서 쉽게 벗어나지 못하며, 사건 당시의 경험을 회상하도록 하는 다양한 자극들에 대해 극도의 불안과 두려움을 느낀다.

34 정답 ④

전환 장애는 '신체 증상 및 관련 장애'의 하위 유형이다.

35 정답 ③

'자기애성 성격 장애'에 대한 설명이다. '회피성 성격 장애'는 자신을 사회적으로 부적절하고 개인적으로 매력이 없는, 다른 사람에 비해 열등한 사람으로 바라본다.

36 정답 ④

조현병(정신분열증)의 원인은 불확실하지만, 도파민(신경전달물질) 과다분비로 인한 뇌기능장애와 사회생활에서 오는 스트레스와 같은 사회적 요인이 있을 수 있다.

37 정답 ①

심인성은 신경증의 원인에 해당한다. 정신병은 뇌 구조나 신경전달물질 이상분비 등 기질성이 원인이다.

38 정답 ②

① 걸맞추기 원리 : 배우자 선택 시 자신의 외모와 비교하여 적정 수준의 짝을 선호함
③ 자존이론 : 자신감을 잃고 실의에 빠졌을 때 자신을 인정해주는 사람에게 끌림
④ 득실이론 : 처음에는 호의적이지 않다가 나중에 호의를 보이는 사람을 더욱 좋아하고, 처음에는 호의적이다가 나중에 호의를 보이지 않는 사람을 더욱 싫어함

39 정답 ①

② 귀인 : 타인의 행동에 관한 외부 단서라는 간접 정보를 통해 행동의 원인을 추론하는 인지 과정
③ 동조 : 타인이나 집단 기준・가치관・기대에 순응하여 행동하는 것
④ 몰개인화 : 집단소속・익명성・책임감 상실・흥분 등으로 정체를 상실하여 개인이 자신의 가치나 행동에 주의를 덜 기울이고 비전형적 행동을 하는 상태

40 정답 ①

태도의 기능에는 ②, ③, ④ 외에 적응 기능이 있다.

제10회 정답 및 해설 | 심리학개론

01	02	03	04	05	06	07	08	09	10	11	12	13	14	15	16	17	18	19	20
③	④	③	①	④	③	③	②	②	①	④	③	③	④	①	③	①	①	②	④

21	22	23	24	25	26	27	28	29	30	31	32	33	34	35	36	37	38	39	40
③	④	②	②	④	④	④	②	②	④	③	③	②	①	③	①	①	④	②	①

01 정답 ③

융(Jung)은 개인이 의식하는 것 너머 미지의 정신 세계인 무의식을 강조하며, '개인무의식(Personal Unconscious)'과 '집단무의식(Collective Unconscious)'으로 구분하였다.

02 정답 ④

ㄴ. 실험관찰법에 대한 설명이다. 질문지법은 계획적으로 작성된 일련의 문항에 피험자가 응답하도록 하는 자료 수집 방법이다.

03 정답 ③

축색은 신경세포의 한 줄기 긴 섬유로 그 말단부위는 여러 갈래 축색종말로 나뉘어 다른 뉴런과 근육, 내분비선에 정보를 전달한다.

04 정답 ①

소뇌는 평형 기능과 수의운동의 조절 등 신체의 세밀하고 다양한 운동 기능을 담당한다.

05 정답 ④

부신피질 자극 호르몬에 대한 설명이다. 갑상선 자극 호르몬은 갑상선 호르몬 생성·분비를 촉진한다.

06 정답 ③

자기공명영상법(MRI)은 고주파를 사용한다.

07 정답 ③

③ 에릭슨(Erikson)의 심리사회이론
① 피아제(Piaget)의 인지발달이론
② 프로이트(Freud)의 정신분석이론
④ 콜버그(Kohlberg)의 도덕성 발달이론

08 정답 ②

항문기 - 자율성 대 수치심·회의

09 정답 ②

왓슨의 행동주의 심리학에서 주장하는 발달 형성 요인이다. 게젤(Gesell)의 성숙이론은 유전요인으로 규정된 생물학적 순서에 따라 인간 발달이 결정된다고 보았다.

10 정답 ①

임신 1개월에 대한 설명이다. 임신 2개월에는 인간의 형태를 갖추기 시작한다.

11 정답 ④

① 대립과정이론, ② 추동감소이론, ③ 매슬로우(Maslow)의 욕구 5단계이론

12 정답 ③

정서 요소로는 주관적 의식 체험, 생리적 변화, 표정·행동의 신체적 표출 등이 있다.

13 정답 ③

① 추동감소이론 : 동기의 유형 중 유기체는 항상성 유지를 위해 물이나 음식을 섭취하여 배고픔과 목마름이라는 추동을 경감·해소한다는 이론
② 기대이론 : 동기의 유형 중 어떤 심리 과정을 통해 동기가 부여되며, 그에 따른 행동의 선택과 지속성 구조를 이론화한 것
④ 성공 회피 동기 : 동기의 유형 중 주위의 기대, 지위 유지, 시기·질투 등 성공에 따른 부담·스트레스를 피하려는 동기

14 정답 ④

전도성 실어증에 대한 설명이다.

15 정답 ①

망막에 대한 설명이다. 각막은 앞 부분을 덮는 투명한 막으로, 빛을 받아들이는 역할과 수정체와 더불어 빛을 굴절시켜 초점을 맞추는 기능을 한다.

16 정답 ③

색상의 대비 현상에 대한 설명이다. 채도대비는 채도가 다른 두 색이 서로 영향을 주어 채도가 다르게 보이는 현상이다.

17 정답 ①

크기의 항상성에 대한 설명이다. 위치의 항상성은 관찰자의 움직임으로 대상의 망막상이 함께 움직여도 같은 위치에 있는 것으로 인식하는 것을 말한다.

18 정답 ①

②·④ 칵테일파티 효과, ③ 형태재인

19 정답 ②

① 금전이나 칭찬은 조건 강화물로서 다른 자극과 짝지어져 강화물의 성질을 가지므로 2차 강화물에 해당한다.
③ 강화가 지연되면 그 효과가 감소한다.
④ 정적 강화물에 대한 설명이다. 부적 강화물은 반응이 일어난 직후 제거되어 그 반응 빈도를 증가시키는 자극이다.

20 정답 ④

재인은 기억의 발달에 관한 것이다.

21 정답 ③

호너(Horner)는 주위의 기대, 지위 유지, 시기·질투 등 성공에 따른 부담·스트레스를 피하려는 동기인 성공 회피 동기를 주장하였다. 또한 성공 공포는 여성에게 많으며 이는 성공과 성역할 불일치, 남성사회에서의 성공에 대한 여성 특유의 양면가치 등에서 기인한다고 보았다.

22 정답 ④

고정비율계획은 일정한 수의 반응이 일어난 후 강화를 주는 것을 말한다.

23 정답 ②
① 과잉 확대 : 개 이외의 모든 동물을 '멍멍이'
라 부르듯 원래 쓰임보다 확장하는 경향
③ 과잉 축소 : 집에서 기르는 개만 '멍멍이'라
하고 다른 개는 그렇게 하지 않는 경향
④ 전보식 문장 : 조사 등을 탈락시키고 필요한
사항만 나열하는 문장

24 정답 ②
생성 문법은 촘스키가 주장한 이론이다.

25 정답 ④
잘 성의되지 않은 문제는 세 가지 인자, 즉 초기
상태·목표 상태·제어 조건 중 한 가지 이상이
결여된 문제이다.

26 정답 ④
편차지능지수에 대한 설명이다.

27 정답 ④
경험의 누적에 의해 발달하는 것은 '결정성 지능'
의 특징에 해당한다.

28 정답 ②
표준화 검사란 검사의 제반 과정에서 검사자의
주관적 의도와 해석이 개입되지 못하게 하는 것
이다.

29 정답 ②
① 매슬로우, ③ 아들러, ④ 프로이트

30 정답 ④
자아와 환경관계·역동을 평가하는 것은 주제통
각 검사(TAT ; Thematic Apperception Test)
에 해당한다. 로르샤흐 검사(Rorschach Test)
는 지각과 성격의 관계를 상정한다.

31 정답 ③
아들러(Adler)는 '완전성의 추구'나 '숙련을 통한
열등감 극복'을 선천적 동기로 보았으며, 열등감
을 경험하면서 우월성을 추구한다고 보았다.

32 정답 ③
투사적 검사는 비구조화된 자극을 사용한다. 검
사 과제의 구조화는 비투사적 검사 또는 객관적
검사와 연관된다.

33 정답 ②
강박 장애를 지닌 사람들은 강박적 사고와 행동
이 지나치고 부적절하다는 것을 인식하고 있지
만 통제할 수 없기 때문에 심한 심리적 고통을
겪는다. 이러한 강박적 사고나 행동은 많은 시간
을 소모하고, 개인의 일상생활 또는 사회활동에
명백한 지장을 준다.

34 정답 ①
② 전환 장애 : 신체질환은 보이지 않지만 심리
적 스트레스로 팔다리를 못 쓰거나 눈이 보이
지 않게 되는 등의 증상
③ 질병불안 장애(건강염려증) : 사소한 신체적
증상을 과대 해석하여 큰 병에 걸렸다고 믿는
등 과도하게 건강에 집착하는 증상
④ 공황 장애 : 예기치 못한 강렬한 불안 즉, 공
황 발작을 반복적으로 경험

35 정답 ③
- A군 : 편집성 성격 장애, 조현성 성격 장애, 조현형 성격 장애
- B군 : 반사회성 성격 장애, 연극성 성격 장애, 경계선 성격 장애, 자기애성 성격 장애
- C군 : 회피성 성격 장애, 의존성 성격 장애, 강박성 성격 장애

36 정답 ①
조현형 성격 장애(Schizotypal Personality Disorder)의 특징에 해당한다.

37 정답 ①
② 심리적 장애, ③ 성격 장애, ④ 정신병

38 정답 ④
태도의 구성요소
- 인지(Cognitive Component) : 경험과 학습을 통해 얻은 지식·개념·신념
- 감정(Affective Component) : 대상에 대한 정서적 반응, 좋고 싫음 등 단순한 평가
- 행동(Behavioral Component) : 어떤 대상에 특정한 행동을 하려는 경향, 수용–거절, 접근–회피 등 구체적으로 보이는 움직임

39 정답 ②
신빙성 중 '슬리퍼 효과'에 대한 설명이다.

40 정답 ①
② 사회교환이론 : 대인관계는 보수와 비용 교환으로 형성
③ 사회적 침투이론 : 관계 진전은 두 사람의 상호작용이 성격 주변부로 스며들어 서로 상대의 중심으로 침투해가는 과정
④ 인지부조화이론 : 감정·신념 등 인지요소가 다른 인지요소와 대립하여 심리적 긴장을 유발할 때 이러한 부조화로 말미암은 불쾌감 회피를 위해 자신의 행동·태도와 새로운 인지요소 중 어느 한쪽을 부정하여 모순을 제거하고자 하는 경향

독학학위제 1단계 교양과정인정시험 답안지(객관식)

★ 수험생은 수험번호의 응시과목 코드번호를 표기(마킹)한 후 일치여부를 반드시 확인할 것.

전공분야

성명

(1)	1	－	－	－			

수험번호

(2) ④③②●

수 험 번 호
① ① ① ①
② ② ② ②
③ ③ ③ ③
④ ④ ④ ④
⑤ ⑤ ⑤ ⑤
⑥ ⑥ ⑥ ⑥
⑦ ⑦ ⑦ ⑦
⑧ ⑧ ⑧ ⑧
⑨ ⑨ ⑨ ⑨
⓪ ⓪ ⓪ ⓪

※ 감독관 확인란

㊞

관 리 번 호

(연번) (응시자수)

과목코드

① ② ③ ④ ⑤ ⑥ ⑦ ⑧ ⑨

교시코드

① ② ③ ④

응시과목

1 ①②③④	21 ①②③④
2 ①②③④	22 ①②③④
3 ①②③④	23 ①②③④
4 ①②③④	24 ①②③④
5 ①②③④	25 ①②③④
6 ①②③④	26 ①②③④
7 ①②③④	27 ①②③④
8 ①②③④	28 ①②③④
9 ①②③④	29 ①②③④
10 ①②③④	30 ①②③④
11 ①②③④	31 ①②③④
12 ①②③④	32 ①②③④
13 ①②③④	33 ①②③④
14 ①②③④	34 ①②③④
15 ①②③④	35 ①②③④
16 ①②③④	36 ①②③④
17 ①②③④	37 ①②③④
18 ①②③④	38 ①②③④
19 ①②③④	39 ①②③④
20 ①②③④	40 ①②③④

과목코드

① ② ③ ④ ⑤ ⑥ ⑦ ⑧ ⑨

교시코드

① ② ③ ④

응시과목

1 ①②③④	21 ①②③④
2 ①②③④	22 ①②③④
3 ①②③④	23 ①②③④
4 ①②③④	24 ①②③④
5 ①②③④	25 ①②③④
6 ①②③④	26 ①②③④
7 ①②③④	27 ①②③④
8 ①②③④	28 ①②③④
9 ①②③④	29 ①②③④
10 ①②③④	30 ①②③④
11 ①②③④	31 ①②③④
12 ①②③④	32 ①②③④
13 ①②③④	33 ①②③④
14 ①②③④	34 ①②③④
15 ①②③④	35 ①②③④
16 ①②③④	36 ①②③④
17 ①②③④	37 ①②③④
18 ①②③④	38 ①②③④
19 ①②③④	39 ①②③④
20 ①②③④	40 ①②③④

답안지 작성시 유의사항

1. 답안지는 반드시 컴퓨터용 사인펜을 사용하여 다음 보기와 같이 표기할 것.
   보기 정답 표기: ● 잘못된 표기: ⊗ ⊘ ◑ ⊙ ◐

2. 수험번호 (1)에는 아라비아 숫자로 쓰고, (2)에는 "● "와 같이 표기할 것.

3. 과목코드는 뒷면 "과목코드번호"를 보고 해당과목의 코드번호를 찾아 표기하고, 응시과목란에는 응시과목명을 한글로 기재할 것.

4. 교시코드는 문제지 전면 의 교시를 해당란에 "●"와 같이 표기할 것.

5. 한번 표기한 답은 긁거나 수정액 및 스티커 등 어떠한 방법으로도 고쳐서는 아니되고, 고친 문항은 "0"점 처리함.

절취선

독학학위제 1단계 교양과정인정시험 답안지(객관식)

컴퓨터용 사인펜만 사용

★ 수험생은 수험번호와 응시과목 코드번호를 표기(마킹)한 후 일치여부를 반드시 확인할 것.

전공분야

성명

수 험 번 호						
(1)	1		-			
(2)	● ② ③ ④	① ② ③ ④ ⑤ ⑥ ⑦ ⑧ ⑨	① ② ③ ④ ⑤ ⑥ ⑦ ⑧ ⑨ ⑩	-	① ② ③ ④ ⑤ ⑥ ⑦ ⑧ ⑨	① ② ③ ④ ⑤ ⑥ ⑦ ⑧ ⑨ ⑩

※ 감독관 확인란

(인)

관 리 번 호

(응시자수)

(연번)

응시과목 (왼쪽 표)

과목코드
① ② ③ ④ ⑤ ⑥ ⑦ ⑧
① ② ③ ④ ⑤ ⑥ ⑦ ⑧ ⑨ ⑩
① ② ③ ④ ⑤ ⑥ ⑦ ⑧ ⑨ ⑩
① ② ③ ④ ⑤ ⑥ ⑦ ⑧ ⑨ ⑩

교시코드 ① ② ③ ④

번호	응시과목	번호	
1	① ② ③ ④	21	① ② ③ ④
2	① ② ③ ④	22	① ② ③ ④
3	① ② ③ ④	23	① ② ③ ④
4	① ② ③ ④	24	① ② ③ ④
5	① ② ③ ④	25	① ② ③ ④
6	① ② ③ ④	26	① ② ③ ④
7	① ② ③ ④	27	① ② ③ ④
8	① ② ③ ④	28	① ② ③ ④
9	① ② ③ ④	29	① ② ③ ④
10	① ② ③ ④	30	① ② ③ ④
11	① ② ③ ④	31	① ② ③ ④
12	① ② ③ ④	32	① ② ③ ④
13	① ② ③ ④	33	① ② ③ ④
14	① ② ③ ④	34	① ② ③ ④
15	① ② ③ ④	35	① ② ③ ④
16	① ② ③ ④	36	① ② ③ ④
17	① ② ③ ④	37	① ② ③ ④
18	① ② ③ ④	38	① ② ③ ④
19	① ② ③ ④	39	① ② ③ ④
20	① ② ③ ④	40	① ② ③ ④

응시과목 (오른쪽 표)

과목코드
① ② ③ ④ ⑤ ⑥ ⑦ ⑧
① ② ③ ④ ⑤ ⑥ ⑦ ⑧ ⑨ ⑩
① ② ③ ④ ⑤ ⑥ ⑦ ⑧ ⑨ ⑩
① ② ③ ④ ⑤ ⑥ ⑦ ⑧ ⑨ ⑩

교시코드 ① ② ③ ④

번호	응시과목	번호	
1	① ② ③ ④	21	① ② ③ ④
2	① ② ③ ④	22	① ② ③ ④
3	① ② ③ ④	23	① ② ③ ④
4	① ② ③ ④	24	① ② ③ ④
5	① ② ③ ④	25	① ② ③ ④
6	① ② ③ ④	26	① ② ③ ④
7	① ② ③ ④	27	① ② ③ ④
8	① ② ③ ④	28	① ② ③ ④
9	① ② ③ ④	29	① ② ③ ④
10	① ② ③ ④	30	① ② ③ ④
11	① ② ③ ④	31	① ② ③ ④
12	① ② ③ ④	32	① ② ③ ④
13	① ② ③ ④	33	① ② ③ ④
14	① ② ③ ④	34	① ② ③ ④
15	① ② ③ ④	35	① ② ③ ④
16	① ② ③ ④	36	① ② ③ ④
17	① ② ③ ④	37	① ② ③ ④
18	① ② ③ ④	38	① ② ③ ④
19	① ② ③ ④	39	① ② ③ ④
20	① ② ③ ④	40	① ② ③ ④

답안지 작성시 유의사항

답안지는 반드시 컴퓨터용 사인펜을 사용하여 다음 囲와 같이 표기할 것.
囲 잘된표기: ●
잘못된 표기: ⊘ ⊗ ① ⊙ ◐ ◑

1. 답안지는 반드시 컴퓨터용 사인펜을 사용하여 다음 囲와 같이 표기할 것.
2. 수험번호 (1)에는 아라비아 숫자로 쓰고, (2)에는 "●"와 같이 표기할 것.
3. 과목코드는 뒷면 "과목코드번호"를 보고 해당과목의 코드번호를 찾아 표기하고,
   응시과목란에는 응시과목명을 한글로 기재할 것.
4. 교시코드는 문제지 전면 의 교시를 해당란에 "●"와 같이 표기할 것.
5. 한번 표기한 답은 긁거나 수정액 및 스티커 등 어떠한 방법으로도 고쳐서는
   아니되고, 고친 문항은 "0"점 처리함.

[이 답안지는 마킹연습용 모의답안지입니다.]

절취선

독학학위제 1단계 교양과정인정시험 답안지(객관식)

전공분야

성 명

(1)

	수	험	번	호
1	-	-	-	

(2)
● ① ② ③ ④

수	험	번	호

과목코드	응시과목

교시코드	

1 2 3 4 5 6 7 8 9 10 11 12 13 14 15 16 17 18 19 20
21 22 23 24 25 26 27 28 29 30 31 32 33 34 35 36 37 38 39 40

답안지 작성시 유의사항

1. 답안지는 반드시 컴퓨터용 사인펜을 사용하여 다음 보기와 같이 표기할 것.
   보기 잘못된 표기: ⊗ ⊙ ◐ ◑ ○●
   잘된 표기: ●

2. 수험번호 (1)에는 아라비아 숫자로 쓰고, (2)에는 "●"와 같이 표기할 것.
3. 과목코드는 교시코드번호를 보고 해당과목의 코드번호를 찾아 표기하고,
   응시과목란에는 응시과목명을 한글로 기재할 것.
4. 교시코드는 문제지 전면의 교시를 해당란에 "●"와 같이 표기할 것.
5. 한번 표기한 답은 긁거나 수정액 및 스티커 등 어떠한 방법으로도 고쳐서는
   아니되고, 고친 문항은 "0"점 처리함.

※ 감독관 확인란

인

감독관 확인란

(응시자수)

관 리 번 호
(연번)

과목코드	응시과목

교시코드	

1 2 3 4 5 6 7 8 9 10 11 12 13 14 15 16 17 18 19 20
21 22 23 24 25 26 27 28 29 30 31 32 33 34 35 36 37 38 39 40

[이 답안지는 마킹연습용 모의답안지입니다.]

독학학위제 1단계 교양과정인정시험 답안지(객관식)

컴퓨터용 사인펜만 사용

★ 수험생은 수험번호와 응시과목 코드번호를 표기(마킹)한 후 일치여부를 반드시 확인할 것.

전공분야

성명

수험번호

(1)

(2)

과목코드

응시과목

1 ① ② ③ ④	11 ① ② ③ ④	21 ① ② ③ ④
2 ① ② ③ ④	12 ① ② ③ ④	22 ① ② ③ ④
3 ① ② ③ ④	13 ① ② ③ ④	23 ① ② ③ ④
4 ① ② ③ ④	14 ① ② ③ ④	24 ① ② ③ ④
5 ① ② ③ ④	15 ① ② ③ ④	25 ① ② ③ ④
6 ① ② ③ ④	16 ① ② ③ ④	26 ① ② ③ ④
7 ① ② ③ ④	17 ① ② ③ ④	27 ① ② ③ ④
8 ① ② ③ ④	18 ① ② ③ ④	28 ① ② ③ ④
9 ① ② ③ ④	19 ① ② ③ ④	29 ① ② ③ ④
10 ① ② ③ ④	20 ① ② ③ ④	30 ① ② ③ ④
		31 ① ② ③ ④
		32 ① ② ③ ④
		33 ① ② ③ ④
		34 ① ② ③ ④
		35 ① ② ③ ④
		36 ① ② ③ ④
		37 ① ② ③ ④
		38 ① ② ③ ④
		39 ① ② ③ ④
		40 ① ② ③ ④

교시코드 ① ② ③ ④

답안지 작성시 유의사항

1. 답안지는 반드시 컴퓨터용 사인펜을 사용하여 다음 보기와 같이 표기할 것.
   보기] 잘된표기: ● 잘못된 표기: ⊗ ⊗ ● ⊙ ○ ●
2. 수험번호 (1)에는 아라비아 숫자로 쓰고, (2)에는 "●"와 같이 표기할 것.
3. 과목코드는 뒷면 "과목코드번호"를 보고 해당과목의 코드번호를 찾아 표기하고,
   응시과목란에는 응시과목명을 한글로 기재할 것.
4. 교시코드는 문제지 전면 의 교시를 해당란에 "●"와 같이 표기할 것.
5. 한번 표기한 답은 긁거나 수정액 및 스티커 등 어떠한 방법으로도 고쳐서는
   아니되고, 고친 문항은 "0"점 처리함.

※ 감독관 확인란

(인)

관리번호

(연번) (응시자수)

절취선

2025 시대에듀 A+ 독학사 1단계 교양과정 스피드 단기완성 심리학개론

개 정 5 판 1 쇄 발행	2025년 01월 08일 (인쇄 2024년 09월 13일)
초 판 발 행	2020년 02월 05일 (인쇄 2019년 12월 06일)
발 행 인	박영일
책 임 편 집	이해욱
편 저	독학학위연구소
편 집 진 행	송영진
표 지 디 자 인	박종우
편 집 디 자 인	차성미 · 고현준
발 행 처	(주)시대고시기획
출 판 등 록	제10-1521호
주 소	서울시 마포구 큰우물로 75 [도화동 538 성지 B/D] 9F
전 화	1600-3600
팩 스	02-701-8823
홈 페 이 지	www.sdedu.co.kr

I S B N	979-11383-7730-0 (13180)
정 가	19,000원

독학사 시험 합격을 위한
최적의 강의 교재!

심리학과 · 경영학과 · 컴퓨터공학과 · 간호학과 · 국어국문학과 · 영어영문학과

심리학과 2 · 3 · 4단계

2단계 기본서 [6종]

이상심리학 / 감각 및 지각심리학 /
사회심리학 / 발달심리학 / 성격심리학 /
동기와 정서

2단계 6과목 벼락치기 [1종]

3단계 기본서 [6종]

상담심리학 / 심리검사 / 산업 및 조직심리학 /
학습심리학 / 인지심리학 / 학교심리학

4단계 기본서 [4종]

임상심리학 / 소비자 및 광고심리학 /
심리학연구방법론 / 인지신경과학

경영학과 2 · 3 · 4단계

2단계 기본서 [7종]

회계원리 / 인적자원관리 / 마케팅원론 /
조직행동론 / 경영정보론 / 마케팅조사 /
원가관리회계

2단계 6과목 벼락치기 [1종]

3단계 기본서 [6종]

재무관리론 / 경영전략 / 재무회계 /
경영분석 / 노사관계론 / 소비자행동론

4단계 기본서 [2종]

재무관리 + 마케팅관리 / 회계학 + 인사조직론

컴퓨터공학과 2 · 3 · 4단계

2단계 기본서 [6종]

논리회로 / C프로그래밍 / 자료구조 /
컴퓨터구조 / 운영체제 / 이산수학

3단계 기본서 [6종]

인공지능 / 컴퓨터네트워크 / 임베디드시스템 /
소프트웨어공학 / 프로그래밍언어론 / 정보보호

4단계 기본서 [4종]

알고리즘 / 통합컴퓨터시스템 /
통합프로그래밍 / 데이터베이스

간호학과 4단계

4단계 기본서 [4종]

간호연구방법론 / 간호과정론 / 간호지도자론 /
간호윤리와 법

4단계 적중예상문제집 [1종]

4단계 4과목 벼락치기 [1종]

국어국문학과 2 · 3단계

2단계 기본서 [6종]

국어학개론 / 국문학개론 / 국어사 /
고전소설론 / 한국현대시론 /
한국현대소설론

3단계 기본서 [6종]

국어음운론 / 고전시가론 /
문학비평론 / 국어정서법 /
국어의미론 / 한국문학사(근간)

※ 4단계는 2 · 3단계에서 동일 과목의 교재로 겸용

영어영문학과 2 · 3단계

2단계 기본서 [6종]

영어학개론 / 영문법 /
영어음성학 / 영국문학개관(근간) /
중급영어(근간) / 19세기 영미소설(근간)

3단계 기본서 [6종]

영어발달사 / 고급영문법(근간) /
영어통사론(근간) / 미국문학개관(근간) /
20세기 영미소설(근간) / 고급영어(근간)

※ 4단계는 2 · 3단계에서 동일 과목의 교재로 겸용
 영미소설(19세기 영미소설+20세기 영미소설), 영미문학개관(영국문학개관+미국문학개관)

※ 본 도서의 이미지 및 구성은 변동될 수 있습니다.

··· 1년 만에 4년제 학위취득 ···

시대에듀와
함께라면 가능합니다!

시대에듀 전문 교수진과 함께라면 독학사 시험 합격은 더 가까워집니다!

수강생을 위한 프리미엄 학습 지원 혜택

최신 동영상 강의		기간 내 무제한 수강		모바일 강의		1:1 맞춤 학습 서비스
	✕		✕		✕	